當代正義論辯

陳宜中◎著

目次

導論 1

正義與自由主義

第一章　社會正義與市場正義 11

　　一、當代兩種正義視野之爭　11

　　二、亞里斯多德論正義　13

　　三、古典自由主義與嚴格正義　16

　　四、社會正義與分配正義　20

　　五、海耶克論市場正義　24

第二章　社會權的正當性論辯 33

　　一、社會權的由來和主旨　33

　　二、社會權是積極權利　39

　　三、幾項反社會權論證　42

　　四、論社會權的正當性　47

第三章　羅爾斯與政治性自由主義 53

　　一、政治哲學的實際任務　53

　　二、尋求穩定的正義觀　54

三、社群層面的省思均衡　57

四、為了憲政政體的穩定　60

五、自由主義與歷史主義　64

第四章　羅爾斯的義戰論說 69

一、萬民法及其相關爭議　69

二、羅爾斯的義戰判準　73

三、緊要人權與人道干預　77

四、人道戰爭的現實面　79

五、法外國家與政體改造　83

公民自由與正義

第五章　公民不服從與自由民主 89

一、歷史上的公民不服從　89

二、羅爾斯論公民不服從　94

三、理論與現實的間隙　99

四、公民不服從的正當性　102

五、公民不服從的當代特徵　108

第六章　仇恨言論不該管制嗎？ 113

一、仇恨言論的管制爭議　113

二、德沃金的反管制論說　118

三、對德沃金論證的商榷　126

第七章　色情管制與言論自由 135

一、色情管制爭議　135

二、對一般人的冒犯性　137

三、色情與性犯罪　142

四、色情與兒少保護　146

五、色情與女性　150

六、德沃金與色情權利　155

第八章　性交易該除罰化嗎？ 165

一、性交易與性別平等　165

二、除罰化爭議的幾個面向　169

三、除罰化與弱勢婦女人權　175

四、主罰的平等論證及其缺失　179

第九章　公民有拒戰的權利嗎？ 191

一、拒戰權及其問題意識　191

二、良心拒戰與國家理性　193

三、主權國家與自我保存　197

四、華瑟論公民拒戰權　200

五、華瑟拒戰論說的局限　206

戰爭與正義

第十章　從道德相對主義到國際容忍？ 217

一、道德相對於文化？　217

二、戰爭與國際容忍倫理　219

三、華瑟：正義內在於文化　222

四、葛雷論文化特殊性　228

五、相對主義無法證立國際容忍　233

第十一章　勝利者的正義？美國對日本的政體改造 241

　　一、東京審判與政體改造　241

　　二、藤岡信勝的自由主義史觀　244

　　三、邁尼爾論東京審判　247

　　四、華瑟論政體改造　251

　　五、對邁尼爾和華瑟的商榷　254

　　六、美國對日本的政體改造　262

第十二章　廣島和長崎原爆的義戰論辯 269

　　一、重估原爆的道德爭議　269

　　二、美國史學界的原爆論爭　272

　　三、義戰道德的幾項判準　276

　　四、華瑟和羅爾斯論原爆　283

　　五、比例原則與戰爭手段　286

　　六、亞洲平民的道德分量　290

第十三章　義戰道德與利比亞戰爭 299

　　一、利比亞戰爭的道德爭議　299

　　二、人道干預原則及其應用　301

　　三、利比亞戰爭不是人道干預　308

　　四、政體改造的義戰判準　314

　　五、非正義的政體改造戰爭　320

參考書目 325

索引 363

導論

　　《當代正義論辯》集結了筆者的十多篇研究論文。這些文章皆曾發表於學術刊物，雖各自獨立成篇，但問題意識互相關聯。自2012年以來，我重新修訂了此組論文，並整合為讀者面前的這本專著。

　　本書分為三個部分：第一部分「正義與自由主義」收入較早寫成的四篇，考察當代自由主義的正義論辯；第二部分「公民自由與正義」五篇，分別以公民不服從、仇恨言論、色情管制、性交易除罰化、拒戰權利為題，探討公民自由及權利的正義論辯；第三部分「戰爭與正義」四篇，聚焦於戰爭的正義論辯，涉及國際容忍、政體改造、人道干預、原爆、利比亞戰爭等議題。

　　社會主義與自由主義兩大傳統的分合，是筆者早期的研究主題。在我看來，非馬克思主義的現代社會民主思想，大量汲取了自由主義的理論資源；而現代自由主義者尤自密爾（John Stuart Mill）以降，也吸收了社會主義的一定元素，並開展出「社會正義」的概念和論說。本書第一部分的四章，即是在此研究脈絡下寫成。

　　在羅爾斯（John Rawls）《正義論》（1971）出版後，「社會正義」已成為當代自由主義政治哲學的一項核心概念。「社會權」

則廣見於各國憲法、國際宣言和公約,包括1966年通過的聯合國〈經濟、社會及文化權利國際公約〉。然而,出於捍衛經濟自由與私產權、維護自由市場等理由,拒斥社會正義和社會權的自由主義者不在少數。此項分歧廣被詮釋為「社會自由主義」與「經濟自由主義」之爭,而在正義課題上,又可界定為「社會正義」與「市場正義」之別。本書第一章〈社會正義與市場正義〉首先考察這兩種正義視野及其思想史上的線索;第二章〈社會權的正當性論辯〉進一步分析幾項主要的反社會權論證。從宏觀的思想史來看,當代反社會正義和反社會權論者援用了古典自由主義的「嚴格正義」觀點,故指稱社會正義並非正當的正義概念,社會權亦非正當的權利概念,因其所蘊含的權利義務關係不夠明確。對此論說,前兩章提出了多方面的商榷。

　　第三章〈羅爾斯與政治性自由主義〉和第四章〈羅爾斯的義戰論說〉亦是同一時期的研究成果,旨在斟酌羅氏《政治性自由主義》(1993a)與《萬民法》(1999a)的若干論點。羅爾斯是當代最具影響力的自由主義政治哲學家和社會正義理論家,他後期的理論發展引起學界眾多爭論,也帶出《正義論》未能更深入闡發的基本自由、公共理由、戰爭正義等議題。本書第三章探究他的政治性自由主義論說,並指出他採取了歷史主義式的言說進路,改從「社群當下的政治文化」去論證自由主義正義觀的正當性,但此一進路有得亦有失。

　　第四章分析羅爾斯的義戰論說,並以人道軍事干預為例,指出現實世界中的人道干預(如1999年的科索沃戰爭)之所以引發爭議,既是出於義戰判準的詮釋分歧,也往往涉及更複雜的動機。故而,在評估具體的人道干預行動時,仍須把意圖和動機因素也納入考量。如今回頭來看,對後期羅爾斯的反思,為我開啟

了新的研究方向：一是關於公民自由及權利的正義論辯；另一個是當代的義戰道德論辯。

在《政治性自由主義》中，羅爾斯特別闡發了政治自由的意義，並強烈反對美國政府在戰時限制政治言論。由此，我愈發注意到：當代社會正義論說的對象，不僅止於貧窮、基本需要、二次分配等社經制度面，還直指憲政基本自由乃至更廣義的公民自由。在憲政民主制度下，公民自由的核心範圍為何？界限何在？不少人也許以為，戰時政府壓制政治言論，限縮反戰和拒戰的政治自由，實乃天經地義。但我們仍應追問：何以如此？理由何在？

公民自由及權利的界限，時而引發激烈的公共爭議。按中華民國憲法第23條：「以上各條列舉之自由權利，除為防止妨礙他人自由，避免緊急危難，維持社會秩序，或增進公共利益所必要者外，不得以法律限制之。」第22條則規定：「凡人民之其他自由及權利，不妨害社會秩序公共利益者，均受憲法之保障。」然而，妨礙他人自由、緊急危難、社會秩序、公共利益等，連同「所必要者」該如何界定，皆亟待深究。

近十年來，筆者曾參與或主辦多項與公民自由有關的公共論壇，如關於集會遊行法、新聞自由、仇恨言論、同志權利、人工生殖法、強制按指紋、移住民的自由人權、SARS事件中的強制隔離、色情管制、性交易除罰化等。讀者不難看出，本書第二部分各章的問題意識，大都源自晚近台灣的公共爭議：第五章涉及集會遊行與違法的非暴力抗爭；第六章是關於仇恨言論；第七章和第八章觸及台灣的性管制論辯；第九章則關聯到東亞和兩岸現實，提問公民是否有拒戰的權利？

第二部分的主要內容如下。第五章〈公民不服從與自由民

主〉以羅爾斯作為參照，探討當代公民不服從的正義論辯。由於羅氏為公民不服從所下的定義和正當性判準顯得嚴苛，故筆者放寬了他的部分預設，進而提出一組包容度更高的判準。第六章〈仇恨言論不該管制嗎？〉分析德沃金（Ronald Dworkin）的反管制論證及其效力。德氏欲從平等尊重原則及其詮釋，直接證立仇恨言論不該受到管制；但筆者認為，在這項重要論證之外，仍須輔以實質的經驗判斷與價值取捨，才能使不管制的主張足具說服力。第七章〈色情管制與言論自由〉從維護言論自由作為公民基本權利的視野，評估兩大類管制色情的理由，並斟酌德沃金的色情權利論說。在德氏的論說基礎上，此章為更廣泛的色情權利做出辯護。第八章〈性交易該除罰化嗎？〉考察正反方論證，特別是反對除罰化的性別平等論證。在主罰的理由中，我認為更值得重視的是性別平等的理由，而非破壞善良風俗、妨礙社會秩序等；但主罰的平等論證有所偏失，並不足以否決除罰化的選項。第九章〈公民有拒戰的權利嗎？〉評析華瑟（Michael Walzer）的拒戰權論說，並申論其侷限：他未能深究自我保存與國家保存之間的張力，亦未充分闡發拒戰權的道德涵蘊，尤其忽略了國際戰爭建制的變革問題。

　　第二部分所參照或援用的論證資源，包括羅爾斯的平等自由原則和公民不服從理論，德沃金的平等尊重原則和色情權利論說，當代女性主義者彼此分歧的性別平等論證，以及華瑟的自我保存原則和拒戰權利論說等。援引資源的主要判準有兩個：切題性與重要性。我發現，若欲探索公民不服從、仇恨言論、色情言論、性交易管制、拒戰權利等正義議題，幾乎繞不開前述等資源。但各章所提出的論點和判斷，卻跟他們多有出入。

　　在這些尤具爭議的正義論辯中，合理的分歧或許在所難免。

無論是羅爾斯的平等自由原則，德沃金的平等尊重原則，還是華瑟所引用的自我保存原則，皆屬於基本正義原則的建構或提出。從基本正義原則及其演繹，他們論證出某些具政治道德重要性的公民自由。但當伸張某項基本自由（或其他公民自由）的理由，與要求對其設限的理由發生衝突時，究竟孰輕孰重？此類正義論辯正是需要充分展開的。由於支持各項自由的正義理由及其強度不同，一旦發生爭議，吾人應有必要針對爭議中的某項自由，深入探究正反雙方的正義論證及其力道。筆者相信，這不僅適用於基本自由爭議，也適用於其他的公民自由及權利爭議。

　　義戰道德論爭亦是筆者近年來的研究重點。小布希政府在2003年發動的伊拉克戰爭，日本國家主義在小泉執政期間的復甦，連同兩岸關係中的戰爭隱憂，都強化了我對義戰論辯的研究興趣。本書共有六章跟戰爭議題相關，包括第四章與第九章，以及第三部分「戰爭與正義」的四章。

　　在義戰研究領域，華瑟《正義與非正義戰爭》（1977）和羅爾斯《萬民法》是我主要的參照對象。儘管他們的哲學取徑不同，但都為戰爭設置了較高的正當性門檻，都反對美國政府動輒以捍衛普遍人權、伸張民主為由發動戰爭。對羅爾斯而言，只有遭到他國侵略時的自衛，才得構成正義的出戰目的；除此之外，人道軍事干預唯有在發生極嚴重的人道災難時，才得成為正當的最後手段。華瑟的立場與此接近，他強烈質疑所謂的政體改造戰爭，並主張人道干預僅適用於例外嚴重的人道災難。在當代自由主義的義戰論辯中，這類「國際容忍」觀點經常遭貶抑為重主權而輕人權，或對威權政體過於容忍。但我更同意羅爾斯和華瑟的前述立論及其洞見：戰爭在其人道代價之外，鮮少是伸張普遍人權或自由民主的有效途徑。

　　然而，筆者對他們的若干重要論點也有保留。華瑟係從道德相對主義為國際容忍辯護，但本書第十章〈從道德相對主義到國際容忍？〉指出：國際容忍無法建立於道德相對主義。國際容忍倫理以「反侵略」和「緊要人權」作為底線，故唯有自衛或制止極嚴重的人道災難，才得構成正義的出戰目的。儘管我大體贊同這些主張，但認為道德相對主義並非其適切的論說基礎。

　　華瑟和羅爾斯痛責美國對日本的政體改造行動，包括無條件投降政策，迫使日本投降的兩顆原子彈，乃至戰後的美軍占領。他們強調德日截然不同，日軍不如納粹邪惡，故本應施行差別待遇：要求德國無條件投降有理，占領改造德國有理，但對日本則否。經過長期反覆的研究與思考，我發現我不完全同意以上觀點，於是先後寫成了第十一章〈勝利者的正義？美國對日本的政體改造〉和第十二章〈廣島和長崎原爆的義戰論辯〉。

　　筆者認為，美國對日本的政體改造戰爭，包括東京審判和軍事占領，的確是一種正當性短缺的「勝利者的正義」。但這既不是因為德日戰爭罪行的規模有根本區別，也不宜訴諸日軍不如納粹邪惡（華瑟和羅爾斯），更不是日本因「解放亞洲的義舉」而無辜受害（部分日本右翼）。關鍵在於，美方行動強烈受制於美國的特殊利益，而不是以「促使日本歸正」作為主要動機。從這個角度，我對「應差別對待德日」的論點進行商榷，並修正華瑟的政體改造論說。

　　第十二章分析廣島和長崎原爆的義戰論辯。有別於華瑟和羅爾斯，筆者指出：「不投」原子彈是值得尊敬的道德選擇，但亦非道德圓滿。「投」直接違逆了「不意圖殺害平民」的義戰義務；「不投」則相當於可預見地選擇了：在日軍已造成的上千萬平民死難之外，至少還將有數十萬亞洲平民喪生。投或不投，都

須付出慘重的人道代價。故而，在投或不投的爭議之上，吾人更應積極避免此類道德悲劇的重演。

第十三章〈義戰道德與利比亞戰爭〉以2011年的利比亞戰爭作為實例，辨析人道干預與政體改造的義戰判準。筆者申論：利比亞戰爭不合乎人道干預原則的基本規定，也未能滿足政體改造戰爭的正當性要件。儘管主戰方訴諸人道干預和政體改造說詞，但利比亞戰爭並非人道干預，亦非正當的政體改造，故不具有正義的出戰目的。

《當代正義論辯》針對前述等當代公共爭議，分析其中蘊含的正義議題，並做出帶有現實關懷的學理判斷。筆者不揣簡陋，以求引起更進一步的思考，但盼為公民社會的建設略盡綿薄之力。

正義與自由主義

第一章
社會正義與市場正義

一、當代兩種正義視野之爭

「社會正義」一詞興起於19世紀，旨在於對主要的政治、社會和經濟制度進行規範。

普遍選舉權在二次戰後的逐漸確立，廣被視為社會正義的一項勝利。在基本公民權與政治權的保障外，社會正義還意味須調節社經制度，以落實社會權及其他基本的正義要求。包括馬歇爾（Thomas H. Marshall）（1950）和羅爾斯等戰後論者，分別從不同的角度闡發社會權與社會正義。馬歇爾的公民社會權概念，和1948年聯合國〈普遍人權宣言〉關於社會與經濟人權的條文，廣泛地肯認每位公民、每個人都應享有教育、健康、工作、經濟安全、勞動保護、社會扶助等基本權利。此外，對部分社會正義論者來說，大規模的社經不平等亦須得到矯治，因其使生活機會或資源的分配失去了公平性，助長了金錢政治，不利於社會的穩定與整合。例如，在羅爾斯的《正義論》中，矯治社經不平等的主要理由包括：維護政治自由的公平價值；促進公平的機會平等；

伸張最不利者的最大利益（Rawls, 1971）。另一位社會正義論者華瑟則從多元平等的視角，主張建立強有力的福利國家，對政治獻金設限，並矯治大規模的經濟不平等，以匡限金錢對生活需要、經濟安全、政治等領域的不當影響（Walzer, 1983）。

　　自1970年代起，社會正義的理論與實踐引發新一波廣泛的爭議。在實踐面上，隨著社經環境的變遷，部分原有的政策工具遭到質疑。在思想層面上，新右派、新保守派、經濟自由派、放任式自由派、新古典自由主義者等，亦對社會正義概念提出挑戰，其中又以海耶克（Friedrich Hayek）（1976）最為著名。他認為社會正義、社會權、分配正義等概念站不住腳，甚至毫無意義，故主張全盤拋棄之[1]。

　　在社會正義課題上，當代自由主義者不但缺乏共識，甚至嚴重分歧。以羅爾斯和海耶克為例。羅爾斯視正義為社會制度的首要之德，關切社會基本結構（即主要的政治、社會和經濟制度）是否合乎正義，並主張自由主義應致力實現社會正義；這包括保障平等的基本自由，落實政治公平與機會公平，促進最不利者的最大利益等。與此大異其趣，海耶克認為自由主義應以維護市場自發秩序為己任，而不該使用社會正義、分配正義此類概念去批判或調節社經事態。這項歧異廣被詮釋為「社會自由主義」與「經濟自由主義」兩種自由主義之爭，而在正義課題上，又可界定為「社會正義」與「市場正義」兩種正義視野之別。

　　本章探究「社會正義」與「市場正義」的基本分歧及其思想

1　另見Nozick（1974）、Friedman and Friedman（1980）、Flew（1989）對社會正義的質疑。關於當代新古典自由主義思潮，參見Kymlicka（1990: ch. 4）。另見Roche（1992）論新右派政治思想。

史上的線索。以下，擬先回顧「正義」在亞里斯多德著作中的含義及用法，因為近現代所有重要的正義概念皆源出於此；然後，逐步分析17、18世紀古典自由主義者的「嚴格正義」觀點；19世紀以降現代自由主義者的社會正義思路；乃至海耶克的市場正義論說。

二、亞里斯多德論正義

在社會與經濟問題上，社會正義包含「分配正義」和「交換正義」兩個面向。例如，要求基本社會權得到保障，或要求社經基本需要獲得滿足，意指符合此項判準的「分配」才合乎正義。至於限制工時、最低工資、勞動安全、消費者保護等立法，則是在對經濟「交換」進行規範。亞里斯多德正是「分配正義」和「交換正義」兩項概念的創始者。

照亞氏說法，正義不僅是一項特殊德目，亦是政治共同體的首要之德，統攝所有其他德目的最高德目。作為最高德目，正義（*dikaiosune*）的字面意思是端正合宜、各得其宜、恰如其分[2]。柏拉圖將其詮釋成各職其能，亞里斯多德則把它解做循規蹈矩（lawfulness）（Aristotle, 1990: 377-378）。至於該循什麼規？蹈什麼矩？規矩該如何界定？這正是亞氏所欲回答的問題。

在亞氏著作裡，「政治正義」關乎政治社群的根本大法，接

2　「正義」是外來名詞的翻譯，係由19世紀日本學者先譯出後，才流入中文世界。「正」有匡正、矯正之意，匡正的對象則是「義」。若作「宜」解，「義」與柏拉圖師徒所常用的*dikaiosune*在語意上親近；與後者對應的英文字是righteousness或appropriateness，但多半更籠統地英譯為justice。

近於今人所謂的憲政體制。他認為,有多少種憲政體制,就有多少種政治正義;但好壞有別,他的任務是找出最理想的政體(ibid.: 382-383; Aristotle, 1996)。

正義也是一項特殊德目,可區分為「矯正(rectificatory)正義」和「分配正義」。按亞氏說法,社會交換如通姦、做偽證、偷竊、謀殺、下毒、傷害、搶劫、誹謗等,屬於矯正正義的管轄範圍;自願性的經濟交換如買賣、以物易物、借貸、租約等,也在矯正正義的範圍內(Aristotle, 1990: 378-381)。當代學界多把後者歸類為「交換(commutative)正義」。此種正義涉及經濟交換的公平與否,唯有不公平交易才需要矯正,故「交換正義」一詞堪稱貼切(F. Miller, 1995: 68-74)。

亞氏把交換正義解做「等值交換」。在此,「值」的衡量標準不是市場價格,而是「需要」。如果共同體成員對鞋的需要指數是1,對房子的需要指數是5,那麼,以五雙鞋交換一棟房子便符合了亞氏的交換正義。若此交換係以金錢為媒介,房子價格(如5元)須是鞋子價格(1元)的五倍,否則就是不等值交換,或說違反了公平價格。易言之,價值或價格是否合乎正義,得視共同體的「需要」而定;共同體的生活習俗決定了各種需要的強度,其間的「比例」須反映於經濟交換,不然便違反了交換正義(Aristotle, 1990: 380-381)。

何謂分配正義?在亞氏所憧憬的理想社會,最重要的社會財貨如榮譽、公職、財富等,係按道德功績(moral merit)的比例分配。這並不是說有某種中央集權機關,按每個人道德功績的高下,恰如其分地把榮譽、公職和財富分配給每個人。亞氏所指的是:重要社會財貨的分配,須符合一定的分配正義判準,也就是與每個人的道德功績成比例關係。功績或德行愈高(低)者,應

分配到的社會財貨也就愈多（少）；功績或德行等量齊觀者，須平等對待之。對亞氏來說，貴族最為有德，德高者理應享有更多的榮譽、公職和財富。於是他構想出「按道德功績分配」的規矩，以維護由貴族所主導的政治秩序（ibid.: 378-379）[3]。

　　亞氏的政治理想固然未能實現，但自從他的著作在中世紀被重新發現起，學界對「交換正義」和「分配正義」的討論就不曾間歇。關於這兩種正義，值得注意的要點有三。

　　第一，亞氏「交換正義」概念，涉及自願性經濟交換的公平性，意指即使是自願性的經濟交換也未必見得公平。吾人在運用此項概念時，並不需要接受亞氏本人的交換正義判準。20世紀以降，諸如禁止剝削童工、勞動安全、最低工資、禁止販賣器官、消費者保護等社會立法，皆是為了規範自願性的經濟交換。使用「交換正義」概念來詮釋這類法規，並無不妥。

　　第二，亞氏「分配正義」概念，涉及重要社會財貨的分配狀態，並暗示當情況偏離正軌時便需要矯治。但至於哪些社會財貨具重要性，何種分配狀態值得關切，公正分配的判準為何等，則因時代與環境之不同而異。故吾人在運用分配正義概念時，也不需要接受亞氏「按道德功績分配」的那套判準。

　　第三，在亞氏思想中，「正義」攸關政治社群的基本規範和準則，關乎一個循規蹈矩的良序共同體的建立；至於「交換正義」和「分配正義」，則屬於正義在某些特殊範圍的應用。是否需要應用這兩項正義概念、該如何應用，皆引發後人諸多爭議。在下一節裡，我們將發現，部分近代思想家認為「分配正義」不是一種妥當的正義概念；他們主張把「正義」嚴格限定於對生

3　另見MacIntyre（1981）論亞里斯多德思想中的「德性」。

命、有限自由和私產權的保障，以及對犯罪和違約行為的懲治。

三、古典自由主義與嚴格正義

　　按基督教教義，上帝把世間財富賜給了祂的所有子民。對中世紀神學家阿奎那（Thomas Aquinas）來說，此項教義所要求的並不是共產主義，而是「生存需要」應獲得滿足。要能生存，須取得生存物資；如果物資所有者哄抬價格或索取不當回報，部分人可能就難以生存。關心這些問題的神學家們，經常援用交換正義、公平價格、需要、分配正義等亞里斯多德式的概念。例如，阿奎那曾經指出：私有制雖未違反上帝意旨，但以高於或低於「公平價格」的價格進行交易，卻違反了「交換正義」。此外，他把救濟陷入生存困境的窮人，詮釋為一種「分配正義」（Finnis, 1998: ch. 6）。

　　然而，隨著中世紀的落幕和近代市場經濟的起飛，「市場價格即公平價格」的觀點開始出現。17世紀著名論者如霍布斯（Thomas Hobbes）、洛克（John Locke）和普芬道夫（Samuel Pufendorf）皆認為市場價格就是公平價格。其理由是：價格須由買賣雙方都同意才能成交，故邏輯上必然是等價物交換等價物，也就一定是公平的。在此，「公平價格」脫離了亞里斯多德式的「需要」概念，而由買賣雙方主觀認定，故與市場價格一致。洛克曾表示：如果惡賈哄抬價格而使人買不起食物，那固然是不人道的行為，但卻不是不正義的，除非其違反了不詐欺、不違約、不使用暴力等基本規則[4]。

4　參見Macpherson（1985: 9）、Hont and Ignatieff（1983: 35-38）論霍布斯、普

　　自17世紀起，「分配正義」概念也遭遇質疑和挑戰。在中世紀自然法傳統裡，「生存需要之滿足」同時包含了交換正義（公平價格）與分配正義（救濟）概念的運用。17世紀自然法論者如格勞秀斯（Hugo Grotius）、霍布斯和洛克，皆承襲了中世紀的生存權思想[5]。但格勞秀斯和洛克認為，分配正義並非妥當的正義概念，而須為「慈善」（charity）所取代；儘管他們仍接受生存權，但強調生存權非關分配正義，甚至非關正義。

　　對格勞秀斯而言，正義須是一種「嚴格（strict）正義」，所保障的是「完整權利」（perfect rights），而不包括「不完整權利」（imperfect rights）。完整／不完整權利之區別在於兩種不同性質的權利義務關係：完整權利（如不被殺、不被偷、不被搶）是可以清楚界定、嚴格執行的；不完整權利（格勞秀斯以生存權為例）則不具備此項特質。例如，張三陷入生存危機，很可能不是李四或王五的過失所致，也就是找不到須為之直接負責的義務主。基於此，格氏認為生存權是一種不嚴格、不完整的權利，與其對應的是「慈善」義務，而不是正義的義務；「正義」應嚴格限定於維護私產權，確保私人契約關係得以穩健運行，以及懲治犯罪和違約行為（Tuck, 1979: ch. 3; Haakonssen, 1985; Hont and Ignatieff, 1983: 28-31）。

　　洛克也採取了正義／慈善之分，一則把「正義」限定於保障生命權、有限自由與私產權，另則把生存權劃入「慈善」領域。對洛克而言，無論是生命、自由與私產權，還是生存權，其基礎

芬道夫、洛克對公平價格與交換正義的看法。

5　參見Hont and Ignatieff（1983: 28-31）、Horne（1990: 9-28）論格勞秀斯與霍布斯的生存權主張。

皆在於自我保存或「人類之保存」（Locke, 1960: II, s. 25）；但他認為這兩類權利的性質有所不同，分屬於正義和慈善（ibid.: I, s. 42; Waldron, 1988: ch. 6; Tully, 1993: ch. 3）[6]。

到了18世紀，部分論者主張：救助陷入生存困境者固然是一項道德義務，但被救助者卻無生存權可言；因為他們的處境可能不是任何人的過失所致，更不是施主所造成的。正義的義務如不殺人、不搶劫等，是可以嚴格界定、執行的「完整義務」（perfect duties）；至於慈善、慈惠（benevolence）、慷慨等，則是「不完整義務」（imperfect duties），並無任何權利與之對應。此種義務分類的創始者是普芬道夫，後由康德（Immanuel Kant）發揚光大（Schneewind, 1987; 1993）[7]。

綜上，「分配正義」在部分近代思想家（或所謂「古典自由主義」論者）那裡，變成了一種不洽當的正義概念，而為慈善、慈惠等其他概念所取代。18世紀著名論者如休謨（David Hume）、斯密（Adam Smith）和康德，雖對自然法傳統有所批評或保留，但不約而同地採取了正義／慈善（或慈惠）之分[8]。與此同時，「正義」被嚴格限定於對生命、有限自由及私產權的保障，及對侵權和犯罪行為的懲治。

近代「嚴格正義」觀點之形成有其一定的時代背景。值得指出的是，這脈思想形成於前工業、前政治民主時代；其主要論者從格勞秀斯和洛克一直到斯密，既未預見 19世紀工業資本主義

6　與格勞秀斯不同的是，洛克主張以國家公權力執行公共慈善（即公共濟貧），並嚴懲因失職而置人於死的濟貧官員。參見Locke（1997: 188）。

7　另見Rosen（1993）、O'Neill（1996）論康德思想裡的正義與慈惠。

8　參見Hont and Ignatieff（1983）、Haakonssen（1996: ch. 4）、Griswold（1999: ch. 6）論斯密的正義思想。另見D. Miller（1981）論休謨的正義思想。

的興起，也未曾料想到普遍選舉權在20世紀的兌現。19世紀以降，在法國大革命和工業資本主義的雙重衝擊下，要求「政治正義」與「社會正義」的呼聲逐漸高漲。與此相對，某種強烈反對政治正義與社會正義，以維護自由市場、自由放任為依歸的「市場正義」論說也開始出現，且在19世紀英國蔚為主流。

斯密是一位遭到頗多曲解的18世紀思想家。在他所憧憬的市場經濟中，工資的不斷上升不僅使人們的生存需要獲得滿足，更將使人們的生活水平都能跨越「合宜性」（decency）的門檻（A. Smith, 1976: 869-870）。然而，19世紀的經濟自由派如馬爾薩斯（Thomas Malthus）和李嘉圖（David Ricardo），乃至主張自由放任的曼徹斯特學派，卻從不諱言他們為之辯護的是一種工資不斷滑落的、窮人連生存都成問題的市場經濟（Winch, 1996）。就此來說，吾人很難從17、18世紀古典自由主義者所持之「嚴格正義」觀點，直接論斷他們在19世紀一定會採取何種立場。

「古典自由主義」本是後人所發明、建構出來的範疇，其中包含了許多異質成分。例如洛克、斯密和康德，便為19世紀以降現代自由主義者的社會正義論說，提供了重要的思想資源。在19世紀前葉，位居主流的馬爾薩斯思想全盤否認人有生存的權利；故而，洛克的生存權和勞動價值論說，曾被詮釋為激進主義甚至社會主義式的。彼時除了洛克式的激進主義者，亦有斯密式的激進主義者，主張以造福弱勢者的斯密式市場經濟，取代陷人於悲慘境地的馬爾薩斯或李嘉圖式的市場經濟（Claeys, 1987）。對英國工運影響至鉅、奉洛克和斯密為思想導師的佩恩（Thomas Paine）（1967: 340）即是一著名案例；他在法國大革命後，愈發認為自由放任不足以兌現斯密的願景，因而提出一系列社經層面的權利主張（Horne, 1990: ch. 6; Claeys, 1989）。

　　一旦吾人使用分配正義概念去評估、批判不理想的政治或社經狀況，也就等於修正了「嚴格正義」此一相對狹隘的正義觀點。自19世紀中葉以降，分配正義概念再度得到重視，進而開展出「社會正義」的概念及論說。

四、社會正義與分配正義

　　使用正義概念以評估政治或社經事態，可謂源遠流長，亞里斯多德即是其奠基者。但「社會正義」卻是個十分晚近的名詞，首先假設了「社會」此一範疇之存在。在19世紀關於「社會」的諸多用法中（如社會學、社會問題、社會主義），「社會正義」是較晚出現者，姍姍來遲於1848年革命前夕（Hayek, 1976: 176）。在社會正義的早期論者中，密爾是最具言論分量的人物；他把社會正義與分配正義相提並論，稱做「社會與分配正義」[9]。

　　自19世紀中葉起，「社會正義」開始出現在密爾等英國自由主義者的文字。19世紀末，歐陸天主教（基督教民主）陣營也開始主張社會正義，並將其比喻為介於資本主義與社會主義之間的第三條路。到了20世紀初，與革命馬克思主義貌合神離的社會民主人士亦開始談論社會正義（D. Miller, 1999: 3-4）。在主張社會正義的多路人馬中，最具思想活力的應屬社會自由主義者，從密爾和霍布浩斯（Leonard T. Hobhouse）（1994）直到羅爾斯和華瑟等。

9　密爾關於「社會與分配正義」的討論，散見於他1848年後的著作如《政治經濟學原則》、《功效主義》和身後出版的《論社會主義》。參見Mill（1994; 1993; 1989）。

　　在密爾的政治經濟學中,「分配」與「生產」分屬兩個不同領域（Mill, 1994）；這暗示在生產方式（商品生產、市場交換、自由貿易）基本不變的情況下,可對財產與財富的分配系統進行調整,以使其更合乎正義。但分配正義的判準何在？密爾援用了維多利亞時代的「應得」（desert）概念,意指合乎正義的分配就是「按應得分配」（Mill, 1993: 46, 64）。例如,在19世紀英國,「女性不應得投票權」是流行說法；但密爾舉出種種理由,說明女性已具備行使投票權的條件,是應得投票權的；因此,剝奪女性投票權乃是一種社會不正義（Mill, 1989: 119ff.）。

　　密爾並指出,實存的大規模貧窮乃諸多社會罪惡之首,代表「社會制度的失敗」。倘若某個制度在100人中判20或50人死刑（密爾所舉的例子）,死掉的注定是20或50個弱者,但弱者是否就死有應得？實存的勞動市場獎賞稟賦佳者,懲罰稟賦欠佳者,致使弱者很難脫貧,但「此種酬勞原則本身就是一種不正義」。在現實社會裡,決定誰強誰弱、誰富誰貧的最主要因素是「出身」（稟賦、階級、家庭、世襲財富）,其次是「意外」和「機運」,最後才是「努力」。懸殊的貧富差距幾乎與個人功過（merit and demerit）無關,此種狀態「明顯不合乎正義」（ibid.: 230-232）。

　　但要如何矯治社會經濟層面的不正義？對密爾來說,個人自由原則及其所保障的私產權,並不適用於世襲的財產與鉅富,而須對超過一定額度的遺產課稅,以進行二次分配（Mill, 1994: 167ff.）。在他的社會正義構想中,普及教育終將使每個人都有機會通過政治參與以發展自我；貧窮不復存在,勞動市場劫弱濟強的驅力亦被去勢馴服；大規模的經濟不平等得到矯正；由經濟不平等所造成的不當的政治與社會權力,亦縮減至可容忍範圍

（Hollander, 1985: ch. 9, ch. 11）。雖然密爾對於多元分權、以合作企業為主體的市場社會主義抱持同情，但他認為改革實存的私有制、使財產分散，或許是更實際、更可能成功的做法（Mill, 1989: 221ff.）[10]。

　　在密爾之後，現代自由主義者提出了下列常見的社會正義主張。第一，公民的基本自由及權利（尤指公民權與政治權）應予保障。第二，基本社會權應予維護，而這通常界定為社經基本需要之滿足，或「合宜的最起碼社會標準」（a decent social minimum）之保障。第三，促進更公平的機會平等，通過普及教育、經濟重分配等方式，降低「出身」（階級、家庭、世襲財富、稟賦）因素對機會公平的負面影響。第四，為避免政治自由徒具形式，為使公共領域不致淪為金錢的競逐場所，須對政治獻金施以規範，並矯治大規模的社經不平等。

　　在前述等常見主張之中，最不具爭議的是第一項。第二項的理論爭議在於如何界定社會權、社經基本需要，或合宜的最起碼社會標準，但現實涵蘊則頗為一致：政府有責任營造出有利的社經環境，並採取有效措施以落實保障基本社會權，如通過基礎教育、健保制度、勞動法規、社會安全制度等。今日，社會權條文廣見於各國憲法和國際公約，其正當性已廣受肯認。（關於社會權的正當性論辯，請見本書第二章。）在第三項之中，通過經濟重分配以降低階級、家庭、世襲財富、稟賦等因素的不公正效應，也是廣為接受的現代自由主義觀念，但經常引發激烈爭議（R. Dworkin, 2000: ch. 1, ch. 2）。第四項是現代自由主義最具理想

10　提出這些社會正義主張的密爾，遭海耶克批評為「把西方世界知識分子導向社會主義」的原兇，且須為此「負最大的責任」。參見 Hayek（1983: 53）。

性格的社會正義主張,涉及社經基本結構(勞動市場、所有制)的改造,論者如密爾、羅爾斯、華瑟、達爾(Robert Dahl)(1985)為其主要代表。以下僅以羅爾斯和華瑟為例,扼要說明前述等主張的重要性。

在保障基本自由及權利之外,羅爾斯的正義論說包含了三項規範社會經濟基本面的正義原則;其中位階最高的是「政治自由的公平價值」,其次是「公平的機會平等」,最後是「差異原則」(Rawls, 1993a: 5-7)。差異原則係以「最不利者的最大利益」作為決定最起碼社會標準之判準。至於「公平的機會平等」,除了普及教育和全民健保外,羅氏並未提出其他具體政策;但他強調此項原則的實現與否,就和「政治自由的公平價值」一樣,取決於社經不平等能否得到有效抑制(Rawls, 1971: 275-278)。為了保障政治自由的公平價值,首先得壓制金錢對政治的直接影響,對政治獻金施以嚴格規範。但此類圍堵辦法效果有限,而為求正本清源,仍須矯治大規模的社經不平等(ibid.: 225-227)。羅氏的制度構想綜合了密爾與凱因斯(J.M. Keynes),主張通過經濟重分配使財產更為分散,通過全面就業以提升勞工的議價能力,並通過教育水準的普遍提升以縮減勞動市場之薪資差距(ibid.: 272-284; Krouse and Mcpherson, 1988)。

華瑟則採取了一種亞里斯多德式的思路。他把防制金錢對政治及其他社會領域的不良影響,理解為共同體成員的自我防衛措施。和羅爾斯相似,華瑟主張通過經濟重分配以分散市場權力,提升工會議價能力,並改革工資系統(即勞動市場)以縮限所得差距;為達此目的,他認為有必要調整生產事業的產權結構,積極鼓勵合作所有制的實驗(Walzer, 1983: 116-122, 298-303)。華瑟反對羅爾斯的差異原則,但主張「強有力的福利國家」,以確

保共同體成員的經濟安全與基本需要得到保障（ibid.: 318, ch. 3）。至於機會平等的促進，他強調須通過長期的經濟重分配與社會重建才能成功（ibid.: 151-154）。

　　前述等社會正義主張的論說基礎何在、孰優孰劣等問題，非本章所欲深究。以上說明的目的僅在於指出兩項要點。首先，儘管當代社會正義論說的哲學基礎各有不同，但就其常見主張而言，大體包括保障基本自由及權利，落實基本社會權，促進機會公平和政治公平。再者，密爾、羅爾斯和華瑟等現代自由主義者，皆認為吾人可依據規範性的社會正義理念、原則或判準，評估政治、社會與經濟制度的正義與否，從而採取必要的矯治措施。

五、海耶克論市場正義

　　海耶克是當代「市場正義」思想的代表性人物，主張正義之目的在於維護市場自發秩序，其規範對象只能是個人行為而不能是事態（state of affairs）。對海耶克來說，「社會正義」意味在市場自發秩序之外，去謀求某種合乎正義的政治、社會或經濟事態；但這是一種不正當的，甚至毫無意義的正義概念，必得全盤拒絕之，以免妨礙自由市場的運作。

　　顯而易見，吾人無法直接對「事態」進行規範，而僅能通過對個人行為的規範以矯治事態。表面上，海耶克強烈反對以「社會正義」概念去評估事態；但其實，他並不反對政府矯治不理想的事態。在海氏思想中，以捍衛市場秩序為己任的市場法治國，有必要通過對個人行為的種種規範，以協助市場秩序穩健運行，並在其運作不良時（一種不理想的事態）採取修正行動。市場法

治國所訂出的行為準則是否合乎正義，取決於其有利或不利於市場秩序的運行。

　　照海氏的陳述，正義指涉一套「正義行為的準則」（rules of just conduct）或「法治之法」（the law of the rule of law）。並非所有的行為準則都是「正義行為的準則」，也並非所有的法律都是「法治之法」。與市場秩序休戚相關的行為準則，應具備下列三項基本屬性：須是普遍的、抽象的，不針對特定對象；眾所周知，具確定性，不致令人無所適從；以及，法律之前一律平等。符合這三項法治判準的行為準則是消極的，其功能在於界定出一個不容他人侵害的私人自由範圍，而不施加積極義務；此種行為準則得以使市場行動者知所適從，從而營造出理想的自發性市場秩序（Hayek, 1960: 208-210, ch. 10; 1976: ch. 8; Kley, 1994: 71-77）。

　　在海氏著作中，「自發秩序」被視做自由社會的本質；此種秩序並不是任何人有意識地創造出來的，其運作方式亦與中央集權式的「組織」有根本差異。在多中心的自發秩序裡，存在互相競爭的經濟單元，沒有任何一方能主宰整個過程及其結果；由於沒有人能掌握所有的知識和資訊，也很難完全預料到他的行動後果，故任何特殊後果都稱不上是某人所意欲的，而是各種元素一連串互動、競爭下的產物（Hayek, 1973: ch. 2; 1976: ch. 10）[11]。這種秩序的偉大之處在於：它使多元知識和資訊「得以有效用來造福每一個人」，「使人的欲望獲得更大的滿足」，且「大幅改善了

11　早在1935年，海耶克編輯出版《集體經濟計畫》以質疑蘇聯式計畫經濟的可行性，旋即引發著名的「社會主義計算」（socialist calculation）辯論。海耶克等奧地利學派論者認為，由於市場機制和價格機制付之闕如，理性的經濟計算在蘇聯式計畫經濟中乃不可能，故注定失敗。參見 Hayek ed.（1935）、Hayek（1944）。

人人滿足其欲求的機會」。吾人之所以應該選擇自發秩序，正是因為它所帶來的整體福祉最大（Hayek, 1976: 63-65, 70-72）。

對海耶克來說，「自發秩序」不等於自由放任，而必須靠一個強有力的市場法治國才得以存續。他反對累進稅制，主張等比例的所得稅制才符合法治原則，並在1960年表示25%的所得稅率是他可以接受的上限。實際上，這等於是肯認了國家職能的擴張有其一定的必要性（Hayek, 1960: ch. 20, 323）。他反對龐大的公、部門經濟，反對經濟重分配，反對國家以實現社會正義為由干涉市場；但他不反對國家為了「市場需要」而擴充職能，如建立最起碼的生存安全網，提供市場所無法提供的公共財貨，制定建築法規、食品法規、環境法規、安全法規和健康法規，施行反壟斷法，執照認證，等等。在教育和健康領域，海氏亦不反對政府財政介入，僅強調政府不必成為財貨或服務的直接提供者（Hayek, 1979: ch. 14; 1960: Part III）。他承認，為了因應社經發展所帶來的新問題，為了確保市場秩序的穩健運行，國家職能難免有所擴張；新的行為準則亦有制定的必要，或需要對舊的行為準則做出調整（Hayek, 1973: 88-89）。

如果正義不應該關切後果或事態，則無論舊的行為準則造成了何種後果或事態，都將沒有修正調整的必要；但這顯然不是海耶克的立場。事實上，海氏明白表示「所有正義行為的準則都必須指涉某種事態」（Hayek, 1976: 34）。除了普遍性、抽象性、眾所周知、確定性、一視同仁等形式要件外，「正義行為的準則」其實不斷地指涉海氏所憧憬的理想「事態」，即自發性的市場秩序。

按海氏說法，在自發性市場秩序裡，只要每個人的行為都合乎正義，則無論這些行為（經過一連串互動後）造成何種結果或

事態（尤指社經資源的分配狀態），原則上都是正當的。談論此類事態的正義與否，必須先問誰是罪魁禍首，但這唯有在中央集權的「組織」裡才能辦到；由於自發秩序下的分配狀態難以預料，更找不出罪魁禍首，故談論其是否合乎正義乃是十分荒謬的。基於此，海耶克強烈反對社會正義和分配正義概念，並堅稱此類主張難以見容於自發秩序（ibid.: ch. 9）。如前所述，海氏承認現代政府有必要建立生存安全網或「保證的最起碼收入」，以防止極度不幸；此乃「共同體所有成員的道德義務」，但他堅持此與社會正義無關（ibid.: 87; 1960: 303; 1978: 145; 1979: 55）。對海氏而言，所有社會正義或分配正義論說都有問題，因其意味以中央集權進行計畫性的經濟分配，從而使社會過程愈發趨近於蘇聯式極權體系（Hayek, 1976: 68）。

綜上，我們可以歸納出海耶克的幾項主要論點：第一，正義行為的準則須具備三項屬性：普遍性、眾所周知及確定性、形式平等；第二，正義行為的準則指涉某種理想事態，即自發性的市場秩序；第三，市場法治國須根據市場秩序的實際需要，評估是否制定新的行為準則，或調整舊準則；第四，在此種自我指涉的市場秩序下，談論「其他事態」（尤指社會不平等、經濟不平等、社經資源的分配狀態、政治不平等）的正義與否是不正當的，甚至毫無意義。

但我們不妨追問：前述論點是否足具說服力，足以說服吾人接受海耶克「反社會正義」的立場？

首先，海耶克似乎假設了金錢政治、階級立法等問題並不存在，或不嚴重。在《法、立法與自由》的第三冊裡，他主張以某種類似於過去英國上議院、獨立於民主過程、由上了年紀的賢達所組成的太上機關，由上而下地監管政府部門的立法，以確保市

場法治體系不致受到民意扭曲（Hayek, 1979: ch. 16, ch. 17）。如果此種看似違反了「絕對的權力就是絕對的腐化」定律的政治架構真能實現，那麼，以社會正義之名要求矯治金錢政治，自然全無必要。否則，使用社會正義概念以批判金錢政治、階級立法等事態，非但並不荒謬，反而相當合乎海耶克本人的政治理想：一個不受特殊利益所汙染的、公正公開的憲政法治國。

　　另一關鍵問題在於：海耶克的三項市場法治判準（普遍性／抽象性、眾所周知／確定性、法律之前一律平等）是否足能決定任何特定的行為準則？例如，「宗教自由」、「禁止所有宗教」與「單一宗教」都可以滿足海氏的三項法治判準；但現代自由主義者咸認為只有「宗教自由」才合乎正義，後兩者則侵害了作為基本權利的宗教自由。海耶克的市場法治國，不但難以區辨這些不同立場之間的道德差異，而且根本反對複數的、可具體條列的「基本自由」概念。故而，吾人可以合理懷疑其自由主義的屬性，及其對基本自由及權利的保障範圍和程度（Kukathas, 1989: 142-162; J. Gray, 1994）。

　　針對此類質疑，海耶克重申：幾乎任何行為都可能干涉到他人，對他人構成不同程度的傷害；故市場法治國須根據普遍抽象的準則，以界定出私人自由範圍的界限，而不應固著於複數的、具體的基本自由（Hayek, 1973: 101-102; 1960: ch. 1）。但難處在於：海氏的市場法治判準是否足能界定出基本的政治準則，而毋需進行更實質的規範性論說？以宗教自由和言論自由為例，這兩項自由之所以被列舉為憲政基本自由，並不意味以宗教為名的恐怖活動、誹謗或詐騙他人是正當的，但確實意指其具有憲政優位性而不得任意剝奪。在不論何謂基本自由、何謂社會正義的情況下，海氏反覆強調「法治」形式要件的重要性，但此種「法治」

卻不足以回答他自己的提問：受保護的個人領域該如何界定？複
數的、具體的、平等的基本自由及權利，相對明確地界定出一個
應受保護的個人領域，並（至少原則上）防止政府以泛泛的功效
主義說詞任意侵害之。除非這些基本自由及權利不必予以保障，
或不具政治道德的重要性，否則，吾人可以正當地視其為最基本
的社會正義要求。

此外，海耶克的法治判準是否足能界定出任何特定的社經政
策，而毋需進行更實質的規範性論述，也具一定爭議。海氏反對
累進稅制，並認為齊頭式等比例的所得稅制（如每人納25%的所
得稅）才符合他的法治判準。然而，等比例的所得稅就是不等比
例的財產稅；諸如「無論男女老少、收入高低、財產多寡、有無
工作，一律抽取固定額度的人頭稅」其實也很符合普遍性／抽象
性、眾所周知／確定性、法律之前一律平等這些海氏法治判準
（Viner, 1991: 351-352）。

對海氏而言，所有正義行為的準則終究「都必須指涉某種事
態」，也就是必須取決於市場秩序的實際運作。在此，吾人不難
發現海氏思想的另一項基本假設：何種規範、政策或法規有利於
市場經濟，哪些成分是「自發」秩序的構成要素，哪些又是不當
的「人為」干預，都是有客觀答案的。然而，19世紀末以降的社
會立法，如關於工時限制、勞動安全、禁止剝削童工、基礎教
育、防止壟斷、環境保護、消費者保護、食品藥物安全、反性別
歧視、反種族歧視、基因科技、生化恐怖、飛航安全等，從某些
方面看，大都是不利於自發秩序的「人為」干預；但換個角度，
也大都可以詮釋為「自發」的社會過程，並具有「助使市場秩序
穩健運行」的作用。

畢竟，歷史過程中哪些成分算是完全自發的，哪些又是完全

人為的，恐怕只有上帝才分辨得出來。至於何種行為準則才有利於市場秩序？這也沒有絕對的標準答案，因為美國、日本、德國、法國、荷蘭、瑞典等成功的現代市場經濟暗示：條條大路通羅馬。海耶克的自發秩序理論應能排除蘇聯式的極權主義，但除此之外，種種不同的規範皆未必與現代市場經濟絕對衝突。

最後，我們仍不妨追問：現代市場經濟何以不需要滿足一些基本的社會正義判準？使用正義概念以評估政治、社會和經濟事態，何以不正當？海耶克一則容許賢明統治者評估社經事態（市場狀態）的理想與否，另則以「正義的規範對象不能是無人須為之負責的事態」為由，反對自由主義者談論社經事態（如社經資源的分配狀態）的正義與否。但如果所有正義行為的準則「都必須指涉某種事態」（這是海氏說法），那麼，談論事態的正義與否不但是正當的，甚至迴避不得。

值得強調的是，自發秩序理論從不反對政府矯治不理想的、但無人須為之直接負責的社經事態。當某種不理想但可被調整的事態（如某種環境汙染）出現時，吾人可能找不出真正的罪魁禍首（因為潛在的汙染源眾多），但卻可以通過對行為的規範（如環境法規）來矯治此種不理想的事態。在此，關鍵並不在於罪魁禍首是誰，而在於是否「應該」改變可以被改變的不佳事態。這是海耶克本人所接受的看法，也是自發秩序理論的基本假設。

基於同樣的道理，吾人不僅可以談論事態的理想與否，也可以正當地談論事態的正義與否。不理想但可被改變的事態有許多，未必都應該被改變，也未必都不合乎正義。所謂「不合乎正義的事態」指的是某些可被改變的、不改變在政治道德上是不對的、應該被改變的事態（Shklar, 1990: 76-82）。在許多情況下，如果吾人缺乏獨立的規範性判準（如社會正義原則）以評估事態

（如金錢政治）的正義與否，則亦難以談論行為（如賄選、利益輸送）與行為準則（如禁止賄選、政治獻金相關法規）的正義與否。就此而言，使用社會正義概念以評估政治事態（如壓制言論自由、侵害宗教自由）或社經事態（如路有凍死骨），原則上並無不妥，甚有必要。（至於人們對社會正義、法治、民主、自由等名詞的濫用，則是另一層次的問題。）

　　海耶克曾經表示：一旦選擇了自發性市場秩序，就不該再追問其結果是否合乎正義；但在此之前，吾人仍可以質問「有意地選擇市場秩序作為導引經濟活動的方法」是否「是合乎正義的決定」（Hayek, 1967: 171）。換句話說，選擇某種經濟秩序的確涉及其是否合乎正義的問題。然而，這仍須仰賴一套實質的規範性論說，而不能只是出於海耶克那種總體論式的、後果主義式的功效說詞。環顧今日世界，真正需要做出的迫切選擇並不在於「市場秩序」和「極權主義」之間，而在於各種不同的市場經濟之間。在各種可能選項之中，選擇哪種市場經濟才是合乎正義的決定，終究仍取決於吾人的社會正義思考。

第二章

社會權的正當性論辯

一、社會權的由來和主旨

　　1919年公布的德國威瑪憲法，首度列出生存、教育、工作、勞動保護、住宅、失業救濟、社會扶助等多項基本社會權利；此後，社會權條文陸續在各國憲法裡出現。以中華民國憲法為例，除了第二章（人民之權利義務）所列出之教育權、生存權及工作權外，另於第十三章（基本國策）規定：應救濟失業；具工作能力者，應予以適當工作機會；應制定保護勞工及農民之法律；婦女兒童從事勞動者，應予以特別保護；為謀社會福利，應實施社會保險制度；老弱殘廢、無力生活及受非常災害者，應予以適當扶助；應保護母性，並實施婦女兒童福利政策；應普遍推行衛生保健事業（陳新民，1988：200-202）[1]。諸國憲法條文之外，社會權亦見於一些重要的國際宣言和公約，包括1948年聯合國〈普遍

1　社會權條文亦見於戰後日本憲法和歐洲各國憲法。在英國以外的歐盟國，社會權的入憲已成慣例。

人權宣言〉和1966年通過的〈經濟、社會及文化權利國際公約〉。這些宣言和公約肯認每個人都應享有教育、健康、工作、經濟安全、失業救濟、勞動保護、社會扶助、適當休憩、適當居住環境等基本權利，並將其詮釋為普遍人權[2]。

今日，人們對於基本公民權和政治權的保障，已有相當程度的共識。但基本社會權是否應予保障、如何保障，卻仍具一定爭議。憲法學界對於社會權應否入憲，持不同意見；社會福利學界對於社會權的落實方式，亦看法不一[3]。此外，社會權可否詮釋為普遍人權，是否意指富國和窮國之間的資源重分配，也引發諸多爭論[4]。

本章探討社會權的正當性論辯，並商榷當代反社會權論者幾項主要的反對論證。在政治哲學界，社會權廣被理解為一項規範性的社會與經濟正義（簡稱「社經正義」）原則，指向「合宜的最起碼社會標準」之保障，或社經基本需要之滿足。社會權論者咸認為，社經基本需要之滿足須視為公民的基本權利，和一項基本的社經正義原則。然而，亦有論者對社會權持否定或保留的態度。

2　關於人權概念的發展，參見Donnelly（1989）、Beetham ed.（1995）、Bobbio（1996）。另見Cranston（1973）對社會人權的著名批評。

3　社會學界關於社會權的討論，多以馬歇爾的公民社會權理論作為起點，參見Marshall（1950）、Bulmer and Rees eds.（1996）、Heater（1999: ch.1）。社會福利學界多以Esping-Andersen（1990）所提出之分析架構，區別社會權的各種制度實現方式。

4　社會權可否理解為普遍人權？部分論者以人權為社會權之張本，但也有論者認為吾人難以從「人性尊嚴」推導出生存權以外的各項社會權利，參見P. Jones（1994: ch. 7）。本章存而不論此間爭議，而把探討重心放在作為公民基本權利的社會權。

社會權通常被歸為「第二代」權利，以別於「第一代」的公民權與政治權。部分學者認為，這兩代權利除了代間差異之外，亦存在本質差異，即消極權利（negative rights）與積極權利（positive rights）之別。按此分類，第一代權利消極地要求國家及第三人在某些方面「無所作為」；第二代的社經權利則要求國家及第三人在某些方面「有所作為」。批評者指出，社會權（泛指基本社會權與經濟權）施於國家及第三人某些積極義務，而其主要問題在於：請求稀少資源；內容、程度及實現與否難以判定；不具普遍性；所蘊含的權利義務關係不夠明確；與私產權相衝突，等等。本章擬對這些反社會權論證進行分析，並申論其何以不成功。但在此之前，將先扼要說明社會權概念的由來和主旨。

（一）從生存權到社會權

根據基督教教義，上帝不但創造了人，還把世間財富賜給祂的所有子民。此項教義曾被詮釋為共產主義，但更常見的解讀是：無論採行何種所有制，每個人的生存需要皆須獲得滿足。17世紀為私有制辯護的自然法論者如格勞秀斯、霍布斯和洛克，皆認為私產權與生存權可並行不悖；但當兩者在特殊情況下發生衝突時，原則上私產權必須讓位。格勞秀斯指出，當窮人陷入生存危機而無人伸出援手時，可正當地偷竊他人財物以求生存；霍布斯和洛克則是英國公共濟貧體制的支持者（參照第一章第三節）。

但生存權並不等於社會權。例如，力主維護生存權的洛克，也主張以強迫勞役或剁掉耳朵等方式，懲罰苟且偷生的懶人（Horne, 1988: 131; Tully, 1993: ch. 6）。此種「生存」標準，顯與當代社會權論者所要求的「合宜的最起碼社會標準」有段距離。

斯密是第一位以「合宜性」界定最起碼生活水平的政治思想

家。他在《國富論》中指出,文明社會應以社會成員對「合宜性」的理解,作為界定最起碼生活需要的標準;他並以亞麻布襯衫和皮鞋為例,申論此類非關生物性生存的物品,仍須視為所有社會成員都應該享有的、失之便難以維持基本尊嚴的必需品(A. Smith, 1976: 869-870; Sen, 1991)。

斯密的「合宜性」概念為現代社會權論說提供了重要基礎,儘管他本人並未明確提出社會權的主張。他樂觀相信,自由市場將使處境最差者的生活水平跨越「合宜性」的門檻。因此,他並未正面回答後人所關切的問題如:自由市場的正當性是否繫於基本需要之滿足?後者可否詮釋為一項社經正義原則,或應予保障的基本權利?如果市場分配無法使部分公民的基本需要獲得滿足,政府可否正當地以此為由,對社經事務進行調節?

法國大革命爆發後,在連年戰亂、饑荒和政經不穩定的情況下,歐洲自由思想開始分化。當時被歸類為激進分子的佩恩,不但憧憬一種造福於弱勢者的市場經濟,亦提出一套近似於福利國家的藍圖,包括累進的財產稅和遺產稅、國家濟貧系統、窮人就業系統、補貼窮人教育支出、促進機會平等、扶助弱勢者和殘障者、退休年金等。佩恩的改革構想已超越了生存權,進入了社會權的範疇;雖然他並未使用「社會權」、「社會正義」等後來字眼,但已把他的社經主張界定為「正義」與「權利」的兌現(Paine, 1967: 340)。把佩恩的前述觀點,再加上斯密的「需要」和「合宜性」概念,所得到的便是現代社會權論說的大致輪廓。

(二)社會權、基本需要、社會正義

「社會正義」一詞誕生在19世紀中葉,密爾是第一位運用、闡釋此項概念的現代自由主義者(Hayek, 1976: 63-64, 176)。在

密爾之後，社會正義論者多來自於自由主義與社會民主傳統；不少經濟自由派則認為社會正義是錯誤觀念，並質疑其助長了國家對自由市場的干涉。此一基本立場之歧異，廣被詮釋為兩種自由主義之爭，即現代自由主義與新古典自由主義之爭，或社會自由主義與經濟自由主義之爭。

　　自由主義是否該追求社會正義？對此，社會自由主義者持肯定的態度。但該追求哪種社會正義？自羅爾斯《正義論》出版以來，當代關於社會與經濟正義的規範性論辯，即多以羅氏作為參照座標。照羅氏的自我詮釋，他的正義理論包含三項規範社經不平等的正義原則，即政治自由的公平價值、公平的機會平等、差異原則（Rawls, 1993a: 6-7）。部分論者建議羅氏再增列一項基本的社經正義原則，即基本需要原則（Michelman, 1989; Pogge, 1989: 133-148; Waldron, 1993: ch. 11）。在1993年出版的《政治性自由主義》中，羅爾斯接受了這一提議，並把基本需要原則列入憲政基本要件（Rawl, 1993a: 228-229）。

　　我們不難發現，當代著名的社會正義論者如羅爾斯、華瑟、德沃金和納格爾（Thomas Nagel）等，對社會權／基本需要原則不抱強烈的理論興趣。他們從公平、多元平等、資源平等、公正等其他角度，提出了更具平等主義意涵的社經正義原則或理念；他們基本認為，現代自由主義的社經正義標準，應遠甚於社經基本需要之滿足而已（Walzer, 1981: 391-392; R. Dworkin, 2000: 3; Nagel, 1991: ch. 11）。但亦有論者對於以「平等」為核心的社經正義理念持反對或保留的意見。例如，法蘭克福（Henry Frankfurt）（1988: ch. 11）、雷茲（Joseph Raz）（1986: ch. 9）和葛雷（John Gray）（1992: ch. 6）指出：當「朱門酒肉臭，路有凍死骨」或「數千萬美國人無法負擔健康保險」等情況發生時，人們尤其不

滿的是基本需要可以、但卻未能獲得滿足，而不是財富分配的不
平等或金錢對政治的影響。持這類看法的論者主張：基本需要之
滿足比起社經平等之促進，要更具政治道德的緊迫性，以及實踐
的優先性（Phillips, 1999: ch. 3）。

　　「基本需要」是當代社會權論說的核心概念，廣被詮釋成維
護尊嚴、自我尊重、個人自主、道德行動、自我實現或社會參與
的最起碼要件[5]。社會權論者咸認為社經基本需要之無法滿足，將
構成對個人的嚴重剝奪、傷害或去勢，故把基本需要之滿足視做
道德權利。但部分論者對於社會權作為一種法定權利仍有保留
（cf. Fabre, 2000）；如以歐洲諸國憲法和中華民國憲法的相關條文

---

[5]　論者如葛維斯（Alan Gewirth）、葛瑞芬（James Griffin）和普蘭特（Raymond
　　Plant）認為社會權／基本需要原則可直接從「道德施為者」的概念導出，亦
　　即：把基本需要詮釋為道德施為者的必要條件，並據此把社會權界定為普遍
　　人權。對雷茲和葛雷而言，社經基本需要之滿足不是普遍人權，而是以個人
　　自主作為理想的自由社會所須看重的，因為「個人自主的實現」取決於基本
　　需要的滿足與否。華爾準（Jeremy Waldron）和博格（Thomas Pogge）認為
　　基本需要原則可從羅爾斯的理論架構中導出。從華瑟的社群主義視野，基本
　　需要並不是獨立於社群思考的抽象原則，而應詮釋為共同體成員對生活需要
　　的共同理解。沈恩（Amartya Sen）與納斯邦（Martha Nussbaum）採取亞里
　　斯多德式的言路，把基本需要詮釋為活得好所須具備的基本能力。古丁
　　（Robert Goodin）從保護脆弱者的角度，指出基本需要無法獲得滿足之脆弱
　　者，易淪為他人剝削或宰制的對象。法蘭克福與維根斯（David Wiggins）則
　　認為基本需要原則的道德緊迫性，來自於基本需要之無法滿足（相對於偏好
　　之無法滿足）對個人所構成的「傷害」程度及性質。以上，是當代政治哲學
　　界對基本需要原則的幾種主要詮釋，其具體內容則非本章所能深究。參見
　　Gewirth（1996）、Griffin（2000）、Plant（1991: ch. 7）、Raz（1986: ch. 9）、J.
　　Gray（1992: ch. 6）、Waldron（1993: ch. 11）、Pogge（1989: 133-148）、Walzer
　　（1983: ch. 3）、Sen（1993）、Nussbaum（1998）、Goodin（1998）、Frankfurt
　　（1998）、Wiggins（1998）。

為例，此類條文的主要目的在於規範國家大政方針，而不意味失業者或無住屋者可逕自根據憲法向國家請求公法救濟。基於此，有些論者認為在社經議題上，「正義」語言要比「權利」語言來得適切；亦有論者表示社會權的入憲與否取決於現實考量（包括各國憲政傳統及慣例），但入憲與否並非社會權（作為道德權利及社經正義原則）能否落實之關鍵[6]。

前述等關於社會權／基本需要的爭議，仍屬於一種內部論爭，而與下文將探討的「反社會權論證」有所區隔。當代反社會權論者所反對的，不僅是概念或理論的細節而已；他們不但反對社會權作為一種法定權利，還試圖全盤否定社會權（作為道德權利及社經正義原則）的正當性。

二、社會權是積極權利

「消極權利」與「積極權利」之別，幾乎出現在當代所有關於社會權的論辯中。以下，我們將先說明此種權利分類的由來、意義和應用範圍。

在學界關於權利性質的討論裡，較常引用何翡德（Wesley N. Hohfeld）（1919）的四元分析架構；但他的分析對象是法定權利，而非政治哲學所關切的道德權利（P. Jones, 1994: ch. 1）。「消極權利」與「積極權利」之分則廣見於政治哲學領域，且廣

6　華瑟認為「正義」語言要比「權利」語言來得更適當（Walzer, 1981; 1983）。美國批判法學論者圖希奈（Mark Tushnet）（1984）強調基本需要原則之實現與否，與社會權入憲與否並無必然關係。另見 Waldron（2000）、Fabre（2000）的相關分析。

被理解為兩種義務之差異，即「消極義務」與「積極義務」之別。消極權利之所以消極，乃因其施於國家及第三人的義務是消極的，即要求國家及第三人不採取某些行動；積極權利之所以積極，乃因其施於國家及第三人的義務是積極的，即要求國家及第三人採取某些行動（Fried, 1978: 108-113; Gewirth, 1996: 33-38; Fabre, 2000: ch. 2）。

例如，生命權、人身安全、良心自由、宗教自由、言論自由、集會結社自由、財產權等，經常被詮釋為「消極權利」，因其施於國家及第三人的義務（不殺、不折磨、不干涉、不迫害、不妨礙、不偷、不搶等）是消極的。為了保障消極權利，政府仍須採取某些積極行動，如設立警政與獄政體系、司法訴訟體系等，但不少論者認為這是另一層次的問題。政治權（尤指選舉權與被選舉權）的地位更為曖昧；部分論者視其為消極權利，部分視其為積極權利，有些則語焉不詳。如果政治權也是一種積極權利，那麼，所有反對積極權利的說法將不僅適用於社會權，也同樣適用於政治權。

消極／積極權利的二分法廣見於當代社會權文獻，大多數社會權論者亦不反對此種分類；因為即使採用了此種分類，也未必非得接受「積極權利不正當」的論斷。基本社會權如教育權、健康權等，很自然地被界定為積極權利，因其意指當自由市場無法充分兌現這些權利時，政府須採取行動以促其實現，如經濟重分配、建立社會安全制度、實施國民教育、組織全民健保、制定勞動法規等。由此觀之，社會權的確施於國家及第三人某些積極義務，而第三人的積極義務尤指納稅義務。

消極／積極權利的分類方式其來有自，可追溯至格勞秀斯對「完整權利」與「不完整權利」之區別。按格氏說法，正義所保

障的是完整權利，即後人所謂的消極權利（尤指生命、有限自由及私產權），而不包括生存權這類不完整權利。完整／不完整權利之差異，在於不同性質的權利義務關係。不完整權利（如生存權）不屬於正義的範圍，而屬於慈善（Tuck, 1979: ch. 3; Hont and Ignatieff, 1983: 28-31; Haakonssen, 1985）。洛克也採取相似的分類，把生存權劃入了慈善領域。

如果生存權屬於「慈善」而非「正義」，它是否還是一種「權利」？拉丁文中的權利（*ius*）與正義（*iustitia*）語出同源，但在格勞秀斯和洛克那裡，卻出現了某種非關正義之權利。此種地位模糊的權利無法讓其他思想家滿意，於是，另一種分類辦法漸具影響力，也就是區分「完整義務」與「不完整義務」（Schneewind, 1987; 1993）。完整義務對應完整權利，此屬正義的管轄範圍；不完整義務（如慈善、慈惠）則沒有與之對應的權利。這意指：救助陷入生存困境者固然是重要的道德義務，但得到救助卻不是被救助者的權利。康德是闡發此種義務分類的最重要論者（Rosen, 1993; O'Neill, 1996）；斯密亦採用此種分類（Haakonssen, 1996: ch. 4; Griswold, 1999: ch. 6）。後來，寫作於19世紀中葉的密爾仍告訴他的讀者：完整／不完整義務之別，乃倫理學家最常用的分類（Mill, 1993: 51-52）。

作為一項社經正義訴求，社會權／基本需要原則並不合乎17、18世紀古典自由主義論者對正義的「消極」和「嚴格」理解。尤其甚者，作為積極權利（或不完整權利）的社會權，所要求的事項遠超過生存權，所蘊含的積極義務（或不完整義務）亦超過了慈善的義務。正因如此，當代反社會權論者多方面援引17、18世紀古典自由主義者的「嚴格正義」觀點（參見第一章第三節），以否定作為積極權利的社會權。

三、幾項反社會權論證

　　作為積極權利的社會權是不正當的嗎？何以積極權利是不正
當的？以下，筆者將歸納出當代幾項主要的反社會權論證，並逐
一說明。

　　第一，各種消極權利（如生命權、私產權和宗教自由權）可
以不相衝突地同時並存，因其所施加之消極義務（如不殺人、不
偷、不搶、不宗教迫害）可以不相衝突地同時並存。相對於此，
各種積極權利（如教育權和健康權）彼此衝突，因其互相競逐有
限的社會資源。弗瑞德（Charles Fried）（1978: 110, 112）表示：
「積極權利無可避免地涉及對稀少財貨之請求，而稀少性暗示此
種請求有其限制。消極權利，也就是不被他人非法干涉之權利，
則看起來沒有這種自然的、無可避免的限制。」又，「我們可以
在一天裡的每個小時，都不攻擊無限多人。事實上，我們可以不
欺騙他們、不偷竊他們的財物、不汙衊他們的名聲，這全都可以
同時達成。」要言之，消極權利是互不衝突、同時可能的；請求
稀少資源的積極權利則否。

　　關於消極權利的同時可能性（compossibility），與弗瑞德持
類似看法者不在少數（Steiner, 1977; Nozick, 1974: 28-29; Feinberg,
1973: 95-96）[7]。然而，消極權利是否同時可能、互不衝突，與積極

7　由於我們確實可以同時不殺不偷不搶不誹謗別人，所以在此意義上，消極權
　利的確是同時可能的。不過，各種消極義務／權利的「同時可能性」並未告
　訴我們：究竟哪些消極權利應予保障？或哪些消極義務須靠公權力強制執
　行？例如，「不得信仰伊斯蘭教」和「不得集會遊行」也是同時可能的兩項
　消極義務，但卻未必是吾人應該接受的兩項消極義務。其次，在理論上同時
　可能、互不衝突的各種消極權利，在現實世界裡衝突不斷，如言論自由與隱

權利的正當與否並無必然關係。就作為積極權利的社會權而言，反對者的主要論點是：凡積極權利皆涉及對稀少財貨之請求，因而不是應予保障的基本權利[8]。

第二，相對於消極權利，積極權利的內容、程度及實現與否，皆非常難以判定，且充滿爭議。例如，「合宜的最起碼社會標準」該如何決定？何種生活條件堪稱是基本的、合宜的、合乎尊嚴的？教育權與健康權，原則上可以窮盡所有社會資源，其上限與下限何在？易言之，作為積極權利的社會權的另一問題，在於其不確定性（indeterminacy）。此項論點廣見於當代反社會權文獻，被賦予不同程度的重要性；有部分論者（N. Barry, 1990: 79-80）認為「不確定性」是反對社會權的主要理由[9]。

第三，積極權利不具普遍性，因而不是應予保障的基本權利。積極權利何以不具普遍性？如前所述，部分論者認為消極權利是同時可能的，也就是說，每一個人的所有消極權利可以不相衝突地同時並行；因此，消極權利（尤指生命、部分自由及私產

私權的衝突，安全與自由的衝突等。另見 Waldron（1993: ch. 9）、J. Gray（2000: ch. 3）的相關討論。基本上，消極權利是否同時可能，與積極權利的正當與否無必然關係。

8　我們有必要區分此項論點在三個不同層面上的運用。第一，有些論者以「請求稀少資源」為由反對社會權入憲，如 Sumner（1987: 16-17）、Pereira-Menault（1988）。第二，「請求稀少資源」亦是部分論者反對把社會權視做普遍人權的理由之一；譬如說，涉及資源限制的社會權，充其量不過是富裕國家的公民權利，而不是放諸四海皆準的普遍人權（Cranston, 1973: ch. 8）。第三，亦有論者認為資源限制構成了反對所有積極權利（包括社會權）的理由，如 Fried（1978）。本章存而不論入憲與否和普遍人權爭議，而把焦點放在反社會權論者對「作為積極權利的社會權」的批評。

9　另見 Plant（1998）和 J. Gray（1992: ch. 6）對這類批評所提出的反批評。

權）可稱為普遍權利或普遍人權，但積極權利則不具有此種可普遍性。其次，正因為積極權利的內容、程度及實現與否取決於特殊現實條件，所以在此意義上，也注定不可能成為普遍權利。此外，克蘭史頓（Maurice Cranston）（1973: ch. 8）指出，積極權利的受益者往往只是某些特殊範疇的個人，而不像消極權利普遍適用於每一個人；例如，健康權的對象是生病的人，社會救助的對象是弱勢者，教育權的對象是家長付不起學費的學童。

　　為社會權辯護的論者則指出：如果克蘭史頓的論點成立，那麼，訴訟權和選舉權等看似僅適用於特定對象（打官司者、吃官司者、未被褫奪公權的成年公民等）的基本權利，恐怕也不正當。反之，如果訴訟權和選舉權是普遍權利，則教育權和健康權等基本社會權又何嘗不具普遍性（Plant et al., 1980: 73-82; Gewirth, 1982: 64-66; Donnelly, 1985: 90-96; P. Jones, 1994: 158-159; Fabre, 2000: 26-28）？筆者認為，正因為訴訟權和選舉權都有要求國家積極作為的一面，所以才不具備消極權利的那種普遍性。因此，問題的關鍵毋寧在於：「不具備消極權利的那種普遍性」是否構成了反對積極權利（如訴訟權、選舉權、健康權、教育權等）的充分理由或重要理由？

　　除了克蘭史頓的著名論點外，還有其他從「不具普遍性」批評積極權利的說法（Gewirth, 1996: 62-70）。例如，歐妮爾（Onora O'Neill）（1996; 1998）直接引用康德的完整／不完整義務之別，強調慈善的義務沒有與之對應的、可普遍化的權利。但如前所述，問題並不在於消極／積極權利、完整／不完整權利、完整／不完整義務等分類方式是否妥當，而在於：「不具備消極權利的那種普遍性」是否構成了反對社會權的充分理由或重要理由？

　　第四，消極權利所蘊含的權利義務關係（如不被殺和不殺人）是可以清楚界定的，積極權利所蘊含的權利義務關係則不夠明確。諸如「張三有不餓死和念小學的權利」這類主張，賦予張三免於餓死和免繳學費的權利，可是「誰」有義務給張三食物或替他繳學費？李四？王五？如果李四或王五基於善心而援助張三，那當然值得肯定；但國家可否正當地強迫李四或王五繳稅，然後重分配給張三？如果李四或王五謀殺了張三，此間的權利義務關係可以清楚界定、嚴格執行；但張三挨餓受凍或無法上學，很可能不是李四或王五的過失所致，後者何以必須繳稅以供養社會救助和國民教育體系？此種權利義務關係很難嚴格界定，且有濫用的可能。

　　此項論點廣見於當代反社會權文獻，或可說早已隱含在消極／積極權利的基本定義裡。諸如消極／積極權利、完整／不完整權利、完整／不完整義務、正義／慈善之區別，其目的皆在區分兩種不同性質的權利義務關係。在此類二分法中的前者，儼然蘊含一種冤有頭債有主的權利義務關係；其與二分法中的後者所隱含的權利義務關係，似乎確有差異。但重點仍在於：此間差異是否構成了反對積極權利（尤指作為積極權利的社會權）的充分理由或重要理由？

　　部分社會權論者認為，消極／積極權利的二分法其實頗成問題，因為消極權利（如人身安全）不得不仰賴國家的積極行動（如設立警政體系）來維護；後者同樣施於國家及第三人某些積極義務，而不僅止於消極義務而已（Shue, 1980: ch. 2; Donnelly, 1989: 33-34; Nino, 1991: 195-221; Mack, 1986）。但這類回應有其牽強之處，因其混淆了兩個不同層次的問題：「消極權利」與「消極權利之保障」。在概念上，要求他人在某些方面無所作為

（如不殺、不偷、不搶）的消極權利，並未施加積極義務。而當吾人要求國家公權力「保障」消極權利時，此種「消極權利之保障」（如收稅以建立治安體系）也不等於消極權利本身。在筆者看來，消極／積極權利之概念區分應可成立；但「消極權利之保障」和「積極權利」類似，都施於國家及第三人某些積極義務，而不是一種要求國家及第三人無所作為的消極權利（Gewirth, 1996: 33-38; Sen, 1984: 314; Plant, 1998: 64-65; Fabre, 2000: ch. 2）。

第五，積極權利施於國家及第三人某些積極義務；對第三人而言，積極義務主要是納稅的義務，但這侵害了神聖而不可侵犯的私產權。著名哲學家諾齊克（Robert Nozick）（1974: 169-172, 206）把現代國家所徵收的社會正義稅，形容為一種接近奴役的「強制勞動」，甚至將其比喻成強行挖掉健康者一隻眼睛（以進行視力重分配）的殘酷行為。如果吾人接受此類看法，把所謂的「稅前所得」視為神聖而不可侵犯，則幾乎所有的社經正義或積極權利主張（包括社會權）都不正當（Flew, 1989: 159; Kymlicka, 1990: ch. 4）。

第六，社會權是不正當的，因為所有以矯治「事態」為著眼點的積極權利／正義主張都不正當，構成了對自發性市場秩序的干涉和危害。此項論點（即「正義的對象不能是事態」）係由海耶克發揚光大（Hayek, 1976: ch. 9），亦可見於諾齊克、傅利曼（Milton Friedman）及其他市場自由派或放任自由派論者（Nozick, 1974: ch. 7; Friedman and Freidman, 1980: 128-135）。在第一章第五節中，筆者已對海耶克的論點提出商榷，故不另重複。

以上，即是當代反社會權論者的幾項主要論證；其他未涵蓋到的論證，則不在本章的討論範圍內。就前述第一項至第五項說

法，我們不妨追問：請求稀少資源、具不確定性、不具普遍性、
不夠明確的權利義務關係、涉及稅收等，是否構成了反對「作為
積極權利的社會權」的充分理由或重要理由？

四、論社會權的正當性

（一）權利及其保障

　　按反對者的第一項至第五項說法，作為積極權利的社會權的
主要問題在於：牽涉有限社經資源的配置；其內容、程度及實現
與否難以判定；不具消極權利的那種普遍性；所蘊含的權利義務
關係不夠明確；與私產權相衝突。

　　以諸國憲法所規定的基本教育權為例，它的確涉及稀少資源
的分配，與其他項目分享有限的國家預算。教育權的內容、程度
及實現與否，亦具不確定性；畢竟，幾年的基礎教育或國民教育
才夠？教育的內容為何？凡此種種皆具爭議。教育權亦不具有消
極權利的那種普遍性；基礎教育體系所蘊含的權利義務關係（如
誰為誰家小孩的教育付了費？納了稅？）確實不夠明確。然而，
這些是否構成充分或重要的反對理由？

　　在現實世界裡，某些消極權利如隱私權，比起教育權、健康
權、最起碼的社會標準等積極權利，要更加難以認定，且更易因
文化差異而異。其次，為了保障消極權利（如生命、財產、消極
自由）而設立的國防體系、警政與獄政體系、司法訴訟體系等，
無一不涉及稅收和有限社經資源的配置，其內容、程度及實現與
否亦具不確定性。試想：犯罪率要低到多低？軍隊要多大？訴訟
權要滿足到何種程度？更值得指出的是，這些體系中的權利義務

關係（誰為誰供養了國防、警政、獄政及司法訴訟體系？誰是搭便車者？不擔心恐怖主義的人為何也要納反恐稅？）也不夠明確。此外，儘管某些消極權利可視做普遍權利或普遍人權，但「消極權利之保障」跟「積極權利之保障」一樣，都取決於特殊的現實條件。

顯而易見，「消極權利之保障」同樣施於國家及第三人某些積極義務，也同樣具有請求稀少資源、不確定性、不具普遍性、不夠明確的權利義務關係、牽涉稅收等特徵。李四固有不侵犯張三人身安全及自由的消極義務，但「保障」張三的人身安全及自由，卻並非李四或王五一己之責任。正因如此，才有了維護治安的警政與獄政體系；後者就和保障社會權的社會安全與救助體系一樣，都在履行「積極義務」。

我們不難想像，在治安欠佳的社會裡，警力似乎永遠也不夠用；但基於「保障人身自由及生命財產安全」的積極義務，政府仍須致力營造出更安全的環境。究竟得耗費多少資源，取決於經費限制及其他現實條件；警力該如何使用（開交通罰單、臨檢旅館、抓酒醉駕駛、辦刑案等）也關乎資源配置；辦大不辦小，或警力分配失當，牽涉到分配（不）正義；治安如何才算良好，亦具爭議；要求滴水不漏的治安，就和要求無上限的教育權和健康權一樣，都可能使社會資源不敷使用。諸如此類的問題，顯然不是只有「社會權」或「積極權利」才會碰到，而同樣適用於「消極權利之保障」。

理論上，社會權／基本需要原則（就和保障人身自由及生命財產安全一樣）並不必然意味國家行動。如果無為而治可以達成同樣目標，國家行動自然全無必要；但當無為而治無法達成目標時，國家行動就有其必要。例如，在路有凍死骨的社會裡，為了

兌現生存權，國家應該採取行動；但在豐衣足食的情況下，也許無為而治就能使生存權得到實現。再假設，這個豐衣足食的社會充斥了電腦駭客，使得隱私權的維護不但困難，且變得十分昂貴；這就衍生出國家該如何保障隱私權，以及隱私權該如何界定，要保護到何種地步等問題。又如，經濟衰退可能增加社會安全體系的負擔；如果社會安全體系低度發展，治安敗壞幾可預期，並使消極權利的保障亮起黃燈。

綜上，請求稀少資源、不確定性、不具普遍性、不夠明確的權利義務關係、涉及稅收等特徵，並不構成反對「作為積極權利的社會權」的充分或重要理由。無論消極／積極權利有何性質差異，「消極權利之保障」同樣施於國家及第三人某些積極義務，也同樣具有前述等五項特徵，但誰說消極權利不必予以保障？

（二）社會權與政治權

進而言之，如果保障「作為積極權利的社會權」是不正當的，則保障「作為積極權利的政治權」（尤指普遍選舉權）也不正當。儘管當代反社會權論者鮮少把政治權視做積極權利，但按照消極／積極權利的定義，政治權（尤指選舉權與被選舉權）實屬於積極權利而非消極權利[10]。因此，所有反對「作為積極權利的社會權」的說法，也都同樣適用於「作為積極權利的政治權」。

在1840年代〈論猶太人問題〉文中，馬克思指出法國大革命的〈人權和公民權宣言〉包含兩種不同的權利。「人權」指部分消極自由（生命、有限自由及私產權）；「公民權」則是資產階級或

---

10 把政治權視做消極權利的論者包括Fried（1978）、Cranston（1973）。大多數其他的反社會權論者，則並未就此問題表達明確看法。

布爾喬亞才有的政治權利。前者界定出一個不容國家及第三人侵犯的「私人」範圍；後者賦予少數「公民」參與政治的權利或特權。當只有極少數人享有政治權時（如18世紀英國），其與「人權」之衝突並不顯著；但當弱勢階級也開始爭取政治權時，統治階級遂警覺到「政治權」（普遍選舉權）對「人權」的可能危害。在此歷史脈絡下，馬克思一則指出人權（消極權利）與政治權（積極權利）的潛在衝突，另則預言普選權將使英國工人階級抬頭，通過選票以實現共產主義（Waldron ed., 1987: ch. 5）。此項預言並未成真；但政治權（普遍選舉權）與消極自由（尤指私產權）存在衝突，實乃19世紀論者廣為接受的政治社會學常識。

從歷史再回到理論。按消極／積極權利的定義，消極權利施於國家及第三人的義務是消極的，即要求國家及第三人不採取某些行動；積極權利施於國家及第三人的義務則是積極的，即要求國家及第三人採取某些行動。準此，政治權（普遍選舉權）就和社會權一樣，同屬積極權利而非消極權利。在施行民主選舉的國家，「不妨害張三行使他的投票權」是所有社會成員的消極義務；但就權利的性質而言，「張三的投票權」是一種積極權利，因其施於國家及第三人「實行民主選舉，讓張三可以投票」的積極義務。正因為找不到虧欠張三投票權的義務主（李四？王五？），所以國家拿納稅義務人的錢辦理選舉，以履行「讓公民得以行使投票權」的積極義務。再者，此項積極義務蘊含「一人一票」的政治權利／正義原則，而這無疑是一種「積極」的權利／正義主張。

當代反社會權論者幾項主要的反對論證，無一不適用於政治權（普遍選舉權），因為政治權同樣是積極權利。但誰說政治權不是憲政民主制度應予保障的重要權利？

（三）社會權與私產權

　　作為一種積極權利，社會權是否注定與自由處分個人財產的權利相衝突？對部分市場自由派或放任自由派論者來說，國家以保障消極權利為目的所抽的稅，原則上可以是正當的，或未必不正當；但抽稅以伸張「社會正義」或「社會權」，則幾乎全然不正當。

　　私產權的正當行使範圍何在？實際上，大多數古典自由主義者並不反對納稅以維持起碼的國家機器，否則生命、消極自由及私產權難以得到保障，自由市場亦難以維繫。試想：這些稅收是否也代表某種「強制勞動」？向人民抽稅以供養警政體系，以保障人身自由及生命財產安全，是否也嚴重侵害了私產權？對古典自由主義者來說，以「保障」消極權利為目的之稅賦，原則上可以是正當的、合理的，而無強制勞動或侵犯私產權之虞。

　　但基於同樣的道理，吾人亦可主張：如果國家有義務保障公民的基本教育權，則相關稅賦也應該沒有侵犯私產權的問題。在此，爭議的焦點並不在於自由處分個人財產的權利是否應予維護，而在於私產權的正當行使範圍和邊界何在。（至於「無代表權則不納稅」所涉及的民主正當性課題，本章不擬展開。）

　　現代社會自由主義者咸認為，自由處分個人財產的權利應予保障；但私產權的正當行使範圍何在，稅該怎麼收，乃至於重要生產事業的所有權，皆需要通過「社會正義」論說來加以界定（Mill, 1989: 221-279; Hobhouse, 1994: 175-198; Rawls, 1993a: 298）。這通常意指：國家在維護公民基本自由及權利的同時，原則上可以正當地推行土地改革，進行經濟重分配，推動基礎教育，建立社會安全網，組織全民健保，制定勞動法、環保法、消

費者保護法等各項社會立法。此類促進社會正義和保障社會權的措施，一定程度限制了所謂的「經濟自由」和處分「稅前」所得與財產的自由，但不等同於任意侵犯私產權。例如，國家為了保護生態環境而制定環保法規，並向汙染者課徵環保稅，因而限制了汙染環境的自由、靠汙染賺錢的自由、不繳環保稅的自由等；但除非吾人能合理地說明這些是重要（具政治道德重要性）的自由而應予保障，否則干涉經濟自由、侵犯私產權之說並無多大意義，而只是一種不斷自我指涉的套套邏輯（R. Dworkin, 1977: ch. 12; 1996; Waldron, 1993: 19-20）。

對現代社會權論者而言，社會權就和其他基本權利一樣，旨在維護公民的重要權益；反對者則認為社會權不是應予保障的基本權利，因而把相關政策喻為挖掉健康者一隻眼睛，以進行視力重分配的殘暴行為。我們不妨追問：如果國家為了兌現基本教育權而設立基礎教育制度，這固然意味某些學童可以免費上學，而某些人為此付費；但此種資源重分配對於付費者來說，是否真如被割掉一隻眼睛，或變成了部分學童所利用的工具？如果吾人認為社會權攸關公民的重要權益，並做出具說服力的政治道德論證，則強制勞動、割掉眼睛之說，也就顯得是在不斷地自我循環。再者，如果此說可以成立，則不但社會權有此問題，政治權有此問題，即連「消極權利之保障」也同樣有此問題。

歸根究柢，基本權利之所以基本，並不是因為這些權利是消極或積極的，而是因為這些權利是重要的，維護了所有公民的重要權益，重大到足以要求憲政保障的地步。儘管社會權仍面臨不少理論或實踐上的挑戰，但此種權利之「積極」或「消極」與否，並非其是否應予保障的關鍵。

第三章

羅爾斯與政治性自由主義

一、政治哲學的實際任務

羅爾斯的《正義論》廣受推崇為當代政治哲學的里程碑,該書為「作為公平的正義」(justice as fairness)此一正義觀及其正義原則(平等的基本自由、政治自由的公平價值、公平的機會平等、差異原則)做出了全面的理論說明。但在《正義論》出版後,羅氏逐漸調整了他的思路(Rawls, 1971; 1993a)。後期羅爾斯強調:「政治哲學的實際任務」在於找出一套能為大多數(美國)公民共同接受、公開認可的公共正義觀,以促成憲政政體的穩定。儘管他並未更動「作為公平的正義」的主要內容,卻改變了他的正義理論的性格、訴求和證立方式,乃至提出「政治性自由主義」的新典範[1]。

---

1 後期羅爾斯對「作為公平的正義」的內容,仍做出了兩項更動:一是把《正義論》所提出的平等自由原則,更明確地界定為「平等的基本自由」原則;二是把「基本需要」納入憲政基本要件。參見Rawls(1981; 1993a: 7, 228-229)。

自1980年起，羅爾斯再三指出：政治哲學的實際任務在於找出一套穩定可行的公共正義觀，以營造出穩定的社會整合（stable social unity）。他之所以發展出政治性自由主義論說，最初是為了解決《正義論》所未能解決的一個問題，亦即：正義觀如何獲致穩定？自1987年起，羅氏進一步表示，他的實際目標是找出一套適合憲政政體的正義觀，以期為憲政政體開創出穩定的社會整合。由於「作為公平的正義」的社經平等主義要素（政治自由的公平價值、公平的機會平等、差異原則）尚無法取得美國公民的普遍認同，他轉而強調「自由主義的政治性正義觀」才是適合憲政政體的正義觀。

羅氏正義思想前後期的變化，學界討論不可謂之不多；但多數評論者低估了後期羅爾斯政治哲學的現實關懷，尤其是他對「政治哲學的實際任務」的強調。本章擬從這一層面切入，分析政治性自由主義論說的要旨，及其重要概念如穩定的社會整合、穩定的正義觀、省思均衡、適合憲政政體的正義觀、合理的全面性學說、交疊共識等。

二、尋求穩定的正義觀

照後期羅爾斯的陳述，政治哲學的實際任務在於找出一套穩定可行的公共正義觀，以營造出穩定的社會整合。那麼，何謂穩定的社會整合？何種正義觀才得以開創出穩定的社會整合，才稱得上是「穩定的正義觀」？

表面上，羅氏關切的似乎是一個霍布斯式的問題，即「穩定」或「秩序」如何成為可能？但他強調他的穩定方案與霍布斯式的「暫訂協議」（*modus vivendi*）不同；後者只不過是交戰各

方基於利益妥協或實力均衡所折衷出來的停火協定，並無法帶來可長可久的和平（Rawls, 1985: 410-411; 1987a: 431-433）。羅爾斯式的穩定則是通過社會成員對同一套正義觀（及其正義原則）的共同接受、公開認可所達致的穩定整合；此種「基於對的理由的穩定」將不會隨著各方實力消長而改變（Rawls, 1989: 486-488; 1993a: 140-144; 1997: 589）。

按羅氏設想，儘管多元社會成員所信奉的全面性學說（指各種實質的價值觀或人生觀，倫理、哲學或宗教信仰）有所不同，但若能共同接受、公開認可同一套公共政治道德（理解為一種交疊共識），便得以開創出穩定的社會整合。此種穩定之所以不是暫訂協議，乃因其建立於對同一套公共政治道德的共識，因而是一種穩定的、甚至永恆的道德共識[2]。

為了理解羅爾斯式的穩定，我們需要進一步分析他的良序社會觀。在羅爾斯式的良序社會中：第一，每位公民都接受、並知道其他公民也接受同一套正義原則；第二，他們公開地知道、並肯認社會的基本結構（即主要的政治、社會和經濟制度）滿足了他們共同接受、公開認可的正義原則；第三，他們具備有效的正義感，故相信社會的基本結構合乎正義；第四，當歧見無可避免地發生時，他們訴諸共同接受、公開認可的正義原則，和應用這些原則的基本要領，以作為調解分歧的唯一根據（Rawls, 1971: 5, 453-454; 1980: 308-309, 322-327; 1982: 361; 1988: 466; 1993a: 35）[3]。

---

2 「永恆的」是羅爾斯的用法，廣見於包括《正義論》在內的羅氏著作；其目的在於凸顯羅氏所憧憬的政治道德共識的特質，亦可理解為他對「永久和平」的一項闡釋。參見Rawls（1971: 587）。

3 良序社會的四項要素係歸納自羅爾斯的諸多陳述。良序社會的成員須訴諸同一套「應用正義原則的基本要領」，則是羅氏自1980年代起才特別強調的。

如果一個社會滿足了良序社會的以上要求,其穩定就是「基於對的理由的穩定」,一種「穩定的社會整合」。

對羅氏而言,多元社會的成員各有各的人生目標和價值觀,他們所信奉的全面性學說多有差異;但如果他們共同接受、公開認可同一套公共正義觀(及其正義原則),發展出有效的正義感,並以這套正義觀(及其正義原則)作為檢驗基本結構的唯一判準,那麼,「穩定的社會整合」便得以在異質多元的社會中達成。此種穩定並非遙不可及的烏托邦,而是真實的政治可能;為此,政治哲學的任務在於找出一套能夠營造出穩定整合的「穩定的正義觀」。

在良序社會中,每位公民都接受、並知道其他公民也接受同一套正義原則。準此,如果一套正義觀及其正義原則無法為大多數公民所接受,自然也就難以成為良序社會的公共憲章。按羅氏說法,此種正義觀將無法通過穩定性的測驗,因而不是穩定的正義觀。

在良序社會中,公民具備有效的正義感。故而,一套穩定的正義觀及其正義原則須能培育出有效的正義感。《正義論》強調:「一套正義觀比另一套來得更穩定,如果它所培育出的正義感比另一套更強,比另一套更能壓倒種種分裂性的心理傾向(Rawls, 1971: 454)。」

在良序社會中,當衝突或歧見發生時,公民訴諸其公開認可的同一套正義原則(和應用這些原則的基本要領)以調解分歧。故良序社會的公共憲章須為社會成員公開認可,並界定出一套「公共理由」以作為審議歧見的依據。無法滿足這些公開性和公

參見Rawls(1980: 327-328; 1987a: 429; 1993a: 224-225)。

共性要求者，注定難以成為穩定的正義觀（Rawls, 1971: 5, 454; 1985: 391, 395; 1987a: 429）[4]。

綜上，「穩定的正義觀」應具備三項要件：第一，須能為大多數公民共同接受；第二，須培育出有效的正義感；第三，須得到公民的公開認可，須提供調解分歧的公共理由。《正義論》特別關注前述的第二項，亦即：何種正義觀最能培育出有效的正義感？在《正義論》第三部分，羅氏欲證明「作為公平的正義」所培育出的正義感，要比功效主義更強，更能壓倒分裂性的心理傾向（Rawls, 1971: 144-145, 177-182, 497-504）。但後期羅爾斯則認為，《正義論》並未成功地說明「正義感」如何能與各種實質價值相調和。由於《正義論》無法解決此間難題，他決定改弦易轍（Rawls, 1971: 567-577; 1989: 488-489; 1993a: xv-xvi）[5]。

在「穩定的正義觀」的三項要件中，《正義論》著重第二項（有效的正義感）；後期羅爾斯則把焦點放在第一項（共同接受）和第三項（公開認可、公共理由）。

三、社群層面的省思均衡

《正義論》表示：公共正義觀與各種實質價值的調和程度愈低，不穩定性就愈高；在此情況下，「懲罰性措施將在社會系統中扮演更大的角色」（Rawls, 1971: 576）。然而，羅氏憧憬的是一個懲罰性措施退居次要，以公共政治道德作為整合基礎的良序社

4　1980年代以降，「公共理由」在羅氏著作中愈顯重要，構成「穩定的正義觀」所應具備的一項要件。

5　另見J. Cohen（1994: 1515-1521）、B. Barry（1995: 883-890）的相關討論。

會。

　　為了解決此一困境，羅氏自1980年〈康德式建構主義〉一文起，開始把理論重心放在：如何找出一套能被共同接受、公開認可的正義觀？他後來指出，《正義論》把「作為公平的正義」奠基於一套特定的全面性學說；但在當代多元社會，要求公民都接受並認可此一學說，可謂不切實際（Rawls, 1993a: xvi; 1989: 488-489; 1997: 614）。因此，正義感的問題或許相對次要；更重要的任務是找出能被「共同接受、公開認可」的正義觀[6]。

　　但要「如何」找出能被共同接受、公開認可的正義觀？羅爾斯的主要思路是：需通過一種社群層面的省思均衡（reflective equilibrium），以及所謂的康德式建構主義[7]。

　　關於正義觀的「證立」或「合理的證明」，羅爾斯有頗為一貫的看法。他認為「證立」須從自己與對方所共享的前提出發，然後證明自己的論說更能與後者融貫一致（Rawls, 1971: 581; 1975: 288-290; 1985: 394; 1987a: 426-427）。當證立者確定了說服的對象，以及自己與對象之間所共同接受的前提，接下來便需把後者融貫一致地納入他的論說，從而為他的正義觀提供合理的證明。這些前提或命題，羅氏稱為「慎思後的判斷」、「慎思後的信念」、「堅定的信念」、「已確定的信念」等；這整套方法，他稱

6　羅爾斯在〈康德式建構主義〉文中表示，正義感的問題可以先「擱在一邊」。參見Rawls（1980: 309）。

7　羅氏本人並未使用「社群層面的省思均衡」之用語。戴華（1995：99-101）指出，「『政治』或『社群』層面的省思均衡」可追溯至德沃金評論羅爾斯的一篇早期文字（R. Dworkin, 1975）。又及，羅氏先是使用「康德式建構主義」一詞，後來改稱「政治建構主義」，但觀點並未改變。參見Rawls（1980; 1993a: 89-129）。

為一種「省思均衡」。唯有當一套正義觀（及其正義原則）通過省思均衡的嚴格考驗，才算獲得了合理的證明（Rawls, 1975: 288-290）。

自〈康德式建構主義〉一文起，羅氏更明確地採取了此種社群層面的省思均衡，以期找出一套與蘊含於（美國）公共政治文化之中的基本信念互相調和、融貫一致的正義觀。正因為羅氏希望找出能被「公開認可、共同接受」的正義觀，他的說服對象是一個有特殊歷史背景的民主社會（即美國）的成員；他的前提則是後者目前所共享的基本政治信念、價值與判斷（Rawls, 1980: 306-307, 321, 328-330, 355-356）。

正因如此，部分論者認為後期羅爾斯帶有頗強的歷史主義、社群主義甚至相對主義色彩。他們表示，後期羅爾斯強調「政治」與「形上」的對立，並試圖規避形上學與知識論爭議；他由此證立的政治性正義觀，因而注定是歷史主義式的（Raz, 1990; Hampton, 1989）。但對羅氏來說，他的任務正在於找出能被「共同接受、公開認可」的正義觀，此一目標確實使他「必須在社群層面上透過『省思均衡』來證明其所提出之正義觀的合理性」（戴華，1995：101-102）[8]。

羅爾斯指出，一旦獲致了省思均衡，正義原則可「重新表述為特定建構程序的結果」（Rawls, 1993a: 89-90）。也就是說，吾人可運用「原初位置」此一設計，把正義原則（而非正義觀的全

---

8 「政治」與「形上」的對立，正式出現在1985年〈作為公平的正義：政治而非形上〉，但其主要觀點已在〈康德式建構主義〉獲得表達。參見Rawls（1985; 1980: 328-329）。錢永祥（1995：127）認為「政治」或「形上」並非理解政治性自由主義的關鍵，因為這整套思想的更根本目的在於創造社會整合。

部）重新表述為「自由與平等的人在公平合理的情況下所做出的選擇」。原初位置上的建構者會建構出何種正義原則，端視「公平合理的情況」為何；後者並非建構出來的，而是理論家所施加的道德限制（Rawls, 1980: 309, 317, 319; 1985: 400-401; 1993a: 103-104）。基本上，只有正義原則（而非正義觀的全部）可重新表述為理論建構的結果[9]。

為了找出能被「公開認可、共同接受」的正義觀，後期羅爾斯明確地採取了一種「社群層面的省思均衡」。此種省思均衡的說服對象是某個特定的「我們」，並以「當前我們所共同接受」的政治信念作為其省思前提。

四、為了憲政政體的穩定

1987年後，羅爾斯進一步表示，他的實際目標是找出一套適合憲政政體的正義觀，以期為憲政政體開創出穩定的社會整合。由於「作為公平的正義」用以規範社經不平等的三項正義原則（政治自由的公平價值、公平的機會平等、差異原則）似乎尚無法為美國公民公開認可、共同接受，羅氏強調「自由主義的政治性正義觀」才是現階段適合憲政政體的正義觀。他主張，美國公民須對憲政基本要件達成共識；並對涉及憲政基本要件的爭議，以「自由主義的政治性正義觀」所界定出的公共理由審議之。

在1985年〈作為公平的正義〉文中，羅氏指出美國公民對「自由與平等的價值該如何實現」不但缺乏共識，還存在極深的

9　不難看出，羅氏認為經由特定建構程序、重新表述後的正義原則，將更具道德說服力。參見Scheffler（1994: 14-17）。

歧見。彼時，自由派與雷根保守派的衝突可謂激烈。對羅氏而言，此種分裂是深刻的，且不可欲。故他強調政治哲學須從美國的公共政治文化之中，尋覓出更深一層的同意基礎，亦即：設法找出一套能實現自由與平等的價值，且能為各方共同接受、公開認可的正義觀（Rawls, 1980: 305-307; 1985: 391-393, 398-399）。

在羅氏1980年代前期的著作中，「政治哲學的實際任務」特別關注民主思想傳統的左右派衝突。當時，他仍相信「作為公平的正義」的三項社經平等主義要素（政治自由的公平價值、公平的機會平等、差異原則）有助化解爭議[10]。但自1987年〈交疊共識的理念〉一文起，「政治哲學的實際任務」所針對的現實問題有了轉變；新浮現的問題意識是：在價值多元的社會環境下，如何維繫憲政政體的穩定？

用羅氏的話來說：「交疊共識的理念使我們得以理解〔多元社會中的〕憲政政體，如何通過社會成員對一套合理的政治性正義觀的公開認可，而或能達致穩定與社會整合。……因為我們關切的是維護憲政政體的穩定……，我們必須在一般性和全面性學說之外去尋找同意的基礎。……當自由主義〔的政治性正義〕觀有效地規範了基本政治制度，它滿足了穩定的憲政政體三項不可或缺的基本要求。」以及，「我們的出發點是如下的信念：憲政民主政體是合理地合乎正義和可行的，且值得為之辯護。但基於多元的事實……，我們要如何設計我們的辯護，才能為這種政體

---

10 羅爾斯在1987年以前的諸多文字中，仍系統性地表達他的社經平等主義觀點。在1987年《正義論》法文版的序言，他再度強調他主張的不是福利國家，而是某種更平等的、產權更分散的市場經濟。但同樣在1987年發表的〈交疊共識的理念〉文中，他對社經平等主義的政治前景透露出悲觀。參見Rawls（1981; 1982; 1987a; 1987b），另見Krouse and Mcpherson（1988）。

贏得足夠廣泛的支持？（Rawls, 1987a: 422-423, 425, 442; 1988: 471-472）」

　　自1989年起，羅爾斯進而強調：一套正義觀的政治正當性不僅取決於它是否成功表達了公共政治文化所蘊含的基本信念，還取決於它是否可能取得公民的普遍認同。在第一階段，目標是找出一套能與公民的基本信念互相調和、融貫一致的正義觀；但通過第一階段考驗（即社群層面的省思均衡）的正義觀，未必就能通過第二階段考驗（即能否取得普遍認同）（Rawls, 1989: 486; 1993a: 65-66）。如果某種正義觀無法通過第二階段的穩定性測驗，就有必要對其進行調整，以期贏得共識、獲致穩定[11]。

　　經過一系列修正後，「作為公平的正義」被界定為諸多「自由主義的政治性正義觀」之一種。此類正義觀須具備四項要件：第一，須界定出適合憲政政體的基本自由、基本權利與基本機會；第二，後者相對於其他價值，須具有「特別的優先性」；第三，須保障公民的基本需要，使其有「適當的全用途工具」以有效行使基本自由、基本權利與基本機會；第四，須要求公民以此類正義觀所界定出的公共理由，審議攸關憲政基本要件的爭議（Rawls, 1987a: 440; 1993a: 6, 223, 254; 1993b: 536-537; 1996: xlviii; 1997: 581-583）[12]。

　　在此，晚期羅爾斯是否如部分評論者所言，為了追求穩定和

11　David Copp（1996: 204）認為沒有任何社經正義原則能滿足「可能取得普遍認同」此項要求。Brian Barry（1995: 913）則指出，後期羅爾斯之所以存而不論「作為公平的正義」用以規範社經不平等的三項正義原則（政治自由的公平價值、公平的機會平等、差異原則），乃是此項要求的邏輯後果。

12　關於羅氏對「基本需要」和「適當的全用途工具」的界定，參見Rawls（1982; 1988: 454-457; 1993a: 187-190），另見Pogge（1989: 143-144）的分析。

共識而放棄，或至少不堅持「作為公平的正義」的社經平等主義面向？[13]照羅氏的自我詮釋，「自由主義的政治性正義觀」作為一個普遍概念，「缺乏政治自由的公平價值、公平的機會平等、差異原則這三項平等主義要素」，因而並未預設具爭議的社經正義觀點（Rawls, 1993a: 228-229; 1993b: 537）。此外，他還提出了兩項理由，說明何以政治性自由主義須對社經正義議題保持中立。其一，即使在當代自由主義內部，「作為公平的正義」的社經平等主義要素也很難取得普遍認同。自由主義內部關於社經正義的歧見，乃根植於不同的政治、社會和經濟利益；在利益衝突獲得調解之前，任何社經正義原則都不易取得共識。其二，「作為公平的正義」的社經平等主義要素皆頗抽象；就算有幸對其形成初步共識，也很可能因為彼此分歧的詮釋，而使共識破滅。

　　基於此，後期羅爾斯認為政治哲學的現階段任務，不在於要求公民對社經正義原則（除了基本需要和基本機會）達成共識，而在於對「自由主義的政治性正義觀」及其界定出的「憲政基本要件」和「公共理由」取得共識。他的思考是：如果連最起碼的政治共識都無法達成，又如何可能對社經正義形成共識（Rawls, 1993a: 164, 167-168, 229-230; 1989: 481）？[14]

13　部分評論者直接或婉轉地表達了此一看法，例如Okin（1993）、B. Williams（1993）、B. Barry（1995）、Copp（1996）。羅爾斯的辯護者如J. Cohen（1993a）、Estland（1996）、Lehning（1998）則不同意此項論斷。雙方的爭執點並不在於「自由主義的政治性正義觀」是否預設了平等主義式的社經正義觀點（因為羅氏已公開表示無此預設），而在於羅氏是否放棄了後者。

14　後期羅爾斯表示，「基本正義」（包括最基本的社經正義）須以公共理由討論之。在此，基本社經正義包括基本機會和基本需要，但不包括「作為公平的正義」的三項平等主義要素。

　　羅氏期盼，多元社會中所有「合理的全面性學說」都能接受「某一個」自由主義的政治性正義觀（即滿足前述四項要件的正義觀）（Rawls, 1993a: 164; 1996: xlix; 1997: 578, 581）。對羅氏來說，接受了其中「某一個」，也就是接受了憲政基本要件及其優先性，連同他的「公共理由」觀念[15]。他強調，要在多元社會中維繫憲政政體的穩定，就必須及早把憲政基本要件確定下來，並賦予其優先性。唯有自由主義的政治性正義觀最能滿足這一「急迫的政治需要」；如果此種正義觀能夠取得普遍認同，則憲政政體所孕育出的政治價值將獲得深化，進而促成憲政政體的穩定（Rawls, 1987a: 442-444）。

五、自由主義與歷史主義

　　按羅爾斯的陳述，一個穩定的正義觀須通過兩項考驗：首先，是否已成功表達了公共政治文化所蘊含的基本價值和信念，並與之融貫一致？再者，是否可能取得公民的普遍認同？如果說，立足於公共政治文化的「自由主義的政治性正義觀」應可通過第一項考驗，它又能否通過第二項考驗？部分論者對此表示懷疑（Hill, 1994: 344; Scheffler, 1994: 13-20; Waldron, 1994: 376-379）。

　　我們不妨追問：如果某個人的堅定信念與「自由主義的政治性正義觀」格格不入，不願意接受後者，這個人或其堅定信念是否就不合理？或者，這個人仍可以「合理地拒絕」自由主義的正

---

15 本章無法細究羅爾斯的「公共理由」論點。參見Rawls（1993a: 212-254; 1997），另見Greenawalt（1994）。

義觀？

羅爾斯時而強調，自由主義的政治性正義觀已為公民界定出什麼是「政治合理的」；因此，不接受此種正義觀的公民或學說乃政治不合理。政治性自由主義對於這些公民或學說「沒有其他的話可說」；如果他們的行動超過憲政政體的容忍範圍，自然會受到法律的限制（Rawls, 1997: 613）[16]。

如果羅氏堅持上述論點，那麼，唯有接受「自由主義的政治性正義觀」的全面性學說才算是他所謂「合理的全面性學說」。但弔詭的是，羅氏對「合理的全面性學說」採取了另一種定義，就是把所有禁得起時間考驗的，滿足了多元社會所公認的信仰形成判準的全面性學說，都先假定為「合理」或「並非不合理」（Rawls, 1993a: 59-60）[17]。如此一來，羅氏向他自己提出了一個問題，亦即：諸多「合理的全面性學說」如何可能在歷史過程中逐漸接受自由主義？這無異於默認了「合理」的全面性學說可能拒絕自由主義。

如果把「學說」換成「公民」，得到的悖論是類似的。羅氏一則強調合理的公民須接受自由主義，另則承認公民的許多其他判斷或信念並非不合理。可以說，羅氏在兩個不同層面上運用「合理性」一詞，因而產生混淆。在政治層面上，他的終極立場是：不接受自由主義的公民或學說即不具政治合理性。但在社會層面上，只需要滿足最起碼的信仰形成判準，就可稱為合理。

---

16 類似說法散見於羅氏的諸多文字，包括1997年〈再論公共理由的觀念〉一文（Rawls, 1997: 574, 578-579, 608-609, 613-614）。

17 羅爾斯對「合理的全面性學說」採取了「刻意寬鬆」的界定方式。他並指出在多元社會中，必然存在多元合理的「判斷」分歧。參見Rawls（1989: 475-478; 1993a: 54-58）。

在兩種用法之間，存在顯著的縫隙。或許正因如此，羅爾斯反覆強調：在信仰形成的層次上堪稱合理的公民或學說，若能充分體認「合理多元的事實」及其後果，且願意秉持互惠精神，在自由與平等的基礎上與他人進行公平的社會合作，就不會想要把自己的判斷或信念強加於人，而理當接受容忍、良心自由、宗教自由與思想自由，連同「自由主義的正當性原則」與「公共理由」觀念（Rawls, 1993a: 54, 61; 1997: 578-579, 608-609, 613-614）[18]。

部分評論者指出，上述說法仍無法縫合兩種「合理性」的間隙（Copp, 1996: 197-200; Hampton, 1993: 296-306）。因為再多的邏輯分析或歷史考察，都難以證明或保證「合理的全面性學說」（或其信奉者）終究會接受自由主義。故而，有些批評者表示：羅氏其實僅需要表達「不接受自由主義就是政治不合理」（Okin, 1994: 31; B. Barry, 1995: 896）。但對羅氏而言，無法取得普遍認同的正義觀不具政治正當性，甚至不具備成為公共正義觀的資格；如果他堅持自由主義的正義觀，他就需要說明後者「可能」取得普遍認同（Hill, 1994; Copp, 1996）。

因此，我們也就不難理解何以羅氏欲從「歷史」的角度，申論諸多「合理的全面性學說」如何可能在歷史進程中逐漸接受自由主義，而終能成為交疊共識的一員。由於無人能斷言歷史一定會往何處去，他也只能嘗試說明自由主義的正義觀「可能」取得（美國）公民的普遍認同，即論證其為一種真實的、非烏托邦的政治可能（Rawls, 1987a: 440-448; 1988: 460-465, 471-472; 1989:

---

18 關於「自由主義的正當性原則」，參見Rawls（1989: 490; 1993a: 136-137, 217; 1997: 578）。

484-485; 1993a: 158-172）。

　　除了舉歷史案例以說明交疊共識的可能，羅氏還指出一些有
利於形成交疊共識的政治條件和發展趨勢。他強調，憲政政體就
其「效果」而言，並不是中立的；作為一種政治制度，憲政民主
培育出諸多偉大的政治價值與公民美德，使其逐漸深植於公共政
治文化，並得以通過長期的社會化過程，漸漸轉化原先反對它的
勢力。此種公共政治文化的不斷茁壯，本是憲政政體長期孕育的
結果，並且已使交疊共識（在今日美國）成為一種真實的可能
（Rawls, 1988: 460-465; 1987a: 431, 439, 447; 1989: 484）。進而言
之，也唯有在穩定的交疊共識形成了以後，唯有在「自由主義的
政治性正義觀」取得了普遍認同之後，憲政政體才能獲致可長可
久的穩定。

　　儘管羅爾斯的「合理性」論說看似呈現出難以化解的邏輯困
境，但這些表面困境當能在更深的層次上得到說明。為了論證自
由主義的正義觀「可能取得公民的普遍認同」，羅氏最終訴諸了
美國公共政治文化的發展史。在他所列舉的有利因素中，最重要
的莫過於憲政政體的制度性邏輯，及其形塑、深化自由主義政治
文化的長期作用力。

　　後期羅爾斯的政治性自由主義，本是帶有特定現實關懷的學
說，其目標在於為（美國）憲政政體開創出穩定的社會整合。為
此，羅氏改從「社群當下的政治文化」去論證自由主義，把自由
主義建立於具體特殊的社群歷史情境，並訴諸「此乃大多數美國
公民當前所能共同接受、公開認可的公共政治道德」。在啟蒙主
義與歷史主義之間，他選擇了歷史主義式的言說進路，但筆者認
為此一進路有得亦有失。

　　其所「失」之處在於：在許多不理想的社群歷史環境下，啟

蒙自由主義式的、與當下現實拉開距離的規範性批判，可能比起訴諸「當前我們的共識」何在，並試圖把此種共識固定下來的歷史主義言說，要更有助於自由主義政治文化的開展。畢竟，如果社群當下的政治文化是低自由主義的，訴諸社群將無從建立自由主義的正當性，也未必能夠深化自由主義的政治文化。進一步言，「當前我們的政治道德」是為何物，有何具體的內容，取決於特殊的社群歷史情境下的意見分布。「我們的政治道德」將因社群歷史條件的改變而改變，不一定會是自由主義式的。

　　後期羅爾斯式的穩定，是一種穩定的社會整合，而不是暫訂協議；但嚴格來說，「穩定的社會整合」和「暫訂協議」之別，只有在前者幾近達成時才有實質意義。在後期羅爾斯的論說中，穩定的社會整合仰賴一套穩定的正義觀；該正義觀的前提和內容，大致取決於多數公民當前所共享，或能共同接受的政治價值為何，亦即：取決於特殊的歷史條件和力量均衡。一旦此種力量均衡在「穩定的社會整合」尚未達成之前就有所改變，過渡到一種新的均衡，「社群層面的省思均衡」所得出的正義觀也將隨之改變。而且，它未必是自由主義式的。

第四章

羅爾斯的義戰論說

一、萬民法及其相關爭議

羅爾斯在他的後期著作中，把正義理論的應用範圍從民族國家擴展至國際社會，並勾勒出他的義戰論說。他表示，在戰爭課題上，他的義戰論說是對二次戰後國際法基本精神的一項闡釋（Rawls, 1999a: 27, 79）。相對於不少其他的自由主義者，他為戰爭設置了較高的正當性門檻，反對美國政府動輒以伸張普遍人權、促進民主為由發動戰爭。本章分析羅氏義戰論說的主要面向，並評估其「人道干預」與「法外國家」論點。

在1993年〈萬民法〉文中，羅爾斯首度提出他的國際正義論（Rawls, 1993b）；此後，他對〈萬民法〉進行補強，並在1999年《萬民法》中，更系統性地鋪陳他的相關論說。對羅氏而言，世界和平有賴一套能為國際社會成員共同接受、公開認可的正義原則；唯有當世界諸民（peoples）共同接受、公開認可了同一套國際正義原則，國際社會才能獲致永續和平。依此思路，羅氏提出了八項國際正義基本原則：一，世界諸民應互相尊重其各自的獨

立與自由；二，應遵守條約與承諾；三，諸民平等，在具約束力
的協定之前一律平等；四，諸民有互不干預之義務；五，諸民有
自衛的權利，除自衛外，沒有以任何其他理由啟動戰爭之權利；
六，諸民應維護緊要人權（指最基本人權，如生命權、免於屠殺
或奴役、一定的良心自由等）；七，戰爭中的行為應遵守特定規
範；八，對於低度發展、負擔沉重的社會，諸民有扶助之義務
（Rawls, 1999a: 37; 1993b: 540）。這八項構成了「萬民法」的主要
內容，而羅氏相信，此乃最可能為世界諸民共同接受、公開認可
的一組國際正義原則[1]。

　　羅氏強調，他的國際正義論不僅是從自由主義所發展出來
的，而且是對自由主義「容忍」觀念的一項闡釋。他認為「容
忍」之於國際社會的主要意涵是：奉行自由民主制度的人民及其
政府，不應該把自己的價值觀強加於那些合宜的、運作有序的、
未對外侵略、未侵害最基本人權，但並未採行自由民主制度的人
民及其政府，而應該容忍並尊重其存在，視其為地位平等的國際
社會成員。奉行自由民主的人民及其政府，應該秉持平等互惠的
態度，與此類非自由民主的人民及其政府合作，共同捍衛雙方都
能接受的國際道德底線（Rawls, 1999a: 59-60）。

　　羅爾斯區分性質不同的五大類國內社會：自由民主社會；合
宜的非自由民主社會；仁慈的絕對主義；法外國家（outlaw

1　羅爾斯所謂的萬民「法」，指的並不是一般的「法」或「法律」，而是一種規
　　範性的政治道德原則；他並非在國際法的層次上論說萬民法，而是試圖建立
　　一套國際法所應服膺的國際正義基本原則。羅氏表示，他之所以使用peoples
　　一詞，而非nations或states等更常見用語，乃出於一些重要的規範性思考；
　　他尤其反對那些把國家利益無限上綱的國族理性言說，故刻意不使用nations
　　或states等用語（Rawls, 1999a: 23-30）。

states）；低度發展、負擔沉重的社會（ibid.: 4, 63）。羅氏認為，前兩類社會的人民及其政府，都無法容忍對外侵略和／或侵害最基本人權的法外國家；反對侵略，維護最基本人權，並促使法外國家變成國際良民，因此是雙方都能接受的道德公約數（ibid.: 64-78）。此外，雙方也應能同意對低度發展、負擔沉重的社會提供必要協助，以促其運作得宜（ibid.: 105-113）。至於仁慈的絕對主義，雖稱不上是合宜的，但只要不對外侵略和／或侵害緊要人權，則仍可容忍（ibid.: 63, 92）。綜上，在羅爾斯式的國際體系中，自由民主社會所應「容忍」的對象頗為廣泛，包括合宜的非自由民主，也包括仁慈的絕對主義；除非某政權成了對外侵略和／或侵害緊要人權的「法外國家」，否則仍應容忍之。

　　觀諸《萬民法》所引起的論爭，羅爾斯以「容忍」為核心的國際正義論點，其實並未獲得當代自由主義者的普遍認同。部分自由主義者在全球事務上採取「普世」觀點，而非羅氏所捍衛的「國際」觀點；對他們來說，自由主義具有普遍的適用性，不僅適用於國內社會，亦應當在全球範圍內實現。他們認為，羅爾斯式的國際容忍高估了國界的道德重要性，且過度容忍了非自由民主政體，因而與普世自由主義的政治理想相違。

　　例如，從某種普世自由主義的角度，在全球經濟交往日益密切、國際貧富差距持續擴大的今日，「全球經濟正義」應視為一項迫切的理論與政治課題，但羅爾斯貶抑其重要性。羅氏對於先進國主導的全球貿易體制的公平性，著墨甚少（Pogge, 2001）；他認為決定一國經濟命運的主因，在於該國的政治文化和制度，並據此反對全球分配正義（Rawls, 1999a: 106-108, 113-120）。在羅氏的國際正義原則之中，只有第八項與經濟事務較為有關；但他所謂對低度發展社會的「扶助」義務，指的主要是協助其改造

政治文化和制度。為此,一些跨越國界的經濟資源移轉或有必
要;但他堅持,這類資源移轉並非出於全球經濟正義或分配正
義,而是為了協助不幸社會「過渡」到體質更健全的社會(ibid.:
108, 117-118)。不可否認,一國的政治文化和制度確實是影響其
經濟命運的要因,然而羅氏僅強調此類國內因素,並拒絕接受全
球分配正義的問題意識;這個立場引發諸多爭議,且招致不少批
評(Beitz, 2000; Buchanan, 2000; Pogge, 1994; 2001; Pogge ed.,
2001)[2]。

　　更具爭議的是羅爾斯的第四項國際正義原則(諸民有互不干
預之義務)。按羅氏的陳述,自由民主社會的政治代表(即政府)
不但無權攻打那些合宜的、運作有序的、未侵略他國,亦未侵害
緊要人權的非自由民主社會,也不得施以強制性的外交或經濟制
裁;此外,亦不得以提供「誘因」的軟性方式促其演變,因其徒
增不必要的國際衝突(Rawls, 1999a: 83-85)。對於部分普世自由
主義者來說,自由民主制度所保障的基本權利具有普適性,應該
普遍落實;故而,他們高度質疑羅氏的互不干預原則及其「國際
容忍」的立足點(Tan, 1998; Beitz, 2000; Caney, 2002; Teson, 1995;
Kuper, 2000; C. Jones, 1999)。

2　即使吾人接受羅爾斯「一國經濟命運主要由國內因素決定」的論點,這並未
　　構成反對全球經濟正義或全球分配正義的充分理由。試想:張三出生在非洲
　　赤貧國家,李四出生在富裕的美國,兩人因此在經濟資源、生活機會和壽命
　　長短等各方面都有懸殊差距;那麼,我們該如何對待兩人的不同命運?羅氏
　　在《正義論》中表示:一個人從天生稟賦和家庭背景所得到的(不)利處,
　　不應該視為他所應得的;儘管我們很難完全消解這類因素對個人生活機會的
　　影響,卻不能放任這類因素決定個人命運,而應該通過經濟重分配等矯治手
　　段,設法匡限其作用力。參見Pogge(1994; 2001)、Pogge ed.(2001)。

在羅氏《萬民法》所引發的論辯中，大多數是針對前述兩類課題（全球經濟正義、普遍人權）而發。相對於此，他的義戰論說則未能獲得同等的重視。但實際上，由於羅氏念茲在茲的是世界的永續和平，他特別關注戰爭的正義課題；在他的八項國際正義原則之中，第四、五、六、七項皆與此相關。

二、羅爾斯的義戰判準

對羅爾斯而言，國際正義論的任務在於找出一套能為國際社會成員共同接受、公開認可的正義原則，從而在此基礎上開創出世界的永久和平。不難看出，「萬民法」的主體乃是一套對戰爭的規範。在羅氏的八項原則之中，與義戰課題直接相關者有四項，分別是：諸民有互不干預之義務；諸民有自衛的權利，除自衛外，沒有以任何其他理由啟動戰爭之權利；諸民應維護緊要人權；戰爭中的行為應遵守特定規範。

按羅氏的詮釋，諸民應互相尊重其各自的獨立與自由，故有互不干預之義務；互不干預首先意味不得侵略，而遭到侵略或武力攻擊的人民則有自衛的權利（Rawls, 1999a: 89-92）[3]。為了自衛而採取軍事行動，固然是被侵略方的權利，但被侵略方在戰爭中的行為亦須遵守規範；無論戰爭因何而起，交戰者的戰爭中行為或手段，都不得踰越某些限制（ibid.: 94-98）。

除自衛外，諸民沒有以任何其他理由啟動戰爭之權利；易言

3　按羅爾斯的陳述，遭到武力攻擊或侵略的「法外國家」並無自衛的權利（Rawls, 1999a: 92）。但對他而言，並非任何侵略「法外國家」的行徑都是正當的；關於此點，請見後續討論。

之，沒有任何國家有發動戰爭的權利，除非先遭到軍事侵略（或迫在眉睫的武力攻擊）。但這是否意味國家的疆界和主權是神聖的，絕不容許來自外界的軍事干預？對羅爾斯來說，此一問題的答案是否定的。根據他的第六項國際正義原則，世界諸民及其政府有維護「人權」之責任或義務；在此，「人權」所指並非時下所謂的「普世人權」或「普遍人權」，而是最基本、最緊要的人權，如生命權、免於屠殺或奴役、一定的良心自由等（ibid.: 79, 65）。當緊要人權在一國境內遭到侵害，該國即無法免於來自外界的干預；而當極嚴重的人道災難發生時，「人道（軍事）干預」（humanitarian intervention）得成為正當的最後手段（ibid.: 80-81, 93-94）。

　　以上是羅爾斯所表達的基本觀點。其中，特別值得進一步探討者有二：戰爭中手段的正義課題；以及，人道軍事干預的正義課題。戰爭中的行為或手段須遵守特定規範，乃西方中世紀以降「義戰」傳統的一項堅持。在一般人的戰爭記憶中，最難忘懷的就是戰爭中敵方所施加的暴行。二戰末期美軍在廣島和長崎丟下原子彈，影響所至，多數日本民眾至今仍相信日本是二戰的受害者；同理，日軍在中國戰場的罪行如南京大屠殺、生化人體實驗、三光政策等，至今仍主宰中國民眾的二戰記憶。正因如此，「義戰」道德不僅關切出戰的正義課題，也關注戰爭中行為的正義課題。

　　在義戰傳統中，戰爭中的行為（至少）須受到兩項原則的約制：區別原則和比例原則。按羅氏對區別原則的詮釋，正義之師須區別敵方的領袖和領導階層、軍人、平民；發動侵略戰爭的領袖和領導階層須視同罪犯，但敵方軍人和平民的人權則須維護。無論敵方平民是否因意識型態灌輸而支持戰爭，正義之師都應盡

全力避免傷及平民；此外，儘管攻擊敵方軍人乃不得已，但軍人並非發動戰爭的罪犯，他們的人權同須獲得尊重。羅氏主張，維護（緊要）人權乃萬民法之基本精神，不因戰爭而失去約束力；正義之師應盡最大努力維護敵方軍人和平民的人權，因為唯有如此，才得以彰顯人權的重要意義（ibid.: 94-96）。

羅氏進一步表示，唯有在極特殊的情況下，造成大規模平民死傷的戰爭中手段才可被容許。在此，他的說法是對比例原則的一項詮釋。比例原則的基本定義是：戰爭中的手段須符合（正義的）出戰目的，而不得採取與（正義的）出戰目的不成比例的過當手段。照此定義，如果正義的出戰目的是自衛，自衛方就不該採取與自衛目的不成比例的戰爭手段。羅氏舉例指出：如果戰爭的正當目的是自衛，則自衛方在明知即將獲勝的情況下，就絕不能採取丟原子彈、無差別轟炸等明顯過當的手段；唯有當自衛方陷入極度危急（supreme emergency）時，明知會造成大規模平民死傷的戰爭手段（如無差別轟炸）才可被容許，倘若此類手段的確有助於逆轉戰局（ibid.: 98-103）。

那麼，何種情況才稱得上「極度危急」？羅氏認為，英軍在1942年以前對德國城市的無差別轟炸應屬正當。這不僅是因為當時英軍陷入苦戰，似乎唯有此種轟炸才能削弱納粹戰力；更重要是因為納粹並非一般侵略者，而是文明社會絕不能容許其獲勝的邪惡勢力。但1942年後，德軍在俄羅斯戰線的失利顯示其可被擊敗；在此情況下，繼續無差別轟炸就是不正當的，無論能否進一步削弱納粹（ibid.: 98-99）。羅氏並指出：在美日交戰的全部過程中，美軍從不曾陷入極度危急，故毫無正當理由對日本城市施行無差別轟炸；美軍在勝負已定的1945年春天轟炸東京，連同後來在廣島和長崎的原爆，因此是「極嚴重的錯誤」（ibid.: 99-100,

95; 1995）[4]。

　　羅爾斯強調，唯有在極罕見的特殊情況下，動用明知會造成大規模平民死傷的戰爭手段才可能具正當性。但在現實世界裡，政客多半會以減少我方死傷、早日結束戰爭為由，主張對敵方軍民採取非常手段；這類說詞對於飽受戰爭之苦的民眾，往往具有高度說服力。對此，羅爾斯的回答是：萬民法對於人權的尊重是超越國界的，沒有哪國人民的生命更（不）具價值（Rawls, 1999a: 100-103）。

　　在筆者看來，羅爾斯並未更清楚地界定出「出戰目的」與「戰爭中行為」的連動性，儘管他的前述論點已指向了此種關聯。他基本認為，「極度危急」僅限於邪惡勢力即將取勝的情況；也唯有當此種例外發生時，才得動用明知會造成大規模平民死傷的戰爭手段。易言之，唯有「制止邪惡勢力取勝」的出戰目的，才能使非常手段如無差別轟炸成為正當；任何其他情況則否。

　　實際上，當戰爭中的行為（如無差別轟炸）嚴重違反了比例原則時，這些行為透露出的訊息是：其所宣稱的正義的出戰目的（如自衛）已不純正，而夾帶了其他雜質如報復、立威、種族歧視等。如此一來，我們有必要追問：在公開宣稱的出戰目的之外，究竟還有哪些意圖或動機？後者是否正當，或是否已喧賓奪主，壓過了先前所宣稱的出戰目的？稍後，我們將以1999年的科索沃戰爭為例，進一步分析「出戰目的」與「戰爭中行為」的內

4　羅爾斯並未對「極度危急」做出更清晰的定義，而主要是以二次大戰期間的實例，說明「極度危急」乃罕見的特殊情況。本書第十二章以廣島和長崎原爆的義戰論辯為題，更深入地分析相關論證。

在關聯。

三、緊要人權與人道干預

在二次戰後的紐倫堡大審中，納粹領袖被指控犯下了三大類罪行：反和平罪行、反人道罪行、戰爭中的罪行。反和平，因為納粹發動了大規模侵略戰爭；反人道，因為納粹對猶太人進行種族滅絕；此外，納粹的戰爭中罪行亦令人髮指。反人道罪行在人類歷史上並不罕見，但納粹德國無疑是20世紀最極端的案例；對納粹的反省和記憶，深切影響了二次戰後國際法的走向，並促使兩項基本原則獲得確立：侵略是不正當的；反人道罪行不能見容於國際社會（ibid.: 27; Singer, 2002: 113）。然而，什麼樣的行為構成反人道罪行？在何種情況下，以維護緊要人權為目的之軍事干預是正當的，或至少可被容許？

密爾曾說，哲學家不需要關心太多問題，但最需要關心的問題之一就是：除了遭到侵略或武力攻擊時的自衛外，戰爭在何種其他情況下可能具正當性（Mill, 1973: 377）？按羅爾斯的說法，在自衛和集體自衛外，唯有以維護緊要人權為目的之軍事行動才可能具正當性。但人道軍事干預涉及複雜的現實政治，至今仍遊走於國際法條文之間的模糊地帶，不僅未見系統性的法律規範，其法理依據亦備受爭議。自1990年代以降，人道軍事干預的道德正當性（若非合法性）得到愈發廣泛的肯認，但反對者亦不在少數。

根據羅氏的第六項國際正義原則，世界諸民及其政府有維護「人權」的責任或義務；「人權」係指最基本、最緊要的權利，包括生命權（人身安全、免於屠殺）、免於奴役的自由、一定程度

的良心自由等（Rawls, 1999a: 79, 65）。羅氏強調，對緊要「人權」的尊重是跨越文化差異的，而不是西方或自由民主社會的專利。無論是自由民主社會，還是合宜的非自由民主社會，都保障了緊要人權；故雙方應可達成「維護緊要人權」的共識，並以此作為一項國際正義基本原則（ibid.: 65, 81）。

照羅爾斯的說法，「人權」在他的理論中扮演三項角色：第一，尊重人權乃「合宜性」的必要條件，故合宜的非自由民主社會必然尊重人權；第二，凡尊重人權的國內社會（無論是否合宜），皆可免於軍事干預及其他強制性的制裁；第三，人權為世界諸民的多元性設下限制，侵害人權者不會得到容忍（ibid.: 80）。在這三項之中，與人道干預直接相關的是第二、三項。羅氏表示，尊重緊要人權即可免於干預；但我們仍不妨追問：凡侵害緊要人權的情事發生時，軍事干預就是正當的嗎？或者，還須滿足其他的正當性要件？

按羅氏的陳述，如果緊要人權在一國境內未遭侵害，該國亦未對外侵略，外界即不得施以強制性的干預（如外交制裁、經濟制裁），更不得動武；反之，如果緊要人權在一國境內遭到侵害，則即使該國未對外侵略，亦無法免於外界干預（ibid.: 80-81）。但這是否意指：一旦緊要人權遭到侵害，無論其情節輕重，外界的軍事干預都是正當的？照羅氏說法，當緊要人權遭到侵害，即無法免於外界干預；但干預的手段有許多，軍事行動應視為不得已的最後選項；唯有當侵害緊要人權的情事相當嚴重，非軍事的干預手段又已無法奏效時，軍事行動才得成為正當的最後手段（ibid.: 81, 93-94）。

羅爾斯並不認為凡侵害緊要人權的情事發生時，人道軍事干預就一定正當。正當的軍事干預須滿足兩項要件：第一，侵害緊

要人權的情況已極嚴重（grave）或太過分（egregious）；第二，非軍事的干預手段已無法奏效（ibid.: 81, 94）。相對於部分其他的當代自由主義者，羅氏為人道干預設置了較高的正當性門檻，而這經常被視做「向主權而非人權傾斜」。但其實，羅氏不過是繼承了義戰傳統的兩項基本堅持：說明出戰有理的責任落在出戰者身上，出戰須有充分正當的理由；以及，戰爭應是不得已的最後手段（last resort）。對羅氏來說，緊要人權的普獲尊重乃萬民法的主要目標，但頻繁的戰爭行動及其助長的暴力文化，卻未必有利於達成此一目標。

然而，究竟何種情況才算是「極嚴重」或「太過分」？羅氏條列出多項不容侵害的緊要人權，但在侵害緊要人權的各種情事中，仍有輕重緩急之別。在現實世界裡，發動人道軍事干預的主要說詞和理由是：去制止鐵證如山的種族滅絕、集體大屠殺、極嚴重的人道災難等（Singer, 2002: 122-127）；但即使吾人把正當的人道干預侷限於此，也仍須面對「罪行程度」的認定爭議。諸如納粹屠殺數百萬猶太人，盧安達境內近八十萬人遭屠殺等，無疑是極嚴重的人道災難；但大多數所謂的人道災難則未達此規模。那麼，究竟多少的死亡數字，或何種發展趨勢，才算是極嚴重或太過分？其認定標準為何？又該由誰來認定？儘管羅爾斯並未深入此間細節，但人道干預的政治與道德爭議，卻往往因這類問題而起。

四、人道戰爭的現實面

在《萬民法》問世的1999年，以美國為首的北約對南斯拉夫施行了為期二個多月的大轟炸。當時，歐美主要媒體和多數知識

分子皆對此行動表示歡迎；他們的基本理由是：國際社會不應該坐視米洛塞維奇政權和塞爾維亞民兵對科索沃境內阿爾巴尼亞人的「種族滅絕」。較不為人所知的是，彼時有一百多國反對北約的軍事行動（Schnabel and Thakur eds., 2000; Krisch, 2002）。由於北約預期無法獲得聯合國安理會的授權，故逕自對南斯拉夫動武；時至今日，此項戰爭行動的合法性仍備受質疑，其道德正當性亦廣受爭議（Chesterman, 2001; C. Gray, 2000; N. Wheeler, 2000）。

在羅爾斯式的國際社會裡，北約的單邊軍事行動應該不會出現；因為羅氏假設，自由民主與合宜的非自由民主社會已對國際正義達成共識，並通力合作。但在不盡理想的現實世界裡，就算各方已對基本原則取得共識，亦不見得就會對某項具體行動達成一致。由於北約未取得安理會授權即對南斯拉夫動武，該行動遭許多國家指責為不合法的侵略。按聯合國憲章的規定，軍事行動只有在兩種情況下合法：一，聯合國安理會授權恢復和平；二，遭到武力攻擊時的自衛和集體自衛。北約各國並未遭到南斯拉夫的武力攻擊，亦未取得安理會恢復和平的授權，故其軍事行動有違聯合國憲章。但不少西方論者表示：不合法的軍事行動未必是道德不正當的；例如，當納粹屠殺猶太人時，軍事干預就具有道德正當性，無論是否合乎當時的國際法（Walzer, 1992: 105-107; 1995a）。

對此「法律 vs. 道德」的爭議，羅爾斯並未表達明確看法。如果米洛塞維奇政權可與納粹相提並論，羅氏應該會支持北約的單邊軍事行動；但在北約轟炸之前，科索沃的死亡數字約在兩、三千人左右，而非十萬、百萬之譜。當此種規模的人道事件發生時，究竟該選擇「法律」還是「道德」（Doyle, 2001）？萬民法的

終極關懷是世界的永續和平，但在科索沃事件上，哪種選項更有助於羅爾斯式和平的實現？

羅爾斯認為，戰爭須視為不得已的最後手段，且出戰者須負起說明「非軍事手段已無法奏效」的舉證責任。北約的科索沃戰爭之所以遭到諸多非議，另一主因即在於：北約似乎並未在轟炸南斯拉夫之前，認真嘗試以外交手段化解危機。此項說法的真實與否，至今眾說紛紜；但如果屬實，則北約的軍事行動並未滿足羅爾斯的人道干預原則。

據羅氏對比例原則的詮釋，明知會造成大規模平民死傷的戰爭手段，唯有在「極度危急」的情況下才可能具正當性。他所舉的例子是自衛戰爭而非人道戰爭，但對他來說，比例原則同樣適用於後者。按此原則，如果（正義的）出戰目的在於維護緊要人權、制止人道災難，那就不該採取明知與此目的不成比例的戰爭手段。部分論者在北約轟炸之前即已指出：轟炸除了會造成大規模平民死傷外，亦將激化塞爾維亞人與阿爾巴尼亞人的衝突，從而帶來更多不必要的死難。轟炸前，因族群衝突而死的人數在兩、三千左右；轟炸則直接間接造成約一萬人死亡，和八十萬流離失所的難民（Schnabel and Thakur eds., 2000: 19）。這些數字暗示：北約的大轟炸不但有違比例原則，甚至有明知故犯之嫌（Elshtain, 2001）。

再者，「戰爭中手段」和「出戰目的」其實很難切割。當戰爭手段嚴重違反了比例原則，此類手段透露出的訊息是：其所宣稱的正義的出戰目的（如人道干預）已偏離正軌。如果出戰者在擬定戰爭計畫時，已決定採用明知會違反比例原則的手段，則其出戰目的從一開始便不純正。由於大轟炸乃北約先行擬定的戰爭手段，這不僅涉及「戰爭中行為」的正義與否，亦令外界對其

「出戰目的」產生疑慮。試想：造成約一萬人死亡和八十萬難民的轟炸行動，真是出於「人道動機」嗎？如果非採取軍事行動不可，則直接派遣地面部隊，也要比先轟炸兩個月來得人道許多？轟炸先行，固然把北約軍隊的死傷降到最低，但卻是「可預見地」以南斯拉夫境內更大規模的平民死難作為代價。這不免讓人懷疑：北約的人道動機或意圖究竟有多強？

與動機或意圖因素密切相關的，還有「選擇性正義」的問題。如果張三謀殺了一人，李四謀殺了一百人，以警察自居的王五卻嚴辦張三、放縱李四；那麼，王五究竟是不是在伸張正義？根據聯合國一份評估報告，只要派遣兩千五百名受過基本訓練的軍人，即可挽回盧安達的八十萬條人命；但正因為盧安達無涉重要的地緣政治或經濟利益，國際社會對其境內的族群屠殺幾乎不聞不問（Singer, 2002: 4-5）。在土耳其和印尼，曾有數以萬計的庫德族人和東帝汶人遭到屠殺，卻未見北約去伸張人權與正義，反見其持續賣武器給土耳其和印尼政府。由此觀之，科索沃戰爭實屬於一種「選擇性正義」。

部分論者認可選擇性正義，他們的基本理由是：在不完美的現實世界裡，純以維護人權為目的之軍事行動幾不可得；唯有當人道與私利動機相結合後，人道干預才可能發生（Walzer, 1992: 107）。照此邏輯，即使王五基於私利而嚴辦張三、放縱李四（選擇性正義），但至少沒有同時放縱張三和李四（毫無正義）。然而亦有論者認為，選擇性正義意味以伸張正義之名行謀取私利之實；長遠來看，此類行徑乃威脅世界和平的亂源，不利於人權和正義的普遍實現（Chomsky, 1999）。羅爾斯會採取何種立場，我們無從確知；很可能，他不反對安理會授權對盧安達進行軍事干預，但也許會對「選擇性的人道干預」（如轟炸南斯拉夫但賣武

器給土耳其和印尼政府）持保留態度。無論如何，在人道干預所
引發的爭論中，「選擇性正義」乃最具爭議的課題之一，亟待釐
清（Krisch, 2002; Lobel and Ratner, 2000）。

五、法外國家與政體改造

在羅爾斯式的國際體系中，並存五大類國內社會：自由民
主；合宜的非自由民主；仁慈的絕對主義；法外國家；低度發
展、負擔沉重的社會。這些範疇相當於韋伯（Max Weber）所謂
的「理念型」。根據羅氏的理念型定義，基本上只有「法外國家」
會侵害緊要人權和／或對外侵略。

羅氏之所以從一套社會分類出發，實出於某些特殊的論說需
要；他期盼萬民法成為西方政府（尤指美國政府）「外交政策」
的指導原則，故特意區辨西方政府應該容忍和不應該容忍的對象
（Rawls, 1999a: 10, 92-93）。儘管羅氏也時而指出理念型與現實世
界的落差，但他的理念型仍隱含一種把各人民、社會或政體「本
質化」的傾向，因而容易招致誤解。例如，按照他的理念型定
義，自由民主社會不但不會互相侵略，也不會侵略「法外國家」
以外的非自由民主社會。但就連羅氏自己都指出：在現實世界
裡，自由民主政權的侵略行徑比比皆是；而拿破崙時代的法國雖
稱不上自由民主，卻是當時內政最先進也最具侵略野心的國家
（ibid.: 29）。自1945年以來，美國對七十多國進行了不同程度的
軍事干預；在這些行動之中，哪些算是侵略或許見仁見智，但美
國的外交政策顯與羅氏的理念型有段距離。

實際上，《萬民法》蘊含對美國外交政策的強烈質疑。羅氏
強力譴責美國侵略弱小國家，顛覆其民主政府或運動的諸多行

徑；這些侵略美其名是為了國家安全，實則出於「寡占和寡頭的利益」（ibid.: 53-54, 91）。就此來說，羅氏的理念型並不是為了美化美國，而是為了「改變」美國外交政策而提出的。但他的理念型論說卻仍值得商榷。譬如，當美國對外侵略時，是否就從自由民主變成了法外國家？當六四事件發生時，中國是否就從仁慈的絕對主義變成了法外國家？在羅氏的分類架構下，只有「法外國家」會侵害緊要人權和／或對外侵略，故以上問題難以迴避。

在筆者看來，羅爾斯所提出的幾項義戰原則，其實不必仰賴五大類國內社會的理念型。這些原則包括：諸民有互不干預之義務；諸民有自衛的權利，除自衛外，沒有以任何其他理由啟動戰爭之權利；諸民應維護緊要人權；戰爭中的行為應遵守特定規範。根據這些原則，無論發動侵略的是何種社會，侵略戰爭都不正當；無論侵害緊要人權的是何種社會，都無法免於外界干預；無論是何種社會，戰爭中的行為都須遵守特定規範，等等。此種表述的好處在於：一，不必假設自由民主政權不會對外侵略；二，不必假設合宜的非自由民主政權，或仁慈的絕對主義國家，會永遠合宜或仁慈而不侵害緊要人權；三，不必假設對外侵略和／或侵害緊要人權的政權，就一定具有「法外國家」一詞所暗示的邪惡本質。

羅爾斯表示，自由民主社會應與合宜的非自由民主社會合作，以促法外國家變成國際良民。但這是否意指：在任何情況下，外界都可以正當地對法外國家發動「政體改造」（regime change）戰爭？照羅氏的陳述，無論是正當的自衛戰爭，還是合乎正義的人道干預，都不應該與政體改造混為一談。他唯一認可、接受的政體改造戰爭，是同盟國對西德的軍事占領和政體改造行動。但對他來說，這是極罕見的特殊例外，因為納粹政權異

常邪惡；在其他情況下，縱使侵略戰爭的規模相當大，和／或侵害緊要人權的情事非常嚴重，都仍不足以使「政體改造」成為可接受的戰爭目的（ibid.: 98-102; 1995）。

　　基於羅氏的以上看法，他或許更應避免使用「法外國家」一詞。值得指出的是，凡是被貼上這類標籤（法外國家、流氓國家、邪惡帝國、邪惡軸心、撒旦、希特勒）的國家政權，即被視為邪惡化身，彷彿具有揮之不去的邪惡本質。在今日世界，諸如「法外國家」、「邪惡國家」、「流氓國家」等名詞所直接暗示的就是：面對此等邪惡勢力，人人得而誅之，對其發動政體改造戰爭乃理所當然。正因如此，「法外國家」是個不甚妥當的用語，很容易遭到濫用。

　　相對於羅爾斯，部分當代自由主義者主張放寬戰爭的正義判準，以更多的軍事行動去懲罰、改造那些侵害普世人權的國家政權（Teson, 1995: 308-309; Singer, 2002: 134-135）。但正如人道戰爭的現實面所暗示，更頻繁的（選擇性）軍事行動既未必有助於世界和平，亦未必有利於人權的普遍實現。指稱羅爾斯「向主權而非人權傾斜」或對威權政府太過容忍，未免有欠深思熟慮。羅氏看似傳統的義戰思考，非但並不保守，實則具有深刻的批判意涵，直指美國軍事外交政策的諸多缺失。

公民自由與正義

第五章

公民不服從與自由民主

一、歷史上的公民不服從

1950年代後期以降，金恩（Martin Luther King）發起爭取美國黑人民權的公民不服從行動。此後，隨著民權運動和反越戰運動的進展，公民不服從作為一種和平、非暴力、公開、違法的行動形式，愈發受到重視。在此背景下，部分政治哲學家試圖為公民不服從提供更明確的定義，並論證其道德基礎何在。

在1971年出版的《正義論》中，羅爾斯系統性地闡發了公民不服從的定義和正當性要件。從《正義論》的主幹所延展出來的公民不服從論說，係建立於一套「正義的穩定性」觀點（參見第三章第二節）；公民不服從被界定為正義體系的「穩定機制」，其規範性要件亦由此推導而出。然而，如果吾人把不理想的現實因素也納入考量，則《正義論》為公民不服從所下的定義和正當性判準，便顯得多所限制，似難以有效涵蓋自由民主制度下的公民不服從及其動力。故本章除了分析羅氏的公民不服從論說，亦將放寬他的部分預設，從而提出一組包容度更高的判準。

　　《正義論》關於公民不服從的論點，預設了一種近乎正義的
（nearly just）社會；但1960年代以前的公民不服從行動，卻大都
不是生成於此種政治社會狀態。以下，我們先提供一些扼要的歷
史回顧。

（一）從梭羅到甘地

　　1848年，美國作家梭羅（Henry David Thoreau）以「論個人
與國家的關係」為題，公開闡述他的不服從理念；此文後來更名
成〈公民不服從〉，廣被認定為「公民不服從」一詞的濫觴
（Thoreau, 1991）[1]。

　　梭羅反對奴隸制，反對美國侵略墨西哥，故拒絕向麻州政府
繳納人頭稅，並因此在獄中待了一夜。出獄後，他在〈公民不服
從〉文中寫道：「如果州政府非得在把所有正義之士關進監獄，
或放棄戰爭與奴隸制之間做選擇，它將毫不猶豫地選擇後者。要
是有一千個人今年不納稅，這方法既非暴力，也不會流血。……
事實上，這便是和平革命的意義所在（ibid.: 38）。[2]以後見之
明，此種和平革命並未出現，否則美國也不會走向南北戰爭。但
梭羅的貢獻在於指出了一種非暴力「抗爭形式」的可能；此種抗
爭（如拒絕繳稅）雖違反了實存法律，卻是為了矯正更大的不公
義（如奴隸制與帝國主義）[3]。

　　在梭羅之後，托爾斯泰（Leo Tolstoy）和甘地（Mahatma

1　「公民不服從」一詞是否確由梭羅首先使用，仍具爭議。參見Tella（2004: xxiii-xxiv）。

2　此段譯文引自何懷宏編（2001：27）的中譯，但略做調整。

3　參見D. Weber ed.（1978）、Madden（1968）對19世紀美國公民不服從思想與行動的討論。另見Thoreau（1978）對暴力抗爭語帶同情的另一篇文章。

Gandhi）從不同的角度，進一步豐富了公民不服從的可能內涵。托爾斯泰是位和平主義者，主張以非暴力手段抵抗戰爭建制。他認為，如果每一個人都拒絕愛國主義，都拒絕從軍、拒絕出戰，則民族國家體制終將難以為繼（Tolstoy, 1987）。

　　甘地先後在南非和印度所領導的公民不服從行動，則是以對抗殖民政府、爭取民權、追求獨立作為目標。在印度，甘地的政治目標是革命性的，但他的手段卻是不動用暴力的、公然違法的、接受法律後果的公民不服從。對甘地而言，公民不服從乃是一種道德之爭，抗爭者心中須有愛和真理，須排除仇恨和報復心態，並以承受苦難（來自殖民政府的鎮壓與迫害）來贏得支持、折服對手，乃至獲得最終的勝利。以1930年的抵抗食鹽法行動為例：除了拒買官鹽、自行製鹽等違法行為外，甘地還號召民眾去圍堵官方鹽廠，直接以肉身挑戰公權力，逼迫總督在政治讓步或強力鎮壓之間做出選擇。在那場行動中，超過十萬人入獄，數百人犧牲了生命（Ackerman and Duvall, 2000: ch. 2）[4]。

　　但甘地式的公民不服從有其特殊性，未必能套用於其他社會。第一，甘地對非暴力的堅持，是近乎宗教性的。他要求追隨者打不還手，無條件承受苦難，即使槍林彈雨也不退卻；正是這種受難精神，使甘地得以採取猛烈挑釁國家機器的行動策略。第二，甘地式的公民不服從具有公開的革命意涵。反食鹽法行動看似是針對特定議題的有限抗爭，但實際目的在於推翻英國殖民統治。

4　參見Parekh（1989）、T. Weber（2004）論甘地的政治思想及其背景；Sharp（1979）論甘地的行動策略。Vinit Haksar（1986; 2001）從政治哲學的角度探討甘地式公民不服從，並考察其與羅爾斯式公民不服從之差異。

在相對穩定的自由民主社會，帶有革命目的的公民不服從可謂罕見；公民不服從大都是有限抗爭，並指向特定議題，如黑人民權、越戰、核彈部署、人頭稅、伊戰等。就自由民主制度下的公民不服從來說，更貼切的參照或許是1950、60年代美國的黑人民權運動。

（二）金恩與黑人民權運動

自1950年代後期起，金恩發起公民不服從行動以爭取黑人民權。與甘地不同的是，金恩追求的不是革命，而是黑白平等待遇。

在美國，黑人是受壓迫的少數，這使得甘地式的「不合作」策略難以推行。正如梭羅所暗示，不合作策略（如拒絕繳稅、經濟抵制）能否產生重大作用，首先得視參與人數而定。它在印度之所以行得通，是因為英國殖民者在人數上居於絕對劣勢。但在1950、60年代的美國，黑人不僅是少數，其權利意識亦未充分覺醒；因此，不合作策略很難癱瘓種族隔離體制的運作。

1955年起，阿拉巴馬州蒙哥馬利市的黑人市民，對實行種族隔離的市公車發起抵制。由金恩所領導的這項不合作行動，從一開始就自我設限。為了抵制食鹽法，甘地號召群眾去圍堵官方鹽廠；但蒙哥馬利市的黑人市民並未去癱瘓公車行駛，而只是合夥開車上下班。合夥開車應不違法，但仍被當地白人政府認定違法，因而構成了「公民不服從」。由於黑人不是該市公車的主要客源，合夥開車對公車系統的影響有限（Ackerman and Duvall, 2000: ch. 8; King, 1958）。

更具作用的是金恩所謂的「非暴力直接行動」與遊行示威（King, 1963）。當時，「非暴力直接行動」的主要形式是「靜／進

坐」（sit-in），就是進入實行種族隔離的商家，直接坐在黑人被禁止坐下的位置；這是一種公開違法的公民不服從，直接挑戰在地的種族隔離措施，並象徵抗議整個種族歧視體制。雖然靜／進坐者（以黑人學生為主）經常遭到白人暴民與警方的暴力相向，但被打被關被退學的人愈多，加入者也愈多。1960年，靜／進坐在美國南方遍地開花；在其影響下，部分南方城市務實地改採了種族融合措施。

在自由民主制度下，示威遊行本是公民的基本自由權利；但在1950、60年代的美國南方，白人警察動輒以維護社會秩序作為藉口，限制、干擾、阻撓民權運動者的示威遊行。這使得本屬合法的示威遊行，也被迫變成了「公民不服從」。在不少示威遊行的場合，黑人遭到白人暴民與警方的無情毆打；通過媒體報導，民權運動的支持者與同情者遂不斷增加。

從一開始，金恩所追求的便不是革命，而是美國夢的一視同仁。在金恩的實踐中，公民不服從開始趨近於「為了抵抗、矯正民主體制下的某些重大不公義」所採取的「違法的非暴力有限抗爭」。影響所至，多數西方論者把「公民不服從」視為非革命性的、針對特定議題的、非暴力的、違法的有限抗爭。這個概括雖未必適用於甘地，但相當貼近當代民主社會的現實[5]。

羅爾斯對公民不服從的探討，即是以黑人民權運動（連同反越戰運動）作為主要的現實參照。

5　在羅爾斯之外，不少寫作於1960年代末、1970年代初的論者，亦把公民不　　服從界定為非革命性的有限抗爭。參見Arendt（1972）、Childress（1972）、C.　　Cohen（1971）、Singer（1973）、Zashin（1972）、Zinn（1968）。

二、羅爾斯論公民不服從

羅爾斯在《正義論》中表示，他的公民不服從論說係針對「近乎正義的社會」而發。此種社會實行憲政民主，大體上秩序良好、運作得宜；大多數社會成員已對正義原則形成高度共識。但即使如此，卻仍可能發生某些嚴重偏離正義的情事。此時，公民不服從作為一種違法但非暴力的訴求方式，若能滿足特定的規範性要件，則不僅具有道德正當性，亦能協助正義體系恢復穩定（Rawls, 1971: ch. 6）。

（一）公民不服從的定義

羅爾斯把公民不服從定義為「公開的、公共的、非暴力的、既出於良知又屬於政治性的違法行為，通常旨在改變政府的法律或政策。」他表示：

> 公民不服從是種政治行動，這不僅意指它的訴求對象是掌握政治權力的多數，也意指它乃是由政治原則——即一般用於規範憲法與社會制度的正義原則——所指導、所正當化的行動。在證立公民不服從時，人們不會訴諸個人的道德原則或宗教學說，雖然後者或許符合並支持他們的聲稱；毋庸置疑，公民不服從也不能僅僅建立於集團利益或個人利益。人們所訴求的毋寧是作為政治秩序基礎的，社會多數成員所共享的正義觀（ibid.: 364-365）。[6]

6　此段譯文引自何懷宏編（2001：160）的中譯，但略做調整。

即使在近乎正義的社會，公民所信奉的正義觀也未必一致。但羅氏認為，在不同的正義觀之間，仍存在某種交疊共識（ibid.: 387-388）；這意味社會多數成員皆共同接受、公開認可同一套正義原則。準此，公民不服從的政治性和公共性在於：它是由交疊共識內的公共正義原則所指導、所正當化的政治行動。

羅氏指出，當那些已被共同接受、公開認可的政治性正義原則，特別是最基本的平等自由原則、公平的機會平等原則，遭到持續且故意的侵害時，便可能招致抵抗。抵抗者通過公民不服從行動，訴諸公共的、政治性的正義原則以及社會多數的正義感，當可使社會多數重新考慮抵抗者的正當訴求（ibid.: 365-366）。

在政治性與公共性之外，公民不服從須是完全非暴力的，而這是基於兩項理由。第一，公民不服從避免使用暴力，特別是針對個人的暴力，因為「從事可能傷害他人的暴力行為，與作為訴求模式的公民不服從是不相容的。」有時候，「若這種訴求模式無法達成目的，人們會開始考慮採取更具力量的抵抗行動。」但作為一種特定的訴求模式，「公民不服從所表達的是出於良知的深切信念；它固然會提出警告和勸諫，但自身卻絕不構成威脅。」

第二，公民不服從固然違法，但行動的完全公開和完全非暴力性質，以及接受法律後果的意願，當能彰顯其對憲政民主制度的忠誠。這種忠誠「有助於向社會多數表明，此一行動在政治上確實是出於良知且完全真誠，並意在訴諸公眾的正義感。」按羅氏的陳述：

> 完全公開且完全非暴力的行為，為其人的真誠下了保證，這是因為要讓旁人相信自己的行動出於良知，或讓自己確信這一點，都殊為不易。……我們必須付出某種代價，方能讓旁

人相信:我們的行為具有充分的道德基礎,而此一基礎來自
於共同體成員的政治信念(ibid.: 366-367)。[7]

綜上,羅爾斯主張公民不服從作為一種訴求模式,須訴諸社
會成員所共享的公共政治信念(交疊共識內的正義原則),須盡
可能展現道德純粹性,須是完全公開且完全非暴力的。

(二)正當的公民不服從

公民不服從的正當性判準何在?羅爾斯主張,正當的公民不
服從須是針對「嚴重且明確」偏離正義的情事,也就是當平等自
由原則(含政治自由的公平價值)或公平的機會平等原則遭到嚴
重侵害時。這些正義原則是否已充分兌現,誠有爭議空間;但反
過來說,嚴重且明確違反這些原則的情事,卻往往不難認定。

相對而言,社會成員對於其他社會正義原則,如主張「促進
最不利者的最大利益」的差異原則,不僅共識程度較低,對其實
現與否也存在諸多歧見。因此,除非社經政策嚴重且明確侵害了
平等自由原則(含政治自由的公平價值)或公平的機會平等原
則,否則不宜成為公民不服從的抗議對象;重大的社會不正義將
是正當的抗議對象,但位階較低的社經爭議則應交由體制內的政
治過程去解決。設若平等自由原則(含政治自由的公平價值)得
到充分尊重,「其他的不正義或許嚴重而持久,卻將不至於逸出
控制(ibid.: 372-373)。」[8]

除了嚴重且明確違反平等自由原則或公平的機會平等原則的

---

7 以上譯文引自何懷宏編(2001:161-162)的中譯,但略做調整。

8 此段譯文引自何懷宏編(2001:164)的中譯,但略做調整。

情況外，在羅氏關於良心拒絕（conscientious refusal）的討論中，似乎出現了另一個公民不服從的正當訴求，亦即：抵抗不正義的戰爭。羅氏認為，如果拒戰是出於絕對的和平主義或任何宗教學說，那它雖構成一種良心拒絕，卻未必具正當性；但如果拒戰是為了拒絕不正義的戰爭，並訴諸規範戰爭行為的國際正義原則，它就可能構成「正當的良心拒絕」（ibid.: 381-382）。那麼，當「正當的良心拒絕」以集體行動的面貌出現時（如反越戰運動中的集體拒戰），它是否構成了「正當的公民不服從」？對此，羅氏並未提供明確答案，但似未排除這種可能[9]。

　　羅爾斯進一步指出，正當的公民不服從除了須是基於正當的目的（抗議嚴重且明確違反平等自由或機會公平的情況）外，還須符合另外兩項條件。第一，已真誠地行使過言論自由及其他合法抗議的權利，但未能奏效。第二，應服膺民主政治的公平遊戲規則。如果太多團體同時採取公民不服從行動，則不僅可能降低行動的效果，也可能破壞社會成員對法律和憲法的尊重；雖然這種狀況未必會發生，但公民不服從就和其他權利一樣，當每個人都要行使此項權利時，公平的規範應有必要（ibid.: 373-374）。

　　大體而言，符合前述等要件的公民不服從，即構成了正當的公民不服從。羅氏把正當的公民不服從表述為一種「道德權利」（ibid.: 375-376），並表示：行動者固須審慎地行使此一權利，但「我們無從徹底避免分裂性爭鬥的危險，一如無法排除深刻科學論爭的可能。如若正當的公民不服從彷彿威脅了公民的和諧，責任並不在抗議者，而在濫用權威與權力的一方……。動用強制性的國家機器來維持明顯不合乎正義的制度，這本身就是一種不正

9　參見Chatfield ed.（1992: ch. 6）論美國的反越戰運動。

當的力量；對此，人們有權利適時地起而反抗之（ibid.: 390-391）。」[10]

綜上，羅爾斯把正當的公民不服從侷限於「嚴重且明確」偏離平等自由原則（含政治自由的公平價值）或公平的機會平等原則的情況。唯有當交疊共識內的核心正義原則（理解為最基本的公共政治道德）遭到嚴重且明確的侵害，而正常的政治管道又已無濟於事時，公民不服從才可能足具正當性。此外，抵抗嚴重且明確違反國際正義原則的戰爭，亦可能構成公民不服從的正當訴求。

（三）正義體系的穩定機制

羅爾斯關於（正當的）公民不服從的以上論點，係建立於一套「正義的穩定性」理論。要言之，他把公民不服從設定為正義體系的一個「穩定瓣」（stabilizing device），並由此推衍出公民不服從的規範性要件（ibid.: 383）。

按《正義論》對「正義的穩定性」的詮釋，一個穩定的正義觀及其正義原則須能培育出有效的正義感，且須能為大多數社會成員共同接受、公開認可。在第三章第二節中，我們已分析了這些論點及其內涵，故不另重複。在此需要說明的是：公民不服從所扮演的「穩定」作用何在？

照羅爾斯的陳述，當交疊共識內的公共正義原則受到嚴重且明確的侵害，而合法的政治渠道又已堵塞時，公民不服從的「角色」將在於：訴諸那些已被共同接受、公開認可的公共正義原

10　部分論者如Raz（1991）反對把（正當的）公民不服從理解為一種「權利」。此段譯文引自何懷宏編（2001：177-178）的中譯，但略做調整。

則，打動多數社會成員的正義感，以使偏離常態的正義體系恢復穩定。在此，訴諸公共正義原則與正義感的公民不服從行動，不但不是麻煩製造者，反而是「恢復穩定」的重要機制（ibid.: 381-384）。

這個論說的基本假設在於：一，在近乎正義的社會，社會成員已對正義原則形成了交疊共識；二，出於各種因素，仍發生某些嚴重且明確偏離正義的情事；三，正常的憲政與政治管道失靈；四，公民不服從以捍衛正義原則、重申道德共識的姿態出現；五，在公民不服從的道德勸說下，社會多數決定重返道德共識，矯正那些嚴重且明確的不正義；六，近乎正義的社會（理解為一種正義體系）克服了危機，恢復了穩定均衡。

可以說，正是出於前述「正義的穩定性」的理論考量，羅爾斯為（正當的）公民不服從設下了兩項重要限制。第一，公民不服從須訴諸社會成員所共享的政治信念，即交疊共識內最基本的正義原則，否則便不具正當性，甚至稱不上是公民不服從。第二，公民不服從須是純粹的道德勸諫，須盡可能證明自身的真誠。

這兩項施加於公民不服從的限制，固然滿足了「正義的穩定性」的理論需要，但我們仍不妨追問：何以公民不服從只能扮演「恢復穩定」的角色？為何公民不服從必得訴諸具高度社會共識的正義原則，否則便難稱正當，甚至連公民不服從都稱不上？以及，何以公民不服從只能是純粹的道德勸說？

三、理論與現實的間隙

問題一：在近乎正義的社會，大多數社會成員已對正義原則

形成高度（交疊）共識，那麼，為何還會發生嚴重且明確的不正義？

　　部分評論者認為，如果還會發生嚴重且明確的不正義，該社會便不宜描述為近乎正義（Sabl, 2001）。但關鍵毋寧在於：交疊共識的社會整合功能，並未強大到足以排除嚴重且明確的不正義。一種可能性是：儘管社會成員已對正義原則形成高度共識，但此種道德共識仍難以壓倒非道德的動機；這似乎是羅爾斯本人的看法（Rawls, 1971: 386）。但進一步看，所謂的高度道德共識，不僅難以完全排除非道德的動機，也無法排除道德衝突；由於「道德共識」往往只是針對某些「基本」原則、理由或價值的共識，所以在不少具體情況下，仍可能發生嚴重的道德衝突。

　　因此，羅氏要求公民不服從協助「恢復」或「重返」交疊共識的理論規定，或有適度放寬的必要。之所以發生嚴重且明確的不正義，主因可能並不在於交疊共識出了偏失，因而需要「恢復」或「重返」。在筆者看來，更重要的成因是：交疊共識的社會整合功能畢竟有其限度。

　　問題二：當嚴重且明確的不正義出現，而正常的政治管道又無法奏效時，羅爾斯式的公民不服從（一種純粹的道德勸說）是可能的嗎？

　　在近乎正義的社會，如果正常的憲政管道和政黨政治，再加上言論自由及其他合法抗議權利的行使，都不足以排除嚴重且明確的不正義；那麼，純粹的道德勸說可能已起不了作用。試想：訴諸正義原則與正義感固然重要，但在「公民不服從的情境」出現以前，不是已經再三訴諸了正義原則與正義感，卻始終無效嗎？

　　一種可能性是：由於言論自由及其他合法抗議的權利受到高

度保障，所以純粹的道德勸說只會發生在體制內。另一種可能性是：由於「政治自由的公平價值」未能充分實現，或由於弱勢群體的合法抗議權利未受到公平保障，因此，抗議者受迫選擇在體制外發聲。無論是何種情況，公民不服從似乎都很難不「溢出」純粹的道德勸說[11]。

　　問題三：在近乎正義的社會，公民不服從的行動者是否主觀追求穩定？就其行動的客觀效果而言，又能否促進羅爾斯式的穩定？

　　主觀上，行動者大都不會自認在「恢復穩定」。為了凸顯行動的道德正當性，他們固然盡可能訴諸公共政治價值，但其主要動機往往在於通過抗爭以促正義的「進步實現」。例如，對金恩等民權運動者來說，公民不服從的目的並不是「恢復」平等自由原則的「穩定」，而毋寧是以黑人持續遭到壓迫的事實，揭發平等自由原則的虛有其表（King, 1958; 1963）。晚近較大規模的公民不服從，如英國的反人頭稅運動、歐洲的反伊戰運動、法國的反就業法運動所發起的和平違法抗爭，主觀上也不是在追求或恢復穩定。

　　客觀來看，這些公民不服從又是否促進了羅爾斯式的穩定？一旦出現大規模的公民不服從行動，往往就是發生重大的、顯性的道德衝突的場景。就黑人民權運動而言，如果說公民不服從的效果在於促成了平權法案，則其確實多少有助於（常識意義的）

11　Singer（1973）同樣把公民不服從界定為純道德勸說。對此立場，參見B. Barry（1973）、Zashin（1972）、Haksar（1986）的批評。Arendt（1972）、Walzer（1970）、R. Dworkin（1977: ch. 8; 1985: ch. 4）、Sharp（1973）、Keane（1996）等論者，皆未把公民不服從理解為純道德勸說。

社會穩定；但究其實際發生的歷史過程，卻不盡符合羅爾斯的穩定性理論。既然平等自由從未真正及於黑人，行動效果自然也不在於「恢復」平等自由的「穩定」；過去不曾實現的，何來恢復可言？

　　羅爾斯關於「公民不服從的情境」的若干陳述，與現實世界似乎有些距離。正因如此，他為公民不服從所設下的理論限制，或許未必完全貼切。在後續兩節中，我們將進一步評估公民不服從的正當性和定義問題，並提出修正的方向。

四、公民不服從的正當性

　　按羅爾斯的理論，公民不服從須訴諸社會成員所共享的政治信念，即交疊共識內的公共正義原則，否則便不足具政治性與公共性，便不足具正當性。但我們不妨追問：為何唯有具高度社會共識的正義原則（或更確切地說，當其遭到嚴重且明確的侵害時），才能構成公民不服從的正當訴求？

（一）正當訴求與道德共識

　　作為一種例外的、違法的抗爭手段，公民不服從的正當與否，首先取決於其真實訴求（而非表面說詞）的正當與否。在自由民主制度下，公民有言論自由、集會結社自由等基本權利；某些政治言論（如部分法西斯主義或種族主義言論）雖令人髮指，但仍屬於言論自由權的合法行使。相對於此，正當的公民不服從行動，首先須具有正當的目的或訴求。

　　試想：如果法西斯主義者或種族主義者發起公民不服從，前往穆斯林、猶太人或黑人社區去違法抗議，此種公民不服從可能

正當嗎？顯非如此。法西斯主義者的某些政治言論，或許是合法的；但法西斯主義者的公民不服從不僅違法，亦不具道德正當性。又如，黑人學生到實施種族隔離的商家靜／進坐，雖然違法，但具道德正當性；反之，如果反制民權運動的白人種族主義者也動用公民不服從，則不但違法，亦不具道德正當性。

正因為公民不服從是例外的、體制外的行動，它的道德正當與否，首先取決於其真實目的何在。如果後者明顯與自由民主的憲政基本價值背道而馳，此種公民不服從將不具道德正當性。

但羅爾斯堅持，「唯有」已取得高度社會共識的「最基本」正義原則（當其遭到嚴重且明確的侵害時），才得構成公民不服從的正當訴求；落於道德共識之外，或社會共識程度較低的道德訴求，則否。以下，我們將嘗試放寬這個正當性判準。

舉例而言，1990年英國的反人頭稅運動和2006年法國的反就業法運動，皆採取了某些和平違法的公民不服從行動；但其訴諸的道德理由（人頭稅極不公平、就業法踐踏勞動基本權益），從某個角度來看，似乎都落於社會的高度共識之外。20世紀初，即使是經濟型罷工，在美國仍屬於違法的、體制外的不服從行動，即仍落於當時美國社會的道德共識之外；但美國自由主義自1920、30年代之興起，乃至後來的羅斯福新政，實皆與工人違法爭權的行動有關（Walzer, 1970: ch. 2）。凡此種種暗示：即使公民不服從的訴求落於高度共識之外，亦不代表它就是不正當的。

再試想：在梭羅的時代，無論是支持還是反對奴隸制，皆無法形成高度道德共識；但梭羅以「反奴隸制」作為公民不服從的目的，全然不正當嗎？在20世紀以前，「女性不該有投票權」是高度共識；但「女性該有投票權」的主張，以及爭取女性投票權的公民不服從，全然不正當嗎？歷史地看，以「反奴隸制」或

「女性該有投票權」作為訴求的公民不服從，彼時都找不到高度道德共識可以依循（D. Weber ed., 1978）。

在1950年代的美國，黑人民權運動也沒有高度道德共識可以依循。倘若民權運動者的公民不服從（如靜／進坐）及其道德訴求（如平等自由原則應及於黑人）是正當的，這並不是因為美國社會早已對黑白平等取得高度共識。相反的，此種道德共識之逐漸形成，實與民權運動者的抗爭（包括公民不服從及其他更激烈的抗爭）息息相關。

因此，高度道德共識的當下存在與否，不宜成為評斷公民不服從的道德訴求「正當與否」的標準。

（二）政治公平與容忍

部分論者認為：在相對成熟的自由民主制度下，由於政治自由及其他基本權利已受到保障，由於定期選舉已滿足了民主正當性的基本要求，因此，公民不服從只有在例外狀況下才可能具正當性。在一般情況下，公民應尊重民主過程的結果，而不該動輒訴諸違法抗爭（Singer, 1973）。

這個看法應可給予部分肯定，但仍有斟酌餘地。首先，在實存的自由民主體制與自由民主的價值理念（如羅爾斯所謂的平等自由、政治自由的公平價值、公平的機會平等）之間，往往仍有段距離。道德短缺的現象不是例外，而是常態。

以「政治公平」為例。在實存的自由民主制度下，雖然言論自由與政治自由獲得了形式保障，雖有定期的民主選舉，但羅氏所謂「政治自由的公平價值」從未充分實現（Rawls, 1971: 275-278; 1993a: 7, 330, 357-358）。表面上，人人都有政治自由；但對部分人或部分群體來說，政治自由的價值卻頗為有限。金錢政治以及

政治議程遭壟斷的現象，早已成為自由民主體制的常態；弱勢群體遭到社會多數壓迫或排斥之事，不僅層出不窮，而且推陳出新；近年來隨著貧富差距的不斷擴大，社經弱勢者也愈發邊緣化。

如果實存的自由民主制度已趨近《正義論》的政治公平和機會公平理想，那麼一般來說，體制外的違法抗爭如公民不服從，將不足具道德正當性。反之，如果政治不公平的情況頗為顯著，或體制內的政治過程弊病叢生，則某些公民不服從（如針對種族隔離、越戰、人頭稅、就業法、伊戰等）亦將取得一定的道德正當性。從「政治公平」的動態觀點，無論是《正義論》所看重的平等主義基本原則（如平等自由、政治公平、機會公平），還是歷史上尚未取得高度共識的道德信念（如反奴隸制、一人一票、女性投票權、黑白平等），皆可能構成公民不服從的正當訴求[12]。

同樣值得強調的是，某些新興價值（如環保、動保、反核、性解放、同志人權、反戰、和平主義等）雖尚未被主流社會普遍接受，但卻不與自由民主的憲政基本價值互相衝突。環保直到最近才變成主流議題，但這是環保人士在過去幾十年間的努力結果；他們的抗爭手段，除了相對溫和的公民不服從外，還包括更激烈的直接行動。又如，動保人士也時而採取公民不服從，以凸顯其道德訴求。

羅爾斯在他的後期著作中，特別強調「容忍」的重要（參見第三章和第四章）。其實，後期羅爾斯式的「容忍」觀點，也未嘗不可擴充應用於公民不服從。與其堅持公民不服從須訴諸交疊

---

12 本章無法就「政治義務」的爭議展開說明，但筆者受惠於 Walzer（1970）、Dunn（1980: ch.10; 1996: ch. 4）的部分論點。另見 Wolff（1970）的無政府主義立場，Pateman（1979）的參與民主觀點。

共識內的核心正義原則，或許不如主張：公民不服從的道德訴求可基於所謂「合理的全面性學說」，但不得背離自由民主的憲政基本要件。如此一來，尊重憲政基本要件的「合理的全面性學說」，包括環保、動保、和平主義、女性主義、《正義論》、德沃金的平等自由主義（R. Dworkin, 2000）、社會民主等，亦可為公民不服從提供正當的道德訴求。

如果吾人堅持把「正義的穩定性」觀點貫徹應用於公民不服從，則正當的公民不服從將有如鳳毛麟角。但從前述「政治公平」與「容忍」的視野，即使是落於當下高度共識以外的道德信念，只要接受憲政基本要件，亦得構成公民不服從的正當訴求。

（三）關於比例原則

公民不服從的正當性課題，不僅止於其真實訴求的正當與否，還必然涉及所謂的「比例原則」。即使公民不服從的道德訴求是正當的，這也不表示行動者可以為所欲為。其他幾項基本的正當性要件在於：第一，體制內的管道已無濟於事或緩不濟急，或可以合理地相信如此；第二，公民不服從有助於正當目的之達成，或可以合理地相信如此；第三，違法手段並未踰越正當目的，或可以合理地相信如此；第四，在同樣有效的手段之中，選擇法治代價最低者。

公民不服從所涉及的比例原則問題，羅爾斯所言甚少；但他指出，儘管行動者須慎重評估行動的可能後果，但公民不服從行動的正當與否，不能完全從後果主義去評判（Rawls, 1971: 389-390）。有人說，黑人民權運動者的公民不服從，破壞了社會和諧，主動挑起白人的種族主義暴力，使美國社會付出了龐大的社會成本。然而，究竟是誰該為這些「後果」承擔起主要責任？從

羅氏的自由民主理念，無論是種族隔離，還是強制年輕人去越南戰場從軍，皆是嚴重的不正義；儘管抗爭者的部分手段或許不夠明智，但政治責任仍清楚落於嚴重不正義的另一方（ibid.: 390-391）。

羅氏對後果主義的批評，可謂切中要害。時下不少論者從後果主義去詮釋比例原則，但這是對比例原則的嚴重曲解。作為一種責任倫理，比例原則要求行動者慎重評估其行動的可預見後果，並合理地相信其手段並未踰越其（正當）目的；若已預見手段過當而執意為之，將使行動目的發生質變（Norman, 1995: 118-119, 195-197）。這並不是一種後果主義，而是一種要求慎重評估行動或手段的可預見後果，並為之負責的責任倫理。（關於戰爭脈絡下的比例原則及其論辯，另見第十二章和第十三章。）

在現實世界裡，最受爭議的往往不是公民不服從行動的道德訴求，而是該行動是否合乎比例原則。爭議點之一，是體制內的管道是否真已無濟於事，或可以合理地相信如此。爭議點之二，是公民不服從的具體手段（如癱瘓市區交通）是否合乎其正當目的（如抗議種族隔離體制），或可以合理地相信如此（Greenawalt, 1991）。難處在於：在比例原則的詮釋上，社會大眾往往莫衷一是，因其無可避免地涉及價值衝突乃至利益衝突。

從政治社會學的角度，如果公民不服從的訴求落於道德共識之外，則其可能採取的正當手段，必定受到更大程度的社會文化限制。一般而言，愈能訴諸主流政治價值，動員力道就愈強，其違法行為在公眾眼中也就愈情有可原。相反的，若是訴諸乏人問津的非主流價值，則其在公眾眼中的正當性就較低；在此情況下，看似較激烈的違法手段，就更難獲得社會大眾與法官的諒解。

公民不服從之所以具高度爭議，實與政治文化因素脫離不了

關係。例如，在某國或某地區被認為合乎比例的行動（如癱瘓交通），到了其他國家或地區，卻可能完全不是同一回事。此外，隨著時代與政治文化的變遷，社會大眾對比例原則的詮釋也會跟著轉變。所謂的比例原則，終究無法告訴行動者何種具體行動必定（不）合乎比例；但作為一種責任倫理，比例原則要求行動者慎重評估行動的可能後果，負責任地把當下的政治、社會與文化條件納入考量。

五、公民不服從的當代特徵

羅爾斯把公民不服從定義為公開的、公共的、非暴力的、既出於良知又屬於政治性的違法行為。按他的解說，公民不服從須是一種純粹的道德勸說，不僅不得構成威脅或強制，亦須以完全非暴力、完全公開、接受法律後果作為代價，盡可能證明自身的完全真誠。然而，當代實際發生的公民不服從行動，卻往往不是純粹的道德勸說，或不僅止於道德勸說。

（一）道德勸說之外

以和平違法的抗爭形式凸顯道德訴求，乃公民不服從的最基本特徵；但公民不服從通常不是純粹的道德勸說，且往往附帶其他種種「壓力」。正因為正常的憲政管道與政黨政治，連同言論自由及其他合法抗議權的行使，已不足以改變嚴重偏離正義之事，所以人們才選擇公民不服從，以和平違法的抗爭手段向社會施壓。這裡所謂的「壓力」，在道德壓力之外，當然也還包括政治壓力（Zinn, 1968）。

正如梭羅所暗示，即使是非暴力的公民不服從，在效果上

（若非意圖上）也往往帶有一定的強制性。無論是甘地還是金恩，都矢口否認他們有強制對手的意圖，都聲稱他們是在道德勸說。但對英國殖民政府來說，甘地式的公民不服從顯有強制或威脅的效果（Ackerman and Duvall, 2000: ch. 2）。部分研究調查亦顯示：在1960年代的美國，白人政府之所以願意讓步，實與民權運動所帶來的「不可欲後果」或「壓力」有關（Zinn, 1968: ch. 6）。

　　儘管公民不服從須盡可能彰顯其道德訴求，並爭取社會大眾的同情和支持，但如果它只是純粹的道德勸說，很可能產生不了實質的政治作用。倘若違法抗爭跟合法抗議一樣，只是在重申道德立場，人們為何還要付出違法的代價？這個道理，行動者知之甚詳。也正因如此，公民不服從鮮少止於道德勸說。

　　施壓，是歷史上公民不服從的常態而非例外。無論是梭羅、托爾斯泰或是甘地、金恩，皆實際主張以公民不服從向統治集團施壓。如果吾人堅持公民不服從須是純粹的道德勸說，則公民不服從將變得十分罕見。

（二）真誠與非暴力

　　按羅爾斯的說法，公民不服從須付出完全非暴力、完全公開、公開接受法律後果等「代價」，以彰顯對既存體制（此指近乎正義的體制）的政治忠誠。非暴力、公開性和接受法律後果，的確是自梭羅以來，公民不服從作為一種訴求模式的基本特徵。但在沿用這個基本定義時，我們仍不妨追問：究竟什麼才算是完全非暴力？以及，何以不服從者須努力證明自己的真誠？

　　再以黑人民權運動為例。儘管金恩不斷重申甘地的非暴力理念，但領導者未必能有效地規訓參與者；一旦參與者的權利意識和義憤開始發酵，要維持打不還手、對國家暴力甘之如飴的甘地

式受難精神，就變得有其難度。試想：當和平抗議者遭到白人警察或暴民毆打時，絕不能被動自衛嗎？連一點義憤都不能表現嗎？若是遭到起訴，連辯護官司都不打嗎？

如果非暴力原則意味連被動自衛都不行，此種定義恐怕就違反了世俗常情。另如，假使部分行動者決定越過警方的封鎖線，因而遭到暴力鎮壓，或出現「先鎮後暴」的情況，那整個行動就從非暴力變成了暴力抗爭嗎？若然，則今日不少廣被認定為「公民不服從」的行動，將不符合如此嚴格的定義[13]。

行動者既知自己（可能）違法，便須接受法律後果，但這應該不意味連律師都不得請。在甘地或金恩的時代，向統治集團和社會大眾證明自己的完全真誠，或許是明智之舉；但時至今日，在平等意識已更發達的文化狀況下，此舉卻可能顯得造作。畢竟，對正義的堅持和忠誠，可以有其他的表現方式。

（三）新型態的公民不服從

在當代民主社會，「公民不服從」廣被理解為一種非革命性的、非暴力的、違法或接近法律邊緣的有限抗爭。近年來隨著經濟、政治和社會文化的變遷，公民不服從也呈現出更多不同於以往的樣態。

歷史上的公民不服從不僅強調非暴力，也比較容易與暴力抗爭區隔開來，但晚近的公民不服從卻未必如此。同一場大規模群

---

13 Morreall（1991）認為某些主動使用暴力的不服從行動，仍可稱為公民不服從。本章並不同意這個看法，因為自梭羅以降，「非暴力」已是公民不服從的構成要件；主動使用暴力的不服從行動，在某些情況下也許具道德正當性，但仍不宜歸類為公民不服從。

眾示威的參與者來自四面八方，其中除了合法示威者外，還包括不排除違法、或即使違法也要繼續的和平抗議者；此外亦有「積極非暴力」行動者（準備越過封鎖線，迎接警方的暴力相向，不排除行使自衛），外加少數行暴力破壞（如毀損商家）或主動攻擊警方的「暴民」。同一個場合，一開始通常是合法的示威抗議，逐漸演變成違法抗爭，乃至以警民衝突告終。但如果絕大多數參與者並未主動使用暴力，這樣的場景仍廣被認定為「公民不服從」。

以英國的反人頭稅行動為例，它被喻為該國有史以來最成功的公民不服從，但卻很難讓人聯想到甘地或金恩。自1989年起，為了抵抗柴契爾的人頭稅政策，英國公民動用了各種合法或違法的抗爭手段，包括拒絕繳稅；在一千八百萬人拒絕繳稅之外，街頭行動的高潮發生在1990年3月31日。當天下午兩點，二十萬抗議群眾從集結地點出發，遊行到倫敦市中心的特拉法加廣場；正式的抗議活動在四點左右結束，但隨即出現的鎮暴車和驅離行動，使得少數群眾情緒高昂，演變成警民之間的肢體衝突，還有部分暴民對商家和街車進行破壞。這場所謂的「特拉法加之戰」雖以暴力衝突作收，但仍廣被視為一場成功的「公民不服從」。它引發保守黨內的權力鬥爭，柴契爾黯然下台，人頭稅政策也被取消。

這種集合法示威、違法抗爭、警民衝突於一身的「公民不服從」，不僅發生在英國，更經常出現在法國。雖然絕大多數參與者皆非暴民，但有限的暴力衝突仍難以排除。只不過，此種暴力衝突是有限的，甚至是警民雙方都可以預期的「收場儀式」[14]。

14　另見Opel and Pompper（2003）論全球化趨勢下的新公民不服從行動。

　　這類大型群眾抗議之所以廣被界定為「公民不服從」，其主因如下。首先，任何參與人數以十萬計的群眾行動，即使從頭到尾都是合法抗議，也已算是相當嚴厲的道德指控，故已具備了「公民不服從」的重要特徵及動力。其次，從動員規模來看，此種逼近法律邊緣的、不排除違法抗爭的準公民不服從，很容易也往往跨越了法律邊界。再者，由於絕大多數參與者未主動使用暴力，所發生的暴力衝突亦屬有限，因此不足以改變其「公民不服從」的基本屬性。

　　綜上，公民不服從作為一種「公開的、公共的、非暴力的、既出於良知又屬於政治性的違法行為」，在多數情況下都不僅止於道德勸說。但吾人仍可以從一些基本特徵，指認出現實世界裡的公民不服從行動及其道德訴求。在道德勸說之外，公民不服從往往伴隨程度不一的政治壓力。參與者未必拒絕行使被動自衛、法律辯護等權利，也未必刻意去證明自己的真誠。此外，任何大型群眾場合都無法保證參與者動機一致，也難以完全排除潛在的暴力分子；但絕大多數參與者皆未主動使用暴力，仍應是公民不服從的構成要件。吾人在判斷某個行動是否屬於「公民不服從」時，不妨從這些大處著眼。

第六章

仇恨言論不該管制嗎？

一、仇恨言論的管制爭議

　　仇恨言論是否該受管制、如何管制等課題，向來爭論不休。在當代學界，德沃金是反對政府管制仇恨言論最力的論者；他試圖從「平等尊重」原則及其對功效主義的批判，原則性地證立仇恨言論不該受到管制。他的論證旨在於說明：如果「平等尊重」是至關緊要的政治道德，則政府不應對仇恨言論設限。本章分析德沃金的反管制論說，並提出一項邊際性的修正，亦即：從20世紀種族滅絕和族群殺戮的經驗來看，吾人很難先驗地排除「某些極端的仇恨言論嚴重侵害了他人重要權益」的可能；故而，在德沃金的論證之外，仍須輔以實質的經驗判斷和價值取捨，才能使不管制的主張足具說服力。

（一）德沃金論丹麥漫畫事件

　　2005年9月30日，丹麥《日蘭德郵報》（*Jollands-Posten*）刊出十二張調侃穆罕默德的漫畫，旋即引發全球穆斯林社群的強烈

抗議[1]。這類所謂的「仇恨言論」是否該受管制、如何管制等，向來具高度爭議性。在部分民主國，如今日的丹麥和美國，仇恨言論基本合法；但按照法國、德國、英國及其他歐洲國家的「反仇恨」或「反群體誹謗」法條，此類言論則不無觸法之虞。

2006年3月23日，德沃金在《紐約書評》以〈嘲諷的權利〉為題，針對丹麥漫畫事件提出看法。他表示：在憲政民主制度下，沒有人可以完全免於褻瀆和冒犯；即使是弱勢種族或族群，仍須容忍極端分子的侮辱或嘲諷。這是因為：唯有這樣的自由社會，才能充分正當地通過、執行反歧視的法律；若要那些心態褊狹的社會成員接受多數人的決議（如反歧視法），便須容許他們自由表達其褊狹。即使宗教感受對教徒至關重要，但褻瀆或嘲諷宗教的言論與表達自由，仍須獲得確保；若要政府以法律維護宗教自由，侮辱宗教就不能是言論禁地（R. Dworkin, 2006a）。

部分穆斯林人士憤憤不平地指出：在某些歐洲國家如德國、奧地利、法國、比利時，宣稱納粹不曾屠殺猶太人的「否認大屠殺」言論不僅違法，甚至負有刑責；既然如此，何以中傷穆罕默德和穆斯林的仇恨言論卻是合法的？難道穆斯林就是次等人、次等公民？對此質疑，德沃金表示：丹麥漫畫事件暴露出歐洲各國法令的不一致，但解決之道不在於限制仇恨言論，而在於重新界定、擴充《歐洲人權公約》對言論自由的保障；不僅「嘲諷的權利」須得到確保，替納粹翻案的言論也不該當作違法（R. Dworkin, 2006a; 1996: 223-226）。

在當代法政哲學界，德沃金堪稱言論自由最堅定的捍衛者之

1　《經濟學人》指出：「有幾張圖片，特別是把穆斯林先知畫成恐怖分子的那幾張，擺明了就是汙辱。」參見 *The Economist*（2006）。

一；正因為他向來堅持言論自由的憲政優位性，並為之辯護，他對丹麥漫畫事件的評論或許不讓人意外。對德沃金而言，無論如何界定仇恨言論，政府都不該對其設限，以免侵害了個人的道德獨立性，背離了「平等尊重」的政治道德。

在言論自由議題上，筆者的基本觀點與德沃金接近（雖部分判斷仍有差異）。首先，吾人有相當好、相當強的政治道德理由（包括德沃金的平等尊重原則），捍衛言論自由作為公民的基本權利；儘管某些言論看似或確實對他人構成「傷害」，但除非「傷害」嚴重且明確，並具政治道德的重要性，否則仍不足以凌駕作為基本權利的言論自由。可以說，這本是言論自由作為憲政基本權利的題中之意。再者，在仇恨言論課題上，筆者亦反對政府以破壞社會和諧、不符合公共利益等泛泛說詞，動輒限制言論內容。在現實世界裡，無論是威權體制還是民主政府，皆經常以公共利益、社會和諧、國家安全、善良風俗或他人權益作為藉口，對言論內容施以不當的管制；正因如此，吾人實有必要嚴格檢驗管制說詞，以防止其濫用。

然而，本章的目的不在於申論前述等基本看法，而在於評估德沃金的反管制論說，亦即：基於平等尊重的政治道德，無論如何界定仇恨言論，原則上政府都不該對其設限。德氏強調，涉及經驗判斷的後果主義論證，勢必無法排除管制仇恨言論的可行性；因此，唯有訴諸非後果主義式的、構成論式的論證（即平等尊重原則），才得以從原則上排除對仇恨言論的管制。對此思路，筆者有部分保留，故擬提出商榷。

（二）仇恨言論及其因應

在憲政民主制度下，言論自由是憲法所保障的公民基本權

利；在當代國際社會，言論自由廣被視做一項基本人權。但實際上，各國政府對言論自由的保障從來就不是絕對的；除了誹謗、恐嚇、詐騙的法律責任外，政府亦經常以維護其他公民的權益、公共利益、國家安全、社會秩序、善良風俗作為理由，對言論自由施加限制。

　　一般而言，在相對成熟的憲政法治國，政治言論（相較於仇恨言論、群體誹謗、色情言論）所獲得的保障程度較高，因其廣被視為憲政民主制度賴以維繫的重要自由（Meiklejohn, 1948; Kalven, 1988; Rawls, 1993a: ch. 8）。但也有部分例外：包括德國在內的部分國家，為了預防憲政民主遭極端勢力顛覆，故對政治言論的自由範圍有所縮限（Kretzmer and Hazan eds., 2000）。在戰爭期間，各國政府亦經常以國家安全或緊急狀態為由，對政治言論設限（Meiklejohn, 1948; Kalven, 1988）。

　　相對於政治言論，「仇恨言論」似乎是重要程度較低的一種言論，但兩者並非全無關聯。在20世紀歷史上，納粹主義和極端的法西斯主義言論，皆同時具備「政治性」和「煽動仇恨」兩大特徵。不少戰後歐洲政府為了避免歷史重演，遂對此類極端言論設限。就法國、德國、英國的法律體制乃至《歐洲人權公約》的相關條文來說，表達「穆罕默德是恐怖分子」的仇恨言論，至今仍處於法律邊緣，且可能觸法[2]。

　　在丹麥漫畫事件的背景下，歐盟在2007年4月19日通過一項

2　歐妮爾（O'Neill, 2006）指出：按《歐洲人權公約》第10條規定，言論自由與表達自由權利的行使須「伴隨義務與責任」，故「必要時」得立法限制，以保障其他重要的基本權利和公共利益，包括「他人的名聲或權利」。另見 J. Gray（2000: ch. 3）論歐美差異，以及 Barendt（2005）、Rosenfeld（2003）的比較分析。

決議，規定各會員國須把煽動種族仇恨或暴力的言行（包括散發手冊、圖片或其他資料）定為刑事犯罪。煽動人群以仇恨或暴力對待特定的膚色、種族、民族、族群團體或其個別成員者，得提起公訴，判處一至三年徒刑；各國可只罰「可能擾亂公共秩序」的煽動言行，亦得效法德國做出更嚴格的法律規範（BBC News, 2007）。

要是這類法律出現在今日美國，則可能引發激烈的政治爭議。美國聯邦最高法院曾在1952年 *Beauharnais v. Illinois* 一案中，以五對四的比數，承認政府有懲罰群體誹謗的權力。主筆判決書的大法官法蘭克福特（Felix Frankfurter）當時表示：基於仇恨言論對種族或宗教群體的莫大傷害，政府得予以懲罰而不違反美國憲法對言論自由的保障，因為「誹謗性質的發言根本就不在憲法的保護範圍內」。然而，儘管該判決未曾被正式推翻，但1960年代以降聯邦最高法院的言論自由判例，卻逐漸朝另一個方向發展（廖元豪，2007：112-113）。在今日美國（相對於歐洲和過去美國），仇恨言論已受到更高程度的保障（Sandel, 1996: ch. 3）[3]。

對德沃金而言，美國聯邦最高法院對言論自由的保障雖差強人意，但比起對仇恨言論多所限制的歐洲國家，已堪稱難能可貴。他的基本信念是：原則上，仇恨言論也應屬於言論自由權的正當行使。但即使在今日美國，德沃金堅定的反管制立場也仍具爭議[4]。仇恨言論的管制與否，涉及言論自由的「邊界」問題，尤其是言論自由（憲政基本權利）與其他政治道德考量（其他的憲

3　關於美國的言論自由傳統，另見Chafee（1996）、Kalven（1988）、Konefsky（1974）、Dershowitz（2002）、Garber（1991）、Alexander ed.（2000a; 2000b）。

4　參見J. Cohen（1993b）、Sandel（1996）、Fiss（1996）、Fish（1994）。

政基本價值或權利）之間的潛在衝突。因此，即使大多數當代論者（包括歐洲論者）皆同意言論自由是憲政基本權利，但卻未必全盤反對政府對仇恨言論設限；亦大都不會原則性地堅持仇恨言論不該管制，而傾向於表示（例如）「這些言論所造成的傷害似乎不大」、「言論自由更具道德分量」或「管制措施可能適得其反」等等。

主張管制仇恨言論的理由，一般可分為兩大類：一類訴諸公共利益或集體旨趣，指陳仇恨言論破壞和平、擾亂公共秩序；另一類訴諸公民基本權益，強調仇恨言論有損他人的人性尊嚴、名譽、平等地位或其他重要權利。在這兩類管制理由之中，一般認為較具政治道德分量的是後者，亦即：如果仇恨言論明確且嚴重侵害了他人基本權益，則政府得進行管制。

設若某些極端的仇恨言論（如納粹的種族清洗言論）嚴重侵害了他人基本權益，政府是否得對其設限？或何以不得設限？以下，我們將以此作為問題意識，分析德沃金的反管制論說。

二、德沃金的反管制論說

德沃金為言論自由（與表達自由）所做之辯護，廣見於過去三十多年間他所發表的論文和評論[5]。在1977年《認真對待權利》中，他首度勾勒出一套自由主義式的平等觀，主張每位公民皆應獲得平等的關懷與尊重（R. Dworkin, 1977: ch. 12）。「平等的關

5　本章參考的德沃金著作，包括R. Dworkin（1977; 1985; 1996; 2000; 2006a; 2006b; 2006c）。另見Burley ed.（2004）所收錄的評論文字，以及德沃金的回應。

懷與尊重」意指每個人、每位公民都應被當成平等的人、平等的
公民來對待；從此項基本原則及其詮釋，德沃金對功效主義展開
批判，並為言論自由與表達自由進行辯護。

　　此後，德沃金進一步開展他對言論與表達自由的看法，並針
對色情言論和仇恨言論的管制課題提出論說。其中較著名的文字
包括〈我們有色情的權利嗎？〉[6]、〈色情與仇恨〉[7]、〈言論為何必須
自由？〉[8]等。在2000年《首要之德》中，德沃金亦對政治獻金所
涉及的言論自由爭議，和他所提倡的「倫理個人主義」，做出了
更深入的闡發（R. Dworkin, 2000: ch. 10, 4-7, 446-452）。

（一）構成論vs.工具論

　　在〈言論為何必須自由？〉文中，德沃金針對仇恨言論的管
制問題，提出了一套頗為完整的說法。他指出，支持言論自由的
理由大體可分為兩類：一類是後果主義或工具論式的理由；另一
類是構成論式的理由。言論自由作為憲政民主所保障的基本權
利，並不是出於任何單一理由；正因為吾人有許多不同的支持言
論自由的重要理由，言論自由才廣被視做一項基本權利。但德氏
強調：唯有構成論式的理由，才得以原則性地證立仇恨言論不該
受到管制（R. Dworkin, 1996: 200-205）。

　　所謂後果主義或工具論式的理由，係把言論自由視為達成某
些重要目標的重要手段。歷史上，言論自由的前身是宗教容忍；
容忍與和平共存，遂逐漸發展為支持言論自由的一項重要理由

6　原發表於1981年，收於R. Dworkin（1985: ch. 17）。

7　原發表於1991年，收於R. Dworkin（1996: ch. 9）。

8　原發表於1992年，收於R. Dworkin（1996: ch. 8）。

（Bollinger, 1986）[9]。19世紀以降，特別是在密爾的筆下，言論自由被視為「發現真理」的重要工具（Mill, 1989）[10]。更廣泛地說，言論自由被認為有助於知識的增進；有助於形成較佳的公共意見；有助於降低統治者的專斷風險；有助於形塑出自主的個人（Raz, 1986）；有助於培育出開明講理的公民；有助於提升公共審議的品質，等等。此類支持言論自由的理由，大體上屬於後果主義或工具論式的理由[11]。

及至20世紀，隨著政治的自由化和民主化，言論自由廣被視為民主政治的運作要件。若無言論自由，某些政治意見將被排除在政治過程之外，因而不具影響政策的機會；但這既有違公平參與的精神，亦有礙民主機制的運作。再者，民主政治存在多數暴虐和政府濫權的風險；挾民意自重的政府可能立法迫害少數，或以各種方式逃避監督。基於這些考量，言論自由（尤其是政治言論自由）的憲政地位漸獲保障，新聞自由的制衡角色也漸受重視（Meiklejohn, 1948; Sunstein, 1993; Schauer, 1982: ch. 3）。此類支持言論自由的理由亦是後果主義或工具論式的，因其強調言論自由（重要手段）之於民主政治（重要目標）的工具性作用。

德沃金指出：後果主義或工具論式的理由，無論其具體內容為何，將無法從原則上排除一切對仇恨言論的管制。這是因為：就算言論自由有助於達成某些重要目標，但也不會沒有例外；而

9　另見Dunn（1996: ch.6）論洛克、宗教容忍與言論自由。

10　另見Schauer（1982: ch. 2）、Haworth（1998）的相關分析。

11　包括密爾在內的早期言論自由論者，經常同時訴諸工具論式的理由與構成論式的理由；但工具論式的理由在1960年代以前位居主流。另見Greenawalt（1989a; 1989b）、Schauer（1982）、Brison（1998）、Tucker（1985）論支持言論自由的各種理由及其屬性。

如果仇恨言論無助於達成那些目標，工具論式的理由便難以排除管制（R. Dworkin, 1996: 203-205）。試想：極端的仇恨言論很可能無助於和平共存，且與容忍之精神背道而馳；亦未必有助於發現真理，未必有助於憲政民主的運作，未必有助於公平參與，未必有助於形塑出自主的個人、開明講理的公民，等等。

部分論者認為，「立法限制仇恨言論」未必是對付此類言論的較佳辦法，亦未必沒有足堪憂慮的負作用；因此，吾人仍可以基於這些現實考量反對管制。他們質疑：要是容許政府管制仇恨言論，難道政府不會以切香腸的方式，對言論的內容和尺度施以更大幅度的限制？要是各社會群體都要求管制為他們所不喜的仇恨言論，那麼，認定的標準是否會愈發寬鬆？管制的範圍是否會逐漸擴大？此種局面又真的有助於消弭仇恨嗎？諸如此類的論證，一般稱為「滑坡（slippery-slope）論證」，其反映出的憂慮似非空穴來風。但德沃金表示，類似英國《種族關係法案》的仇恨言論管制措施，其實是可以準確操作的，而未必會出現前述等「滑坡」趨勢。換句話說，滑坡論證作為一種後果主義論證，亦不足以排除管制的可行性（ibid.: 204）。故德氏強調：唯有訴諸構成論式的理由，才得以原則性地證立仇恨言論不該受到管制。

對德沃金而言，平等地尊重每位公民的道德獨立性（或道德自主性），即是支持言論自由（與表達自由）最重要的構成論式理由。一個合乎正義的政治社會的構成要件之一，即在於對每位公民的道德獨立性的平等尊重；若要平等地尊重每位公民的道德獨立性，便須平等地尊重每位公民作為說話／表達者與閱聽者的自主權利[12]。這意味政府須保持價值中立，不得針對特定的價值

12　在當代自由主義論者之中，Nagel（1995）的理路與德沃金接近，Scanlon

觀、特定的言論內容設限，否則即違反了平等尊重的政治道德。

（二）平等尊重 vs. 功效主義

在《認真對待權利》中，德沃金試圖從平等尊重原則，推導出廣泛的言論自由與表達自由權利。他申論指出：言論與表達自由權的道德基礎在於平等權，而不在於抽象的自由權；抽象地談論自由是毫無意義的，自由只能是具體的、複數的自由，且須平等享有（R. Dworkin, 1977: 271-273）。在此，我們不妨追問：為何言論與表達自由是重要的自由，而須平等享有？德沃金是如何從平等尊重原則，推導出言論與表達自由等特殊具體的基本權利？

按德氏的解說，「平等關懷」意指政府對社會基本財貨或機會的分配，不得建立於「部分公民比其他公民更值得關懷」的理由；「平等尊重」則意指政府不得以「某些公民的價值觀比較優越」作為理由，壓制其他公民的價值觀。由此，德氏對功效主義展開批判。他認為後者的主要問題在於未能區辨兩種不同的偏好：個人偏好與外在偏好。外在偏好係指「部分公民更值得關懷，應獲得更多財貨或機會」的偏好，或「某些公民的價值觀較不值得尊重」的偏好；由於這兩種偏好已超出個人範圍，屬於剝奪他人機會或歧視他人價值觀的偏好，故稱「外在」偏好。功效主義者宣稱要極大化個人偏好之滿足，但德氏主張：如果不先扣除外在偏好，部分公民將無法獲得平等的關懷或尊重（ibid.: 274-275）。

德沃金指出：諸如同性戀、色情、表達自己是共產黨等個人

（1972; 1979）則從「尊重閱聽者的自主權利」去證立言論與表達自由。另見 Brison（1998）的評論。

實踐，往往因功效主義的理由而受到壓制；但此種壓制並不正當，因其把歧視性的「外在（價值）偏好」納入計算，故違反了平等尊重原則。他強調，任何基於功效主義理由對言論與表達自由的限制，皆難以避免「外在（價值）偏好」所造成的難題。在不少情況下，吾人很難斷定某些偏好究竟只是個人偏好，或者也包括外在偏好；而這正凸顯出功效主義的先天缺陷，及其對平等權的可能危害。照德沃金的陳述，如果吾人認真看待「平等尊重」的重要性，原則上便不該對言論與表達自由設限；因為管制措施很可能帶有外在（價值）偏好，甚至形成多數暴虐（ibid.: 275-276）。

（三）色情與仇恨言論

在〈我們有色情的權利嗎？〉文中，德沃金試圖論證色情至少不應該被「禁止」（另見第七章第六節）。在這篇著名文字中，他不僅運用了平等尊重原則及其對功效主義的批判，也採用了某些後果主義式的論證。

德沃金在該文中語帶讓步地表示：如果色情言說或材料果真助長了暴力犯罪，那將構成限制色情的正當理由。但他接受英國威廉斯委員會的見解，亦即：目前為止，尚無具說服力的證據顯示色情助長了性犯罪或暴力犯罪（R. Dworkin, 1985: 338, 340）。在此，德沃金的說法暗示：如果色情確實助長了性犯罪或暴力犯罪，則政府得對其設限。

部分女性主義論者或許會追問：就算色情並未助長性犯罪或暴力犯罪，仍可能構成其他傷害；要是其他傷害足夠嚴重的話，何以不能成為禁止或限制色情的正當理由？表面上，德沃金並未否認在「傷害」明確且嚴重，並具政治道德重要性的情況下（如

助長性犯罪），政府得對色情設限；但他對所謂「傷害原則」的讓步，也僅止於此而已。總的來說，德氏不太願意運用後果主義式的論證，因其為後果主義式的管制理由留下餘地，並為「傷害原則」提供了更大的詮釋（和濫用）空間。

無論如何，德沃金並未斷然否認「例外」（即「傷害」嚴重且明確，並具政治道德重要性）的現實可能性。由於部分論者認為色情對女性的「傷害」已嚴重到應予禁止，德氏遂直接駁斥此類說法（ibid.: 354-355; 1996: ch. 9, ch. 10）。但這些論辯似乎很難獲致定論，因為某種傷害有多嚴重，其政治道德分量有多大，終究涉及實質的經驗判斷和價值取捨。就算各方皆同意「除非色情明確且嚴重地侵害了他人基本權益，否則不應禁止或限制」，卻仍可能做出迥異的經驗和／或價值判斷。

正因如此，德沃金並不滿足於提出「色情的傷害不大」此類判斷；為了申論色情至少不應該被禁止，他使用了更多篇幅批判功效主義。他重申：出於功效主義的理由禁止色情，將使部分公民的外在（價值）偏好壓過其他公民；但基於平等尊重原則，此類外在偏好根本不應該納入計算。他認為，儘管其他的政治道德考量（如保護兒少）或可證立某些「合理的限制」，但平等尊重原則至少排除了「禁止」，並要求色情管制不得建立於功效主義的理由（R. Dworkin, 1985: 351-365）。

關於德沃金的色情權利論說，第七章第六節將提出更深入的分析。在此值得指出，德氏在〈我們有色情的權利嗎？〉一文開頭，特別以英國《種族關係法案》為例，強調仇恨言論跟色情言論的管制問題性質相似（ibid.: 335）。對他而言，仇恨言論就和色情一樣，或許對他人構成了「道德傷害」或「道德痛苦」，但後者（相對於助長性犯罪）並不足以構成正當的管制理由。

當我們說言論自由是公民基本權利時，並不是說此種權利的行使不會產生任何傷害；而毋寧是說，即使有傷害或負面效應，一般仍不足以凌駕作為基本權利的言論自由。以台灣為例，獨派（或統派）言論也許對統派（或獨派）帶來了「道德傷害」或「道德痛苦」，但此類傷害或痛苦不足以構成限制獨派（或統派）言論的正當理由。德沃金的論證暗示：除非所謂的「傷害」嚴重且明確，並具政治道德的重要性，否則言論自由的憲政優位性須得到確保。

在仇恨言論課題上，德沃金同樣運用了前述兩種論證，亦即：他一則否認仇恨言論的「道德傷害」足具分量；另則批判功效主義式的管制理由，並重申平等尊重原則（R. Dworkin, 1996: ch. 8, ch. 9, ch. 10; 2000: 365-366）。這兩種論證的區別在於：前者對「傷害原則」有所讓步（雖只是部分讓步），故未否認「如果仇恨言論明確且嚴重地侵害了他人基本權益，政府得對其設限」。但德氏更看重另一種論證，即直接從平等尊重原則及其對功效主義的批判，原則性地證立仇恨言論不該受到管制。

（四）倫理個人主義

在1991年〈色情與仇恨〉文中，德沃金援引伯林（Isaiah Berlin）的消極自由概念，強調言論與表達自由是消極自由，故其憲政優位性應予肯認。其他政治價值固然重要，但不宜與消極自由混為一談；其他政治價值的實現，唯有在保障（而非限制）言論與表達自由的前提下為之，才不至違背憲政民主的基本原則（R. Dworkin, 1996: ch. 9; cf. Berlin, 1969: ch. 3）。在此，德沃金借用了伯林的表述方式，但這可能產生誤解。原因在於：在德氏的理路中，言論自由的重要性並非來自其消極屬性，而是建立在

「平等地尊重每個人的道德獨立」的平等尊重原則。後者的內核是一種「倫理個人主義」，一種對個人道德獨立的特定理解。

借用後期羅爾斯的概念，德沃金的倫理個人主義屬於一種「合理的全面性學說」（Rawls, 1993a: ch. 4）（參見第三章第五節）。德氏倫理個人主義有兩項基本主張：第一，每個人的人生都應該成功而不失敗，其潛力都應該實現而不浪費；吾人不僅應該在乎自己人生的成功與否，也應該關切任何人生的成敗。第二，每個人都須為自己的人生承擔起個人責任；而基於此一特殊責任，每個人都有權利為自己界定何謂成功的人生。正因為吾人應該關切每個人生的成敗，每個人生都應該獲得平等的關懷；正因為每個人都對自己的人生負有特殊責任，政府應該平等地尊重每個人決定其人生價值的道德獨立權利（R. Dworkin, 2000: 448-449）。

德沃金的平等尊重原則，連同政府應保持價值中立，不得管制言論內容，不應管制仇恨言論等主張，皆與他對「倫理個人主義」的特定詮釋有關。

三、對德沃金論證的商榷

德沃金從平等的關懷與尊重原則，指陳功效主義並非適切的政治道德，因其難以解決「外在偏好」所造成的道德困境。從平等尊重原則及其詮釋，他試圖原則性地排除一切對仇恨言論的管制。他特別強調：支持言論自由的後果主義或工具論式理由，並無法證立仇恨言論不該受到管制；唯有訴諸「平等地尊重每個人的道德獨立」此一構成論式的理由，才得以排除仇恨言論的管制。儘管德氏並未否認仇恨言論可能對部分公民構成傷害，但他

認為「道德傷害」不足以動搖支持言論自由的平等尊重原則。

　　然而，吾人很難從原則上排除「某些極端的仇恨言論嚴重侵害了他人重要權益」的經驗可能。我們不妨追問：如果極端的仇恨言論（如納粹的種族清洗言論）嚴重侵害了他人基本權益，政府仍不得對其設限嗎？當言論自由（憲政基本權利）與其他重要的政治道德考量（其他重要的憲政基本價值或權利）發生衝突時，吾人能否原則性地堅持仇恨言論不該管制？在筆者看來，儘管平等尊重原則強有力地凸顯出言論自由的分量，但該原則本身仍不足以完全排除管制。

（一）構成論式的論證

　　為了證立仇恨言論不該受到管制，德沃金一則否認仇恨言論所造成的「（道德）傷害」嚴重且明確；另則批判功效主義式的管制理由，並重申平等尊重原則的優位性。按德沃金的分類，前者是後果主義式的論證，後者是構成論式的論證，而他側重的顯然是後者而非前者。但無論是哪種論證，皆無可避免地涉及言論自由與其他政治道德考量之間的潛在衝突。

　　在〈我們有色情的權利嗎？〉文中，德沃金的論證重點是色情「至少不應該被禁止」，而非政府絕不得管制色情。此文舉出了兩個正當的、但非功效主義式的色情管制理由：一個是「如果色情確實助長了暴力犯罪」；另一個是「保護兒少」。由於德沃金承認（或至少並未否認）政府可基於這兩個理由管制色情，這正說明構成論式的論證仍不足以排除一切管制。即使平等尊重原則具憲政優位性，但如果其他的政治道德理由亦具相當分量，則仍可能出現管制爭議。

　　德沃金反對政府管制言論內容，乃出於對平等尊重原則的特

定詮釋：「平等尊重」即意味政府應保持價值中立，不得對言論內容設限。然而，儘管他的論證有效凸顯出「言論自由」與「價值中立」之於個人道德獨立的重要性，但其本身仍不足以排解一切衝突。為了駁斥種種管制主張，德氏對功效主義展開批判；但他僅駁斥了功效主義式的管制理由，卻未能直接觸及非功效主義式的管制理由。例如，如果管制理由是「極端的仇恨言論嚴重侵害了他人基本權益」，這就不是功效主義式的管制理由。

德沃金的平等尊重原則，連同政府應保持價值中立，不得管制言論內容，不應管制仇恨言論等主張，係建立於一套特定的個人道德獨立觀。但試想：「如果」某些極端的仇恨言論的確嚴重侵害了他人重要權益，吾人是否仍得以「平等地尊重個人道德獨立」或「倫理個人主義」之名，放任那些重要權益遭到侵害？退一步言，即使「平等地尊重個人道德獨立」是極重要的政治價值或原則，但亦非沒有例外。在色情議題上，德沃金是承認有例外的。

德沃金試圖申論：平等尊重原則作為一種構成論式的論證，得以從原則上排除一切對仇恨言論的管制。但這個立場仍有商榷餘地。從平等尊重的政治道德，吾人或可得出：管制仇恨言論的正當性門檻很高，故在絕大多數情況下，政府不應對仇恨言論設限。但管制與否，最終仍無可避免地涉及實質的經驗判斷和價值取捨。在筆者看來，吾人很難先驗地排除如下的可能：在某些惡劣的現實條件下，如當種族清洗言論和運動持續坐大時，政府得對禍害重大的仇恨言論設限。

（二）價值多元與價值中立

如德沃金所指出，支持言論自由作為基本權利的理由有許

多。言論自由之所以被視為重要權利，並非出於任何單一理由，而是因為它處於諸多重要理由的交集地帶（R. Dworkin, 1996: 201）。歷史地看，「尊重個人道德獨立（或自主）」直到1960年代以降，才廣被接受為支持、擴充言論自由的重要理據（Dunn, 1996: ch. 6）。但單憑這項理據，是否足以排除一切對仇恨言論的管制？在任何情況下，它都（應該）凌駕於其他的政治道德考量嗎？

回答前述問題的方式有許多，其中之一是直接訴諸價值多元主義。價值多元主義者如葛雷（J. Gray, 2000）會說：「尊重個人道德自主」確實是重要的政治價值，但並非唯一重要的政治價值；每個社會都有其特殊的價值權衡，沒有哪種權衡之道是絕對正確或唯一合理的。儘管有些社會（如美國）特別看重「尊重個人道德自主」，但其他社會（如歐洲各國）卻未必如此。故而，如果某個社會因重視其他政治價值而管制仇恨言論，此項決定應得到尊重。

一旦吾人把此種價值多元主義的邏輯推展到極致，則言論自由作為基本權利的地位亦岌岌可危。所以，本章對德沃金反管制論證的商榷，雖汲取了價值多元主義的要素，但並非建立在相對主義式的價值多元論說。筆者的商榷思路是：儘管「尊重個人道德獨立」是當代憲政民主所肯認的重要政治價值，亦是支持言論自由最重要的理據之一，但它並非唯一重要的政治價值。即使吾人充分肯認平等尊重原則的優位性，但「如果」極端的仇恨言論確實嚴重侵害了他人重要權益，則仍可以合理地主張管制。

身為當代美國自由主義的代表性論者之一，德沃金並不反對政府基於提升民主論辯品質、促進政治公平等理由，對競選經費設置上限，並對政治獻金施以嚴格規範。要言之，他不反對政府

調節言論自由的環境（即程序管制或結構管制），但強烈反對政府限制言論內容（即內容管制）（R. Dworkin, 2000: ch. 10）[13]。然而，如果德沃金同意民主論辯的品質值得提升，這實已暗示憲政民主很難對言論內容保持絕對中立。由於極端的仇恨言論確有可能侵害被仇恨者的重要權益，德氏要求政府一則對此類言論保持絕對中立，另則通過程序或結構管制以提升民主論辯品質的立場，或仍有爭議空間。這是因為：民主論辯品質的低落未必直接侵害公民個人的基本權益，而主要是影響了公共政治生活，妨礙了公共財的有效提供；但某些極端的仇恨言論（如主張清洗少數種族、族群或宗教社群）卻可能更直接且嚴重地侵害個人基本權益。

　　在現實世界裡，政府通過各種法律對公民的「行為」進行規範，從刑法到交通法規，不一而足。從某種自由放任主義的角度，很多限制「行為」的法律，都並未平等地尊重個人的道德獨立；例如，環境法規限制了汙染者的汙染自由，交通法規限制了酒駕者的酒駕自由，反貪法令限制了貪腐者的貪腐自由，菸害防治法限制了吸菸者隨地吸菸的自由，等等。這些法規都不是價值絕對中立的，都妨礙了部分價值觀的實現，都暗示部分價值觀較不值得尊重，也都未能絕對平等地尊重個人的道德獨立。

　　對此，至少有兩種不同見解。一種是，「平等地尊重個人道德獨立」從來就不是唯一重要的政治德目；既然在許多情況下，

13　另見Rawls（1993a: ch. 8）、Sunstein（1993）論政治獻金的規範問題。部分自
　　由放任主義者批評德沃金、羅爾斯等自由主義者所主張的政策（此指對政治
　　獻金的結構管制）將嚴重侵害言論自由，例如B. Smith（2001）。這是今日美
　　國左右派之間，或自由派與保守派之間主要的政治分歧之一。

政府可以正當地通過「行為」規範，使部分價值觀較難以自由實現，又何以不能正當地管制某些「言論」，如極端的仇恨言論？既然德沃金認為政府可以正當地管制「行為」，又為何在言論與表達自由問題上，採取了近乎自由放任的立場？難道「行為」與「言論／表達」有本質差異？何以行為可管，言論／表達卻不可管？兩者不都可能侵害他人的重要權益？德沃金的部分批評者正是從此種角度提出質疑（Schauer, 1982: ch. 5），但這並非本章所採取的觀點。

德沃金本人的解說則是：正因為我們要求汙染者、酒駕者、貪腐者或種族主義者服從多數人的決議（如環境法規、交通法令、反貪腐法、反歧視法等），故須容許他們自由表達其褊狹的價值觀（R. Dworkin, 2006a）。此項說法暗示：相對於行為規範，限制言論自由將更嚴重地侵害個人的道德獨立。這是德沃金的見解，也是筆者的基本看法。然而，如果「行為」規範也無可避免地有價值不夠中立之虞，這似乎正說明「平等地尊重個人道德獨立」並非全有或全無的問題。除非吾人把價值中立詮釋為「絕對的價值中立」，否則，對極端的種族清洗言論設限，未必明確違反了基本的價值中立。

歸根究柢，所謂的價值中立，可以不必詮釋為絕對的價值中立。「言論」與「行為」之區辨，內容管制與結構管制之區別等，可以不必上綱到：為了保持絕對的價值中立，在任何情況下都應平等地、充分地尊重種族清洗言論者的個人道德獨立。

（三）功效主義之外

主張管制仇恨言論的理由，不全是功效主義式的。因此，儘管德沃金對功效主義的批判成立，此項批判仍未必完全適用於仇

恨言論課題。

　　極端的仇恨言論（如納粹的種族清洗言論）似乎嚴重侵害了被仇恨群體（如猶太人）成員的某些重要權益。當主流社會成員猛烈煽動對少數群體的仇恨時，人們不安的理由未必在於社會效益的多寡，而可能在於相信少數群體成員的基本尊嚴（乃至道德自主、平等地位、生命安全等）遭到了踐踏。在德沃金的筆下，彷彿對言論與表達自由的管制主張，大都是出於多數暴虐式的「外在偏好」，即社會多數要求限制不為自己所喜的價值觀。然而，此說卻未必適用於極端的仇恨言論。

　　歷史地看，主流社會成員對同性戀的壓制，往往是出於多數暴虐式的外在偏好。禁止或管制色情，雖經常也是出於這類外在偏好，但不完全如此。部分女性主義者或性別平等論者之所以主張色情管制，是因為相信色情對女性的尊嚴和平等地位造成了實質傷害；無論吾人是否同意這些判斷，或許都不該將其簡化為外在偏好而已。至於管制仇恨言論之主張，則通常不是基於「看極端分子及其言論不順眼」的外在偏好，而往往是出於對被仇恨群體成員的尊重與關懷。試想：放任極端分子以仇恨言論詆毀、攻擊弱勢種族或族群，是對被仇恨群體成員的平等尊重嗎？又真的有助於該群體成員實現個人的道德自主嗎？從不同的正義觀、平等觀或道德自主觀，實不難得出有別於德沃金的價值判斷，且不必以功效主義作為論據。

　　再以丹麥漫畫事件為例。這起事件的核心，可能並不是德氏所謂「嘲諷權利」或「褻瀆權利」的問題，而毋寧是被仇恨群體成員的基本權益是否遭到侵害的問題。近年來，穆斯林移民（為數約十萬左右）成了丹麥極右派政客和傳媒的主要攻訐對象；在此背景下，把漫畫事件界定為「嘲諷權利」或「褻瀆權利」的保

障與否，恐有避重就輕之虞。歐盟在2007年4月通過管制仇恨言論的決議，丹麥漫畫事件正是其導火線；無論吾人是否贊同此項決議，大概都不難看出：極端仇恨言論的管制與否，終究涉及「被仇恨群體成員的基本權益是否遭到嚴重侵害」的社會正義課題。在此，德氏以功效主義作為批判對象的反管制論證，其適用性就顯得相對有限。

（四）理論與實際

綜上，德沃金的平等尊重原則雖已有效凸顯出言論自由的優位性，但此項原則的效力邊界何在，仍取決於「其他」社會正義理由、憲政基本價值或權利可能具有多大的分量。仇恨言論的管制與否，終究繞不開對「其他」政治道德論證及其分量的評估。

實則，本章對德氏反管制論說的商榷（或邊際性修正），未必直接導致「立法管制仇恨言論」的主張。在一般情況下，仇恨言論大都並未、或未必嚴重侵害他人的重要權益；由於政府經常以相對空泛的「傷害」說詞限制言論自由，吾人尤須嚴格檢驗此類內容管制及其理由。此外，仇恨言論是否該受管制，也無可避免地涉及具體的政治社會條件。

以台灣為例，雖有論者主張立法限制族群仇恨言論，但從政治與司法體制的現況來看，選擇性、政治性或民粹式的執法仍是隱憂。如果「反仇恨言論法」的後果是激化更多仇恨，或助長政治的司法化與司法的政治化，則吾人應有很好的後果主義式理由，對此類法律持保留態度。正因為言論自由是重要的、基本的公民權利，吾人尤須仔細評估內容管制的論據及其可能後果。但我們或許不必、也不宜從原則上排除：在某些現實情況下，管制極端的仇恨言論既正當亦可行。

　　德沃金是反對政府管制仇恨言論最力的當代論者。在他所憧憬的理想狀況下，自由社會當能培育出妥善的自我防衛機制，以言論反制言論，而不必仰賴國家的言論禁令；各種意見（包括偏見）都能夠自由表達，大多數公民並不會被仇恨言論所制約。從許多方面來看，這都是值得欽佩的政治理想。但20世紀的歷史經驗卻也顯示：在某些特別不利的發展趨勢下，極端的仇恨言論的確可能嚴重侵害他人的重要權益。此類極端言論跟沾滿血腥的種族清洗、族群殺戮、內戰等實際行動，往往唇齒相依。基於此，吾人不宜先驗地論斷政府絕不得對仇恨言論設限（cf. Dworkin, 2006b: ch. 2）。

　　德沃金試圖從平等尊重原則及其詮釋，原則性地證立仇恨言論不該受到管制。他強有力地論證，如果「平等尊重」是至關緊要的政治道德，則政府不應對仇恨言論設限。然而，吾人畢竟難以排除「某些極端的仇恨言論嚴重侵害了他人重要權益」的現實可能性。故在德沃金的構成論式論證之外，亦須輔以實質的經驗判斷和價值取捨，才能使不管制的主張足具說服力。

第七章

色情管制與言論自由

一、色情管制爭議

色情文字或影像，究竟該受到何種管制？管制的理由何在？在當代憲政民主社會，言論與表達自由（簡稱言論自由）已被肯認為公民基本權利和憲政基本要件；由於色情也屬於一種言論或表達，故色情管制必然涉及言論自由的管制爭議。色情言論雖非絕不可管，但管制理由須充分，管制手段須合理。然而，何種管制理由才算正當，何種管制手段才合乎比例，皆頗具爭議。

「色情」原指「與妓女有關之事」，這個名詞直到19世紀中葉才開始廣泛流通（L. Williams, 1989: 9-16; Hunt ed., 1993）。在19世紀英國，隨著資本主義現代性的發展，女性與底層階級逐漸有機會接觸色情讀物，例如針對女性讀者的浪漫小說（Mudge, 2000）。今日觀之，彼時的浪漫小說可能連情色都稱不上，遑論色情；但因其偏離了維多利亞時期主流的性價值觀，統治階級遂將之查禁。英國1868年的色情管制辦法把「猥褻品」界定為「敗壞與腐化」讀者（尤指女性和年輕人）心靈的道德汙染物

（Barendt, 2005: 366, 370-373）。美國也在1873年通過查禁猥褻品的法案，它接近於以「小女孩是否遭到道德汙染」作為猥褻判準（A. Friedman, 2000: 183-204; Juffer, 1998: ch. 1; L. Wheeler, 2004）[1]。

以「道德汙染」作為查禁標準，實乃色情管制史上不斷出現的命題。及至今日，保護兒童、保護青少年、保護女性等，仍被視做管制色情的重要理由。在當代主禁派的言說中，心靈脆弱、不堪承受色情汙染者，除了兒童及青少年外，還包括強暴犯、戀童癖、異性戀者、同性戀者，乃至所有成年男女。

除了「對脆弱心靈的道德汙染」外，色情猥褻物的另一問題被認為在於「對一般人的冒犯性」。1950、60年代以降，後者逐漸成為一種新的管制標準。美國聯邦最高法院在1957年和1973年的兩個判例中，宣告以「一般人」及其所在「社群」的性價值觀作為猥褻品的認定標準；凡露骨描繪性行為、刺激性慾的色情物，要是「清楚冒犯」了「一般人」及其所在「社群」的性價值觀，且不具任何（或任何重要的）文學、藝術、政治或科學價值者，將屬於不受第一修正案保障的「猥褻」範疇（Barendt, 2005: 363-370）。英國1981年的色情管制法案也以「對一般人的冒犯性」作為判準，幾乎全面禁止色情物的公開展示（ibid.: 385-387）。中華民國大法官釋字第617號解釋，亦以對「一般人的感覺」和／或「社會多數共通之性價值秩序」的冒犯性，作為認定猥褻的判準（司法院大法官，2006）。

基於以上認識，本章將區分兩大類管制色情的理由：一類以色情「對一般人的冒犯性」作為立論基礎；另一類著重於色情「對脆弱心靈的道德汙染」及其所可能造成的「傷害」。此兩者能

1　另見Richards（1999: ch. 5）論美國的反猥褻法及其效應。

否構成管制色情的正當理由，又足以正當化哪些管制手段，即是本章所欲探討的主題。

我們將從維護言論自由作為公民基本權利的視野，分析前述兩大類管制色情的理由。先以釋字第617號為例，考察「對一般人的冒犯性」此類管制理由；接著評估「色情助長性犯罪」、「保護青少年及兒童」、「色情傷害女性」等常見的傷害說詞。這些討論旨在說明：原則上，除非色情言論侵害了他人基本權利，或對他人構成明確且嚴重、並具政治道德重要性的傷害，否則政府不應禁止或限制之；再者，即使管制目的具正當性，政府基於對言論自由的保障，亦應避免過度管制。

本章擬申論指出：以「對一般人的冒犯性」作為管制色情的理由，是很不妥當的。如果色情言論對他人造成明確且嚴重、並具政治道德重要性的「傷害」，則政府得對其設限；但「助長性犯罪」、「保護兒少」、「傷害女性」等傷害說詞的效力有限，並不足以證立大範圍的禁止或查禁手段。

德沃金的「色情權利」論說是本章最主要的參照對象。德氏從平等自由主義的視角，反對政府「禁止」（prohibit）色情言論；但他不反對政府出於「平等地尊重其他人的個人偏好」的考量，對色情的公開展示施加某些限制（restriction）。他並且強調：縱使色情屬於低價值言論，其言論自由仍應受到保障（R. Dworkin, 1985: ch. 17; 1996: ch. 9, ch. 10）。本章在評估兩大類色情管制理由外，亦將對德氏這兩項說法提出修正。

二、對一般人的冒犯性

「猥褻」（obscenity）一詞原有「令人嘔心」、「上不了檯面」

之意，其所指事物未必與性或色情有關。「性」與「猥褻」的緊密聯結，連同以反猥褻法查禁「色情」，係自19世紀起才逐漸普及[2]。及至20世紀，許多國家都制定了反猥褻法或類似法律，以壓制非主流的性言論、性表達或性資訊。

和英美一樣，台灣也有反猥褻言論法，且行之有年。中華民國刑法第十六章（妨害風化章）第235條規定：

> 散布、播送或販賣猥褻之文字、圖畫、聲音、影像或其他物品，或公然陳列，或以他法供人觀覽、聽聞者，處二年以下有期徒刑、拘役或科或併科三萬元以下罰金。意圖散布、播送、販賣而製造、持有前項文字、圖畫、聲音、影像及其附著物或其他物品者，亦同。前二項之文字、圖畫、聲音或影像之附著物及物品，不問屬於犯人與否，沒收之。

與此有關的司法解釋，包括釋字第407號和第617號。2006年10月26日的釋字第617號，宣告刑法第235條的目的在於「維護社會多數共通之性價值秩序」，且認為這具有「民主正當性」，並未違反憲法對言論自由的保障（司法院大法官，2006）。在法學界，質疑此項解釋者不在少數，包括提出（部分）不同意見的林子儀（2006）和許玉秀（2006）大法官。

（一）釋字第617號的兩類猥褻物

同志書店晶晶書庫因進口、販賣同志色情刊物而遭到法辦，

---

2 參見Sigel ed.（2005）、Weeks（1981; 1985）、Hunt ed.（1993）論性管制與色情管制的近現代史。

於是聲請釋憲，要求大法官解釋刑法第235條是否違憲。按刑法第235條，凡「散布、播送、販賣、公然陳列，或以他法供人觀覽、聽聞」猥褻物之行為或「意圖」，即已構成犯罪事實。

有別於刑法第235條，釋字第617號區分了兩類猥褻物：一類是「含有暴力、性虐待或人獸性交等而無藝術性、醫學性或教育性價值之猥褻資訊或物品」（以下簡稱「重度猥褻物」）；另一類是「其他客觀上足以刺激或滿足性慾，而令一般人感覺不堪呈現於眾或不能忍受而排拒之猥褻資訊或物品」（以下簡稱「輕度猥褻物」）。重度猥褻物不可（意圖）散布、播送、販賣、公然陳列，或以他法供人觀覽、聽聞；輕度猥褻物則可以「傳布」，但須採取「適當之安全隔絕措施」，以免「一般人得以見聞」（司法院大法官，2006）。

釋字第617號的重度猥褻物，並不等於一般所謂的「硬蕊（hardcore）色情」，因為大多數「硬蕊色情」不含有暴力、性虐待或人獸交。釋字第617號的輕度猥褻物，也不等於一般所謂的「軟蕊（softcore）色情」，而指所有「其他令一般人感覺不堪呈現於眾或不能忍受而排拒」的猥褻物。此類輕度猥褻物可能是硬蕊色情，可能是軟蕊色情，也可能不算色情。例如，在丹麥與瑞典，同性戀接吻的影像不構成色情；但如果台灣的「一般人」「感覺」此類影像「不能忍受而排拒」，其便落入了輕度猥褻的範疇。

我們不妨追問：釋字第617號所謂「客觀上足以刺激或滿足性慾」之物，究竟是刺激或滿足了誰的性慾？人獸交、極度暴力色情等，可能僅僅刺激或滿足了極少數人的性慾；男同志色情、女同志色情等，也未必會刺激或滿足大多數異性戀者的性慾。由此觀之，任何足以刺激或滿足任何人性慾之物，皆是釋字第617

號的潛在管制對象。只不過,「客觀上足以刺激或滿足性慾」並非管制的充分條件;管制與否,終究取決於「一般人的感覺」。

　　由於刑法第235條全面禁止猥褻物的流通,釋字第617號相對開明之處在於:輕度猥褻物可有條件流通。實際上,除了少數「含有暴力、性虐待或人獸性交等而無藝術性、醫學性或教育性價值」的重度猥褻物外,絕大部分色情文字或影像(含軟蕊色情、大部分硬蕊色情等)皆可有條件流通。輕度猥褻物不但可進口、販賣,也可在台生產、出版;但不得「使一般人得以見聞」,故須有「適當之安全隔絕措施」才能流通。

(二)釋字第617號的管制理由

　　按釋字第617號:

> 憲法第11條保障人民之言論及出版自由,旨在確保意見之自由流通,使人民有取得充分資訊及實現自我之機會。性言論之表現與性資訊之流通,不問是否出於營利之目的,亦應受上開憲法對言論及出版自由之保障。惟憲法對言論及出版自由之保障並非絕對,應依其性質而有不同之保護範疇及限制之準則,國家於符合憲法第23條規定意旨之範圍內,得以法律明確規定對之予以適當之限制。(司法院大法官,2006)

照其解釋,「性言論之表現與性資訊之流通」屬於憲法第11條所保障之「言論及出版自由」範疇。但政府仍得以「為維持社會秩序所必要者」為由,禁止或限制某些性言論,因為憲法第23條規定:「以上各條列舉之自由權利,除為防止妨礙他人自由、避免緊急危難、維持社會秩序,或增進公共利益所必要者外,不得以

法律限制之。」對多數大法官來說，「為維護社會多數共通之性價值秩序所必要」可構成限制色情的正當理由：

> 為維持男女生活中之性道德感情與社會風化，立法機關如制定法律加以規範，則釋憲者就立法者關於社會多數共通價值所為之判斷，原則上應予尊重。……除為維護社會多數共通之性價值秩序所必要而得以法律加以限制者外，仍應對少數性文化族群依其性道德情感與對社會風化之認知而形諸為性言論表現或性資訊流通者，予以保障。（司法院大法官，2006）

　　然而，以「維護社會多數共通之性價值秩序」或「維持社會風化」為由管制色情，實無異於壓制社會少數的性言論自由，和／或非主流性言論的自由。此種壓制之所以不妥，不僅是因為「冒犯一般人的感覺」、「為保護社會多數之性價值觀」等說詞相當含混；實則，就算「一般人的感覺」或「社會多數之性價值觀」非常明確（如排拒同性戀、提倡異性戀等），以此類理由去壓制非主流的性言論仍十分可議。試問：假使「一般人的感覺」或「社會多數之性價值觀」排拒同性戀，政府就可以箝制同性戀言論嗎？

　　就和其他重要的基本權利一樣，言論自由並非絕對。做偽證、賄賂、誹謗他人名譽、不實廣告、威脅恐嚇、詐騙……等等，顯然不應受到保障。但在限制言論自由的諸多理由中，筆者認為「對一般人的冒犯性」或「冒犯了社會多數的價值觀」屬於最不妥當者，幾近於多數暴虐。試想：對於肉食者來說，素食主義者批評肉食習慣的言論，可能頗具冒犯性；對於台灣的獨派（或統派）人士來說，統派（或獨派）的政治意見亦具冒犯性。

然而，吾人既不會、也不應接受政府以「維護一般人的肉食價值觀」為由，去禁止或限制素食主義言論；很可能也不會、亦不應接受政府以泛泛的「冒犯性」說詞，去箝制獨派或統派的政治言論。

那麼，何以性言論、性價值及其表達是例外？何以社會多數共通之性價值觀或性價值秩序，需要靠言論禁令來維繫？此種所謂的「民主正當性」跟「多數暴虐」又有何不同？

三、色情與性犯罪

19世紀後期英美的反猥褻出版品法，並非以「對一般人的冒犯性」作為立法依據，而係從「對脆弱心靈的道德汙染」去界定猥褻。時至今日，雖然「道德汙染」及其相關語彙已不如從前流行，但諸如「色情助長性犯罪」、「保護青少年及兒童」、「色情傷害女性」等常見的傷害說詞，皆仍隱含道德汙染的概念。

色情影響人心，這點似乎難以否認。但色情如何影響人心或身心，影響程度為何，如何改變人的行為，是否導致或促成「傷害」等問題，則很難獲致不具爭議的答案。實際上，大部分「傷害」說詞仍停留在直覺層面，指控色情對某些脆弱心靈形成道德汙染，並臆測其「可能」的惡果。

（一）色情助長性犯罪？

「色情助長性犯罪」本是一個直覺：色情刺激性慾（尤指男人性慾），被激起的性慾和性幻想若無法獲得滿足，似不無可能以性犯罪作為出口。基於此一直覺，色情助長性犯罪之說歷久不衰；部分性犯罪者「我受色情影響才犯罪」的供詞，以及某些模

仿色情片的性犯罪案例，亦經常被主禁派視為「色情助長性犯罪」的有力佐證。

　　亦有論者認為，某些種類的色情更可能助長性犯罪。例如暴力色情，特別是重度或極度的暴力色情，可能使其嗜好者想要模仿（一種道德汙染），乃至助長類似的性暴力（一種客觀傷害）。又如，部分反色情的女性主義者表示：刻畫女人享受性虐待的色情，描寫女性愛好陽具的一般硬蕊色情，或如《花花公子》把女人客體化為男人性玩物的軟蕊色情等，皆會使男性產生非分之想，進而付諸行動[3]。

　　但如不少論者（包括部分主禁派）所指出，色情的一項主要功能是協助自慰（Schauer, 1982: 181; MacKinnon, 1993: 17），另一項功能在於滿足性幻想。由於自慰有利於降低性衝動，故色情可能產生「代替性交」的效應；色情所提供的性幻想，亦可能使部分本有性犯罪傾向者，變成不付諸行動的自慰者。由此觀之，色情既有激起性慾和性幻想的作用，亦有滿足性慾和性幻想的作用（Segal, 1990: ch. 8; Loftus, 2002）。

　　色情的流通與消費，確實助長了性犯罪嗎？儘管此種可能難以完全排除，但過去數十年來的社會科學研究，卻始終無法確切地證明之。在色情的消費程度和性犯罪率的統計數字之間，究竟具有何種因果關係，至今懸而未決。英美兩份具公信力的較早期研究報告指出：色情與性犯罪之因果關係，尚待進一步證實[4]。加

3　A. Dworkin（1974: Part 2; 1981; 1997）、MacKinnon（1987; 1989; 1993; 2005; 2006）、K. Barry（1979: ch. 9）。另見Nussbaum（1999: ch. 8, ch. 9）的批評。

4　此指1970年的 "Report of the US Commission on Obscenity and Pornography" 和1979年英國威廉斯委員會的 "Report of the Committee on Obscenity and Film Censorship"。

拿大最高法院亦持同樣看法（Nowlin, 2003: ch. 4, ch. 5; Lacombe, 1994: ch. 6）。

　　社會科學家難以證實色情助長了性犯罪率，或許並不讓人意外。事實上，美國強暴案件占人口的比率，一直遠高於其他先進國（包括色情管制程度偏低的丹麥和瑞典），甚至高出數倍之多；此一特殊的美國現象跟「色情」有何關聯，始終未得到可靠的解釋（Segal, 1990: ch. 9）。又如，某項廣受注意的統計研究顯示，丹麥自1960年代末解除色情管制以來，性犯罪率不增反降（Posner, 1992: 368-369）。在重度暴力色情廣泛流通的日本，性犯罪率低於其他先進國（McIntosh and Segal eds., 1992: 7; Posner, 1992: 369-371）。就先進國而言，至今仍無可靠的研究證實：在1960年代色情開始流行後，或1990年代網路色情出現後，性犯罪率出現了顯著的上升趨勢。以上種種，雖不足以證明色情並未助長性犯罪，但顯然不利於色情助長性犯罪之假說（Schauer, 1987: 737, 767-770）。

　　1992年，加拿大最高法院在一個判例中表示：雖無可靠證據，但政府仍得「假設」色情助長性犯罪，並以之為由，查禁有此嫌疑的色情猥褻物（Nowlin, 2003: 126-128）。在女性主義學界，這個著名判例引發了諸多論辯。主張查禁色情的女性主義者歡迎此項判決（MacKinnon, 1993）；反對查禁色情的女性主義者則多所批評（Nussbaum, 1999: ch. 9; Chancer, 1998: ch. 3; Strossen, 2000; McElroy, 1995）。經此判決，加拿大警方被賦予更大、更廣泛的查禁權力，得逕行扣押任何有汙辱女性，或助長性犯罪之嫌的色情言論物；且無論後者是否具有任何社會價值，皆可先行查扣，先斬後奏。更值得注意的是，遭查扣者尤以同性戀內容為最大宗（Richards, 1999: 199-209）。

　　加拿大最高法院的前述判決，及其所合法化的查扣行動，顯然是對言論自由的不當限制。從維護言論自由作為憲政基本權利的角度，就算「色情『可能』助長性犯罪」得成為管制理由，政府亦不得動用此類明顯過當的查禁手段；後者是不合乎比例的「過度管制」，形成對言論自由的不當箝制（Schauer, 1982: ch. 12）。再者，「色情『可能』助長性犯罪」真能構成管制色情的正當理由嗎？

（二）極度的暴力色情

　　部分主禁派人士認為：相對於不含暴力成分的色情，暴力色情更可能助長性犯罪或暴力犯罪。故而，政府得以「（極度的）暴力色情『可能』助長性犯罪」為由，禁止或限制之（Fiss, 1992: 2056）。

　　在硬蕊色情之中，「暴力色情」屬於極少數，實不包括大部分S/M角色扮演情節中的合意行為。加拿大警方以「S/M色情『可能』助長性犯罪」為由逕自查禁，不僅手段明顯過當，理由也成問題。然而，極度暴力色情所模擬、再現的虐殺、割肉、先姦後殺、先殺後姦等，可成為正當的管制對象嗎？

　　實際上，「極度暴力」與「色情」的關係不大。任何院線片的極度暴力鏡頭，或任何小說的極度暴力書寫，無論其性暴露的程度為何，亦皆屬於極端暴力的再現。如果政府的管制理由是「極端暴力的再現『可能』助長暴力犯罪」，那麼需要管制的對象，就不僅是「極度暴力色情」而已，還應當包括所有的極度暴力電影、極度暴力小說、極度暴力漫畫等。一項合理的懷疑是：更具藝術性的、有豐富情節的極度暴力電影（包括不少好萊塢院線片）和極度暴力小說，比起低成本、不堪入目、但性暴露程度

較高的極度暴力色情,說不定更「可能」助長暴力犯罪。要是政府耗費大量成本於查禁極度暴力色情,但卻以「有藝術性」或「有社會價值」為由,容許極端暴力的再現以其他形式不斷出現,此種管制恐難稱明智(J. Cohen, 2006: 293-295)。

易言之,單獨挑選「極度暴力色情」作為管制對象,似乎頗成問題。其次,極端暴力的再現又真的助長了暴力犯罪嗎?僅僅以「極端暴力的再現『可能』助長暴力犯罪」作為管制理由,亦頗值得商榷。退一步言,即使政府在民意壓力下,欲對所有極端暴力的再現(包括極度暴力色情)設限,亦不應採取過當的禁止手段;在罪證不明確的情況下,即全面禁止此類再現的流通,將構成不合比例的過度管制。

四、色情與兒少保護

(一)保護青少年

許多家長相信,兒童及青少年心智尚未發展成熟,接觸色情將對其產生不良影響。不過,真正可能因閱聽色情而受影響者,主要還是青少年,而非幼兒或兒童;家長擔心青少年接觸色情,將使他們對性產生更大的興趣,進而影響人格發展、學業、對異性的態度,甚至影響其性傾向。基於此,「保護青少年免於色情汙染」廣被視為管制色情的正當理由[5]。

部分論者認為,如果多數家長擔心色情汙染青少年,政府便不得不採取某些管制。究其主要理由:監護、養育未成年子女的

5　另見 Thornburgh and Lin eds.(2002)關於青少年與網路色情之研究。

主要責任，仍落在家長而非政府身上；在家長及其未成年子女「利益一致」的基本假設下，縱使多數家長「色情有礙青少年身心發展」的判斷未必正確，甚至帶有偏見，政府也不得不做出部分讓步。

然而，家長作為未成年子女的意志代理人，究竟可被賦予多大的代理權，卻仍值得斟酌。比方說，就算多數家長相信體罰子女是他們的權利，政府仍有理由禁止家長對子女施暴；縱使部分家長不希望子女上學，政府亦有理由貫徹義務教育。暫且不論幼兒和兒童，由於青少年已開始對性產生興趣，並隨著年齡增長而逐漸發展出自主性，家長的代理權非但不是絕對的，而且逐漸縮減。試想：統派（或獨派）家長有權利拒絕青少年子女接觸獨派（或統派）言論嗎？如果多數家長不希望青少年子女接觸 X 言論，政府便可以禁止或限制 X 言論嗎？

多數家長對色情的擔心，相當程度反映出家長自己的性價值觀，而不僅是「為了青少年好」。例如，在高度歧視同性戀的社會裡，多數家長可能因為自己歧視同性戀，而不希望子女接觸到同性戀資訊。換言之，「保護青少年免於色情汙染」往往夾雜家長自己（和社會多數）的性價值觀偏好（R. Dworkin, 1985: 356）。但色情對「多數家長共通的性價值觀」的冒犯性，應不屬於正當的管制理由。

要是家長擔心色情對青少年造成不良影響，較佳的因應方式或許是更有效、更全面的性教育，包括色情教育。來自政府的色情管制，至多只是「使青少年較不易接觸到色情」的治標手段。若要避免不安全的性行為、少女懷孕、墮胎等情事，家長不但可以主動對子女進行性教育，也可以、甚至應該要求政府加強此類教育。

一般來說，社會多數的性價值觀愈保守，對青少年的性教育就愈殘缺，家長也就愈擔心色情汙染青少年。反之，性教育愈有效、愈全面，社會多數的性價值觀就愈不保守，家長也就愈不會視色情為洪水猛獸。波斯納（Richard Posner）（1992: 190-192, 269-272）曾以瑞典和美國為例，對照說明問題之所在：在性教育相對成功、色情管制程度亦屬全球較低的瑞典，少女懷孕的比例遠低於性價值觀更保守的美國；故管制色情並非保護青少年的有效途徑，成功的性教育才是。

綜上，雖有許多家長相信色情有礙青少年身心發展，但這相當程度反映出多數家長和社會多數的性價值觀。再者，諸如不安全的性行為、少女懷孕、墮胎等值得關切的事項，很難說是受到色情汙染所致；性教育（包括色情教育）的抱殘守缺，可能才是關鍵。正因如此，政府不該為了保護多數家長的性價值觀，而以「保護青少年免於色情汙染」作為藉口，動輒使出過當的管制手段。

德沃金表示，部分家長不希望子女接觸到色情，未必是出於對其他價值觀的歧視，而只是出於「不希望我的子女輕易接觸到色情」的個人偏好。故而，政府仍得以保護兒少為由，對色情的公開展示施加合理「限制」，如適當的地點、分級或時段限制。但德沃金強烈反對政府以這類理由「禁止」色情（R. Dworkin, 1985: 356; 1996: 217-218）。

儘管「保護青少年免於色情汙染」廣被視為管制色情的正當理由，但它實有牽強之處。即使是德沃金的「個人偏好」論證，亦值得再三斟酌（詳見第六節）。但德沃金的基本立場（即反對「禁止」，但容許某些「限制」）卻仍具重要意義。時至今日，政府往往在主流民意的壓力下，以「保護兒少」之名行全面圍堵、

查禁色情之實;此類不合乎比例的過度管制,無疑正是德氏的批評對象。某些低度的管制手段,如適當的分級、時段限制、警語、隔離措施,或要求有線電視及網路公司提供「不接收某些頻道或網址」的選擇等,或許是不得不然的政治妥協。但原則上,基於對言論自由權與成人閱聽權的保障,和對青少年自主性的一定尊重,政府不應動用過度的管制手段(Barendt, 2005: 374-378)。

(二)兒童及青少年色情

兒童及青少年色情可分為兩類:一類涉及兒童演員的真實演出(下稱「真實兒童色情」);另一類是「虛擬兒童色情」。要生產真實兒童色情,必先誘導或迫使兒童從事性演出;由於這很可能包含對兒童演員的性剝削、性虐待或性侵害,政府實有很強的理由禁止「真實兒童色情」的生產與流通(Jenkins, 2001; Taylor and Quayle, 2003; Davidson, 2005: ch. 5)。美國聯邦最高法院判決「禁止真實兒童色情並不違憲」,即是基於以上考量[6]。

「虛擬兒童色情」無涉兒童演員,其管制與否取決於其他考量。包括著名小說《蘿莉塔》、電影《鐵達尼號》、中國古典文學《金瓶梅》和《紅樓夢》等,不少文化創作都包含虛擬的兒童(及青少年)色情或情色。《蘿莉塔》女主角12歲,《鐵達尼號》女主角17歲,皆發生性行為。在《金瓶梅》中,西門慶對男童有性癖好;《紅樓夢》的青少年男主角賈寶玉,號稱「天下第一淫人」,性生活頗為複雜。在日本,「裝可愛」的虛擬兒童(及青少年)色情甚至相當發達。

部分論者認為,儘管虛擬兒童色情無涉兒童演員,但仍可能

---

6 此指1990年 *Osborne v. Ohio* 判例。

使人對兒少產生性幻想,進而助長對兒少的性犯罪。但這個臆測就和「色情助長性犯罪」一樣,至今未得到證實(Barendt, 2005: 377)。管制虛擬兒童色情,勢將使《蘿莉塔》、《鐵達尼號》、《金瓶梅》甚至《紅樓夢》都岌岌可危,因而妨礙此類創作的出現(Posner, 1992: 375-378; Jenkins, 2001: 220-221)。

五、色情與女性

(一)色情與婦道

19世紀後期英美的反猥褻法案,皆以「保護女性免於色情汙染」為其重要考量。彼時英美(男性)立法者相信:色情猥褻物將會「敗壞與腐化」女性的脆弱心靈,因而使其偏離婦道(L. Wheeler, 2004; Sigel ed., 2005; A. Friedman, 2000; Juffer, 1998)。至今也仍有論者認為,色情對父權家庭的最大威脅在於「性可發生在婚姻外」、「女性不必守貞」、「女人該獲得性滿足」等訊息(Posner, 1992: 372-374)。

在男性所主導的性秩序下,女性受到更強的身體規訓。性活動太醒目的女性(包括妓女、實踐性解放的女性主義者),向來被視為父權家庭的「他者」,或者需要懲罰,或者需要控管。故現代男性統治者不時以「保護女性」為由查禁色情,以防止女性因接觸「與妓女有關之事」而偏離婦道(Nussbawm, 1999: ch. 11; Shrage, 1994: ch. 6)。

維多利亞時代以降,部分積極爭取婦女權利(如投票權)的婦運人士,激進地想要消滅一切「與妓女有關之事」。她們強調自己是良家婦女或賢妻良母,並把妓女與色情視為女性恥辱,和

「社會淨化」運動的清除目標。「女人要選票，男人要貞潔」是 19
世紀英國婦運的著名口號（Bartley, 2000; 2002; L. Wheeler, 2004;
Connelly, 1980）。為了向男性爭取權益，主流婦運時而對「與妓
女有關之事」展現出更激越的道德姿態。

　　然而，擔心女性遭色情汙染而不守婦道，或色情侵蝕「社會
多數的婦道觀」，或色情使中產階級婦運不受尊敬等，應非管制
色情的正當理由。在現代色情管制史上，就連女性主義者倡導
避孕的言論，都曾被當做不守婦道的「猥褻言論」而遭到法辦
（Richards, 1999: ch. 5）。回頭來看，主張避孕的女性主義言論，
的確可能使部分女性偏離傳統婦道；但以「捍衛婦道」為由懲罰
避孕言論，顯然難稱合理。

　　今日觀之，「偏離婦道」並非一種足具政治道德重要性的
「傷害」，而更接近於「對一般人（的性價值觀）的冒犯」、「妨
礙社會風化」那類不恰當的管制理由。縱使社會多數認為偏離婦
道（如避孕、婚前或婚外性行為、墮胎、試婚、同居、離婚、劈
腿、好性、女同性戀等）並不可欲，政府仍不應以「維護社會多
數的婦道觀」為由，壓制可能顛覆主流婦道的異己言論，包括色
情言論。

（二）色情與性別不平等

　　1970 年代以降，以「反色情」作為主要號召的激進女性主義
者，提出了另一種「色情傷害女性」的論證：色情把女人客體化
為男人的性工具，使男人把女人當成性具，使女人活在男人的性
具期待之下，遂產生不利於兩性平等的社會效應[7]。照其說法，色

7　參見A. Dworkin（1974; 1981; 1997）、Brownmiller（1999）、K. Barry（1979）、

情除了助長性犯罪，亦對女性造成了其他重要傷害。通過「女人是男人性具」的文化建構，色情使男人更不尊重女人「說不」的權利，並對女性產生「消音」（silencing）作用，助長了男人對女人的性／別宰制（MacKinnon, 1993; cf. R. Dworkin, 1996: ch. 10）[8]。

　　首先，色情是否助長了「女人是男人性具」的文化建構？實際上，任何可能讓人聯想到主僕關係的性再現，皆被反色情的女性主義者批判為男主女僕的性／別意識型態；即使是女主男僕的S/M角色扮演，女方主動、男方被動的性再現，男同志或者女同志色情，也遭到類似批評。但我們不妨追問：是否所有的異性戀色情，大部分的同性戀色情，乃至所有性暴露程度較高的性再現，甚至所有的性行為再現，皆在傳播、複製男主女僕的性／別意識型態？若然，究竟什麼才算是正確的性再現？弔詭的是，反色情的女性主義者在蓋棺論定色情時，似乎正是在強化、複製男主女僕的意識型態，彷彿後者無所不在，色情就是其化身[9]。

　　但色情所傳達的訊息不只一種。色情文本就和其他文本一樣，容許閱聽者以不同的方式解讀，亦存在顛覆主流意識型態的可能性。對部分性保守派而言，色情最危險的訊息並非「女人是男人性具」，而是性與婚姻、性與家庭的脫鉤。色情對於其他人

　　MacKinnon（1987; 1989; 1993; 2005; 2006）、Easton（1994）、Dines, Jensen and Russo（1998）、Langton（1990; 1993）、Pateman（1988）。另見Fiss（1996）、Sunstein（1993）、May（1998）的相關論點。

8　關於女性主義內部針對色情管制的正反方辯論，參見Cornell ed.（2000）、Spector ed.（2006）、McIntosh and Segal eds.（1992）、Weitzer ed.（2000）、Nagle ed.（1997）、Berger, Searles and Cottle（1991）、Shrage（2007）。

9　另見Smart（1989: ch. 6）、Richards（1999: ch. 5）、Chancer（1998: ch. 6）、Nussbawm（1999: ch. 8）、Segal（1987）對這類觀點的批評。

來說，也可能帶有「應獲得性滿足」、「女人應享受性」、「女人可成為性主體」、「男人是女人的性玩物」等各種意涵，不一而足。在色情所可能傳達的訊息中，「女人是男人性具」只是其中一種（J. Cohen, 2006: 284-289）。

正因為色情的文化訊息並非單一，其具體的社會效應為何，至今眾說紛紜。反色情的性保守派論者，多認為色情可能顛覆父權家庭及其家庭價值；部分女性主義者、性權運動者、同志人權團體、性別研究者等，亦不否認此種可能。但反色情的女性主義者堅稱：色情不但強化了父權宰制，甚至是男性宰制女性的最主要工具。可以說，這些分歧的看法及其衝突，正暗示色情的社會效應相當多面。

反色情的激進女性主義者的「消音」論證，至少包含兩個層面：其一，色情通過「女人是男人性具」的強勢文化建構，對女性形成「消音」作用；其二，此種「消音」不但助長了兩性不平等，侵害了女性的平等權，甚至侵害了女性的言論自由權。然而，即使色情產生了某種消音作用（詳見下述），這能構成查禁色情的理由嗎？又侵害了女性的言論自由權嗎？由於德沃金已對這類說法提出了有力反駁（R. Dworkin, 1996: ch. 9）[10]，筆者擬從更宏觀的促進性別平等的視野，商榷消音論證及其查禁色情的主張。

從政治社會學的角度，任何強勢話語都可能對弱勢話語形成消音作用（此指政治社會學意義的「消音」）。例如，在愛國主義話語的強勢運作下，異議者往往不得不聲稱自己也很愛國，以免遭指控為不愛國。但正因如此，愈是弱勢話語，就愈需要言論自由權的保障；若反其道而行，要求政府查禁強勢話語（如國族主

10　另見謝世民（2006：26-28）和鄭光明（2008）的分析。

義、愛國主義、資本主義文化霸權、父權家庭意識型態等），則非但不具政治可行性，反倒賦予政府（和社會多數）更大的言論查禁權力。現實地看，政府最可能查禁的言論，絕非國族主義、愛國主義、資本主義、父權家庭意識型態等強勢話語，而正是非主流、反主流的弱勢話語。

　　反色情的女性主義者不但指望政府查禁色情，並且得到性保守派的強力支持（Lacombe, 1994; McIntosh and Segal eds., 1992）。這暗示，儘管色情產業的規模已相當可觀（Lane III, 2001），但色情仍經常遭到社會抵制。1960年代以降，色情逐漸流行，但女性主義言論不但未被消音，反而茁壯。試想：如果色情的「消音」作用十分顯著，何以反色情的女性主義論說廣被討論，且普獲重視（Barendt, 2005: 378-379）？如果色情通過其消音作用，嚴重妨礙了兩性平等的推進，何以色情管制程度較低的丹麥和瑞典，其兩性平等指數最高（Posner, 1992: 371-372）？

　　在色情流行以前，父權社會對女性的宰制已超過千年。如果色情真是男性宰制女性的最主要工具，吾人便無從了解：現代以來，為何色情不斷遭到男性統治者查禁？以及，何以在色情管制程度較低的丹麥和瑞典，女性的社經政治地位反而遠高於其他先進國？如果色情的主要罪名在於助長兩性不平等，則幾乎所有提倡家庭價值的主流話語，都同樣應該被禁，甚至更應該被禁；包括《傲慢與偏見》、瓊瑤小說等，乃至女星嫁入豪門的報導，恐怕也都該查禁。畢竟，這類主流話語千年以來對女性的「消音」作用，遠遠大過於色情[11]。

---

11 參見Barrett and McIntosh（1982）論家庭，另見Walby（1990; 1997）論父權與性別不平等。

綜上，前述兩種「色情傷害女性」的論證皆值得商榷。就算色情使部分女性偏離婦道，政府也不應該以維護「社會多數的婦道觀」為由管制色情。再者，縱使色情可能助長「女人是男人性具」的文化建構，且可能對女性形成「消音」作用，這仍不足以構成查禁色情的正當理由。

六、德沃金與色情權利

本章從維護言論自由作為基本權利的角度，分析色情管制爭議，並申論兩項要點及其現實意涵。第一，原則上，除非色情言論侵害了他人基本權利，或對他人造成明確且嚴重，並具政治道德重要性的傷害，否則政府不應禁止或限制之。第二，即使管制目的具正當性，亦應避免過度管制；基於對言論自由的保障，應避免動用過當的管制手段；在同樣有效的管制手段之中，應選擇言論自由代價較低者。

然而，何謂「具政治道德重要性」的傷害？筆者認為，色情「對一般人（的性價值觀）的冒犯性」並不屬於一種足具政治道德重要性的傷害。由於這個論點仍具爭議，我們將通過德沃金的色情權利論說加以釐清。

儘管德沃金強烈批評「對一般人的冒犯性」此類管制理由，但仍對其做出了部分讓步。他表示，政府得基於「平等地尊重其他人的個人偏好」的考量，「限制」色情言論物的公開展示。再者，此項讓步又與他「色情屬於低價值言論」的判斷有關。以下，我們將對德氏色情權利論說的這兩個面向，提出商榷與修正。

（一）色情管制與個人偏好

　　德沃金是主張「色情權利」最力的當代自由主義者。他為色情權利所做之辯護，最早出現在1981年〈我們有色情的權利嗎？〉（R. Dworkin, 1985: ch. 17）。此後，他亦曾批評反色情的女性主義者的傷害說詞（R. Dworkin, 1996: ch. 9, ch. 10）。

　　在〈我們有色情的權利嗎？〉文中，德沃金的批評對象是英國威廉斯委員會的色情管制理由。威廉斯委員會主張：由於尚無法證實色情助長了性犯罪，後者並非管制色情的正當理由；然而，色情對一般人、對公共合宜性（public decency）的冒犯，則是正當的管制理由。按其說法，政府之所以禁止人們在公開場所暴露性器官或性交，正是因為此類行為對公共合宜性構成了冒犯；同理，亦得以此為由管制色情（R. Dworkin, 1985: 343-345）[12]。

　　英國1981年的色情管制法案，即是此一思路下的產物。相對於猥褻，「公共合宜性」似乎是更低的管制門檻，更易遭到濫用；因為在英文語境下，不合宜之事未必猥褻，但猥褻之事肯定是不合宜的。可以說，正是威廉斯委員會的報告，促成了1981年「禁止」色情「公共展示」的法案。儘管威廉斯委員會不主張全面禁止，但英國政府卻以該委員會的「公共合宜性」理由，禁止所有的色情廣告（Barendt, 2005: 385-391）。

　　針對威廉斯委員會的報告，德沃金的主要批評是：該委員會的管制理由（即維護「公共合宜性」），難以證立該委員會所主張的管制手段（即「限制」展示但不「禁止」流通）。德氏申論指出：政府之所以不得「禁止」色情流通，理由應在於對每位公民

12　另見Geuss（2001: ch. 2）論性暴露的公私意涵。

的道德獨立性的平等尊重。在他看來，每位公民都應享有影響道德環境的平等權利，而「禁止」措施無異於否定此項重要權利。威廉斯委員會以「公共合宜性」作為管制理由並不恰當，因其很可能、也的確被用來正當化「禁止」手段（R. Dworkin, 1985: 353-359; 1996: 237-238）[13]。

照德沃金的陳述，就算一般人不希望在去雜貨店的路上看到性器官圖片，甚至不希望在公共場所看到色情廣告，政府仍不應「禁止」色情的公開展示。全面禁止色情的公開展示，勢將妨礙色情的私下流通，從而壓制了部分公民影響道德環境的平等權利。然而，儘管德氏強烈質疑「公共合宜性」此類管制理由，但他不反對政府基於「平等地尊重其他人的個人偏好」，對色情的公開展示施加合理「限制」，如適當的地點和廣告規範等。對他而言，「禁止公開展示」是不合比例的過度管制，勢將嚴重妨礙色情的私下流通；但「限制」公開展示的合理手段，則可以接受（R. Dworkin, 1985: 355-359）。

德沃金區分了兩類偏好（參見第六章第二節）。不同於個人偏好，「外在偏好」包括那些認為「某些價值觀較不值得尊重」的偏好；這是一種歧視他人價值觀的偏好，故不應成為立法依據。在色情問題上，德沃金反對政府以社會多數的「外在偏好」作為管制理由；但他認為「我並不歧視色情，也不反對別人消費色情，只是自己不想在路上看到色情，或不希望子女輕易接觸到色情」的個人偏好，則具有一定的道德分量。基於此，他主張為了「平等地尊重其他人的個人偏好」，政府得合理「限制」色情

---

13 德沃金的批評對象還包括Devlin（1965）、Hart（1963）。關於這類主禁論證，另見Conway（1974）、Gastil（1976）、Clor（1996）。

的公開展示。

與此相關，林子儀（2006）表示：

> 就如言論自由除保障表意自由之外，也保障不表意之自由一
> 般，言論自由保障除保障聽聞之自由外，也保障不聽聞之自
> 由。對於他人言論，基於個人的好惡，個人當然有拒絕聽聞
> 或接收的自由，此即免於干擾的自由。惟一旦聽眾或觀眾選
> 擇不聽或不看時，表意人表意之自由即與聽眾或觀眾不聽之
> 自由發生衝突。原則上，如果一個人可以很輕易地避開其不
> 想聽聞之言論時，則應容忍表意人表意自由。但如果一個人
> 像俘虜一般（captive audience），被迫接收其不想聽聞之言論
> 時，或是要付出相當的代價才能迴避其不想聽聞之言論時，
> 則應保障其不想聽聞與免於干擾之自由。

德沃金所謂「自己不想聽聞色情」的個人偏好，與林子儀所謂
「免於（色情）干擾的自由」或「不想聽聞（色情）的自由」有
相近之處，當可一併討論。

首先，如果色情言論同屬憲法所保障的言論自由範疇，則拒
絕聽聞色情之自由保障，似不應超過拒絕聽聞其他言論之自由保
障。比方說，如果一個人不想聽聞政治訊息，他可以選擇不看報
紙的政治版，不看電視新聞及政論節目；同樣的，如果一個人不
想聽聞陳冠希的性愛自拍，他可以不上網搜尋那些自拍，不看八
卦週刊。問題毋寧在於：包括中華民國在內，各國政府似乎特別
關切不聽聞色情的自由，或免於色情干擾的自由。在台灣，這種
「自由」甚至受到刑法第235條的超高度保障。林子儀（2006）之
所以認為第235條違反比例原則，亦與此有關。

　　實則，林子儀所謂「免於成為被俘虜聽眾的自由」，不等於「不想聽聞X言論的自由」或「免於X言論干擾的自由」。原則上，應受保障的是前者而非後者。使他人成為被俘虜聽眾的行徑（如半夜在住宅區使用擴音器傳教或發表政見），應屬正當的管制對象（雖仍有緊急例外如土石流警告等）。至於「不想聽聞X言論」或「免於X言論干擾」的自由，正因其往往淪為箝制言論的說詞，實有必要更嚴格檢驗之。

　　試想：張三把性愛自拍放在自己的部落格上，供有興趣的網友點看，這算是私下流通，還是「強迫他人聽聞」、「使他人成為俘虜」的妨礙自由行為？從某個角度來看，由於不想閱聽者未被強迫閱聽，此即構成釋字第617號所謂「適當之安全隔離措施」。但對台灣的警政單位而言，自拍上網就是「使一般人得以見聞」的犯罪行為，觸犯了刑法第235條。在此我們不妨追問：色情與其他言論有何不同？何以唯有「免於色情干擾的自由」受到高度保障？同性戀者「免於異性戀言論干擾的自由」獲得了保障嗎？素食主義者「不想聽聞肉食言論的自由」呢？

　　再回到德沃金「平等地尊重其他人的個人偏好」的說法。值得思考的是：他人不想聽聞色情言論的「個人偏好」，究竟具有多大的政治道德分量？要是同性戀者說「我們不歧視異性戀，也不反對他人私下閱聽異性戀言論，只是自己不想在公共領域聽聞之」，或要是部分男性對女性主義表達類似態度，這些「個人偏好」應當獲得平等尊重嗎？政府得以此為由，「限制」異性戀或女性主義言論嗎？

　　德沃金似乎也只有在色情問題上，主張政府得以「平等地尊重其他人的個人偏好」作為言論管制的理由。然而，德氏對功效主義的主要批評，正在於功效主義忽視了「個人偏好」所夾帶的

「外在偏好」。他在《認真對待權利》中強調：出於「個人偏好」的計算而對言論與表達自由設限，很難避免「外在偏好」所造成的政治道德難題。在許多情況下，吾人很難斷定某種偏好到底是個人偏好的成分居多，還是外在偏好的成分居多；故而，如果我們認真對待言論與表達自由權，就不該輕易訴諸「個人偏好」的加總計算（R. Dworkin, 1977: 274-276）。同樣值得指出的是，德氏從未主張政府得以「平等地尊重其他人的個人偏好」為由，對仇恨言論施加限制。如果「其他人的個人偏好」至關緊要，則「不想聽聞仇恨言論的個人偏好」照說也應當獲得平等尊重，但德氏從未如此表示。

　　德沃金對於家長保護兒少的「個人偏好」的讓步，也頗值得商榷。如果部分家長不希望子女接觸色情的「個人偏好」應獲得平等尊重，政府恐怕連青少年性教育都難以推展。照理來說，「免於成為被俘虜聽眾的自由」通過低度的管制手段即可滿足。但「不想聽聞X言論」的「個人偏好」也者，卻往往指向不正當的過度管制，甚至公然的言論箝制。

　　德沃金堅持政府不應禁止色情流通（「真實兒童色情」除外），這毋寧是自由主義的政治底線。但自由主義基於對言論自由的保障，或許應該要求更多，應當更嚴格檢驗「不願聽聞色情的個人偏好」、「不想聽聞色情的自由」或「免於色情干擾的自由」此類說法，以防止其濫用。

　　德沃金之所以認為「不願聽聞色情的個人偏好」值得重視，卻未曾考量「不願聽聞仇恨言論的個人偏好」，似乎還與他「色情屬於低價值言論」的判斷有關。以下，我們將對「色情屬於低價值言論」之說提出商榷。

（二）色情言論的價值

　　主張禁止色情言論的人士，經常將其貶抑為「低價值言論」，甚至主張「色情不是言論」。一種常見的主禁說法是：色情言論並非政治言論，對公共政治辯論幾無貢獻，充其量只是一種低價值言論；既然是低價值言論，保障程度自然較低，管制門檻也較低（Alexander ed., 2000a: ch. 13）。

　　一般來說，憲政民主制度對政治言論的自由保障，的確高於其他言論[14]。然而，即使是高價值的政治言論，其保障亦非絕對；就算是所謂的「低價值言論」甚至「垃圾言論」，亦非不受保障。在吾人每天所接觸到的言論與表達之中，多數是公共性不高的言論與表達，但基本不受管制；反之，許多受到管制、可能觸法的言論，包括誹謗名人、揭弊、揭人隱私、色情言論等，卻往往變成公眾話題。任何言論的管制與否，與其公共性或社會價值之高低，並無直接或必然的關係。「低價值言論」的管制門檻或許低於政治言論，但憲政民主制度對言論自由的保障，並非僅著眼於政治言論的重要性[15]。

　　德沃金的論證途徑是：縱使色情不是政治言論，或縱使色情言論的社會價值可能較低，但為了「平等地尊重每位公民的道德獨立性」，政府仍不應以泛泛說詞作為管制理由。德氏強調，就算政府全面禁止色情，此亦無礙民主的運作。因此，若要證立廣

14　對政治言論的看重其來有自，較早期的論證請見Chafee（1996）、Meiklejohn（1948）、Kalven（1988）。

15　另見Mill（1989）、Schauer（1982）、Haworth（1998）論言論自由的其他面向。

泛的色情權利,把色情比附為政治言論是行不通的,而必須訴諸構成論式的平等尊重原則(R. Dworkin, 1985: 335-336; 1996: 233, 237)。對德氏而言,「平等尊重」是支持言論自由作為基本權利的最重要理由;政府應保持價值中立,不得歧視特定的言論內容,否則便違反了平等尊重原則(R. Dworkin, 1996: ch. 8)(參見第六章第二節)。

在此,值得指出的重點有二。首先,德沃金並未否認色情是一種幾無政治價值的、公共性不高的、其他社會價值亦甚低的「低價值言論」。再者,縱使色情屬於低價值言論,他從平等尊重原則為色情權利所做之辯護仍可成立,因其無涉色情言論之價值高低。此乃德沃金的論證進路。

在德氏的論證基礎上,我們將進一步指出:在色情管制爭議已高度政治化的今日,「色情是低價值言論」之說愈發成立不易。客觀而言,色情言論的存在價值或許正在於:其所引發的諸多激烈的政治與文化爭議;其對「社會多數共通之性價值秩序」的挑戰;及其增進知識的作用。

歷史地看,尤自19世紀中葉起,色情的管制與否、如何管制,已逐漸成為高度政治化的課題。1960年代以降,此種政治化的趨勢更愈演愈烈。一方面,廣義的自由派(包括言論自由派、部分女性主義者、同志人權團體、性工作者、性解放派等)呼籲政府解除或修正不合理的色情管制;但與此同步,廣義的主禁派(包括性保守派、父權家庭的擁護者、部分宗教界人士、反色情的女性主義者、家長團體等)則不斷施壓政府加強管制。隨著資本主義消費社會的發展,和社會文化層面的民主化趨勢,幾乎每個年代都有些「舊色情」變成「新情色」,也都有些「新色情」在壓力下遭禁(Duggan and Hunter, 1995; Sigel ed., 2005)。

　　此種「色情管制的政治」所呈現出的，毋寧是現代人對性的普遍焦慮。1960年代以降方興未艾的性學研究、色情研究等，皆指向「性」之於現當代的特殊重要性（Dollimore, 1991; Weeks, 1981; 1985）。性，今日很可能已坐落在當代人自我認同的核心地帶；如果色情言論不具任何社會、文化或教育意義，或不具審議旨趣，則何以能引起如此廣泛激烈、持續不斷的公共爭議（J. Cohen, 2006: 284-291）？色情與其說是一種低價值言論，倒不如說是一種特別容易引起性焦慮、自我認同焦慮、性價值爭議的言論範疇，也因此經常在民意壓力下遭禁。在台灣，近年來的公娼爭議、人獸交爭議、刑法第235條及兒少法爭議、網路援交與釣魚爭議、同志人權爭議、陳冠希事件、性交易除罰化爭議等，皆呈現出性管制與色情管制的政治化趨勢。

　　色情管制的一個悖論在於：色情言論的非主流及爭議性格愈受到肯認，政府愈有理由保障色情言論的自由。例如，對釋字第617號來說，色情的主要問題在於其挑戰、冒犯了「社會多數共通之性價值秩序」；但換個角度來看，愈是挑戰主流價值的言論，原則上不是愈需要言論自由權的保障嗎？

　　又如，對指稱「色情傷害女性」的論者而言，色情的汙染和傷害作用或者在於使女性偏離婦道，使其脫離家庭價值的規訓；或者在於助長「女人是男人性具」的文化建構，乃至對女性形成「消音」作用，進而助長兩性不平等。儘管這些說法並不一致，甚至互相衝突，但若放在一起來看，正凸顯出色情及其社會效應的高度爭議性。試想：愈是處於公共辯論核心地帶的言論，愈是具有審議旨趣的言論，原則上不是愈需要言論自由權的保障嗎？

　　縱使色情本身不是政治言論，但總的來看，色情言論仍有其客觀的存在價值，包括其公共審議旨趣、冒犯主流的爭議性格、

增進知識的作用等。要判斷出此種價值之存在，吾人毋須訴諸任何特定的性價值觀。從釋字第617號，不難得知色情言論對「社會多數共通之性價值秩序」有所冒犯；從「色情傷害女性」的兩種常見說詞，亦不難發現色情的政治與文化爭議頗為複雜。此外，色情所引發的研究與學界爭論，也已相當可觀（L. Williams ed., 2004）。色情言論所具有的公共審議旨趣、冒犯主流的性格、增進性文化知識的作用等，應已無可否認。

　　退一步言，就算色情言論的價值不受肯認，吾人仍可在德沃金的理論基礎上，為廣泛的色情權利進行辯護。但如果前述觀點並不失真，吾人或有更強的理由支持自由主義的色情權利論說。所謂「色情權利」並不意味自由放任，它的意義在於：基於憲政民主對言論自由權的高度保障，管制色情的理由須足具政治道德的正當性。

第八章

性交易該除罰化嗎？

一、性交易與性別平等

　　成人性交易的除罰化與否，近年來在台灣和世界各地，在全球婦女團體之間，在女性主義運動內部，皆引發了諸多爭議。在某些國家，譬如英國、德國、荷蘭、奧地利、比利時、芬蘭、丹麥、盧森堡、西班牙、義大利、希臘、葡萄牙、澳洲、紐西蘭、1999年以前的瑞典等，合意的（consensual）成人娼嫖行為本身並不受罰。這些國家對性產業仍有管制（如地點限制、營業規範等），且有相關罰則，但不直接處罰合意的成人娼嫖行為。舉例而言，在不符合規定的地點從事性交易，或涉及強制賣淫，需要受罰；但懲罰的對象並非娼嫖的性行為，而是地點違規或妨礙自由。

　　相對於此類「娼嫖皆不罰」模式，某些國家立法禁止成人性交易；或者娼嫖皆罰（如美國許多州），或者罰娼不罰嫖（如2011年以前的台灣），或者罰嫖不罰娼（如1999年以後的瑞典）[1]。

1　美國各州的管制方式不一，但「娼嫖皆罰」仍是主流。

在此，合意的成人娼嫖行為本身，被當作是禁止、懲罰的對象。在晚近性交易的管制論辯中，最主要的爭議點即在於：合意的成人娼嫖行為該不該除罰化？

反對除罰化的主禁派，或者強調：性交易破壞了社會善良風俗，不利於家庭或家庭價值的維繫，有害於性與生育、性與婚姻、或性與愛的結合。或者主張：性交易助長了人口販運和強制賣淫，是對女人的性剝削，妨礙了女性的性自主，違反了性別平等原則。

主張除罰化的另一方，則多表示：除罰化有利於性工作者的人權保障，有助於打擊性產業所衍生的諸多罪惡，如強制賣淫、高度性剝削、強暴及虐待。直接禁止性交易，致使賣淫婦女的汙名（stigma）揮之不去，使她們更易遭剝削和虐待。由於性交易難以禁絕，直接禁止（如罰娼、罰嫖或娼嫖皆罰）只會使其更加地下化，使強制賣淫與黑幫脅迫更加猖獗。

在台灣，直到目前為止，合意的成人娼嫖行為仍是受罰的。過去台灣採取一種「罰娼不罰嫖」模式，即賣淫者有罪、嫖客無罪的禁止措施（但上網援交的嫖客有罪）。近年來，部分民間團體主張「不罰嫖也不罰娼」，但也有團體主張「罰嫖不罰娼」的瑞典模式。2007年11月27日，時任內政部長李逸洋表示：性交易除罰化並非社會共識，故修法方向應在娼嫖皆罰。同年12月4日，行政院人權保障推動小組的部分委員聯合聲明指出：

在11月27日第十三次委員會議中，行政院人權保障推動小組出席會議的民間委員，對於廢除社會秩序維護法第80條第1項第1款的討論案，並沒有外傳的意見不一致。民間委員本於推動台灣弱勢族群人權保障之職責，認為此條文「罰娼

不罰嫖」不但嚴重歧視女性，而且讓不肖經紀人以提供保護為由控制性產業，產業管理不易而成為勞力剝削的溫床，間接導致弱勢族群更不見天日……

在27日的會議中，內政部李逸洋部長提出「娼嫖皆罰」的構想，民間委員認為那只是倒退走回頭路，讓成人性交易的管理更不透明，不肖經紀人更有機會全面壟斷性產業，而讓人口販運的問題更為惡化。李部長動輒以「婦女團體無共識」及不利防制人口販運為由，拒絕廢除社會秩序維護法第80條第1項第1款的討論案之提案……

CEDAW公約（《消除對婦女一切形式歧視公約》）第6條規定各國應採取適當措施，「包括制訂法律，以禁止一切形式販賣婦女及強迫賣淫而對她們進行剝削的行為」，顯示打擊犯罪，禁止婦女人口販運及防止婦女性剝削才是終極目標。合理的性交易沒有人口販運及性剝削，為何也被認為有罪？李部長「娼嫖皆罰」的構想藉由將娼嫖全都入罪，認為娼嫖的性行為是人口販運及性剝削的原因，豈不是太過昧於事實而有避重就輕之嫌呢？我們都清楚知道：娼嫖的性行為不等於婦女人口販運及性剝削，不尊重婦女性的自主權、性產業的地下化、得利的第三者和不法集團掛勾才是真正的問題所在。

如今內政部已知《社會秩序維護法》第80條第1項第1款是一個嚴重性別歧視的法條，而目前構想的政策方向只會讓性產業更地下化、得利的第三者更需要和不法集團掛勾，有違落實人權保障之職責。（黃文雄等，2007）

該聲明有三項要點：一，「罰娼不罰嫖」違反了性別平等原則；二，「娼嫖的性行為不等於婦女人口販運及性剝削，不尊重

婦女性的自主權、性產業的地下化、得利的第三者和不法集團掛
勾才是真正的問題所在」；三，「娼嫖皆罰」的政策方向「只是倒
退走回頭路，讓成人性交易的管理更不透明，不肖經紀人更有機
會全面壟斷性產業，而讓人口販運的問題更為惡化。」

　　從性別平等的角度，不罰嫖只罰娼顯然是性別歧視。然而，
單從反性別歧視原則，卻也難以直接得出「娼嫖皆不罰」的主
張。該聲明之所以倡議娼嫖皆不罰，主要是基於另外兩項理由：
娼嫖的性行為不等於人口販運、性剝削、剝奪性自主；以及，禁
止性交易只會使人口販運、性剝削、剝奪性自主等問題更為惡化。

　　2008年，時任行政院長劉兆玄曾主張成人性交易的除罰化。
但在2011年年底，內政部最終推出「專區外娼嫖皆罰」的管制辦
法；由於各縣市皆未設專區，此種管制無異於全面的「娼嫖皆
罰」。只不過，懲罰有所減輕，改採行政罰。相對於以往的刑事
罰，這或許是一種除罪化，但仍直接懲罰合意的成人娼嫖行為。

　　本章所關切的主題，並非性交易管制辦法及其細部爭議，而
是性交易除罰化論辯中的性別平等論證。筆者認為，在反對「娼
嫖皆不罰」的諸多說法之中，較值得重視的是性別平等的理由，
而非「破壞善良風俗」、「妨礙家庭或社會秩序」、「賣淫為文明
社會所不容」等理由。部分女性主義者表示：性交易作為一種社
會建制，是滋生女體販運和強制賣淫的溫床，是對女性的性剝
削、性宰制，是對其性自主的剝奪；這個建制物化了女人，宣
告、強化了女人作為男人性工具的屈從地位，甚至稱得上是男性
宰制、強暴、奴役女性的最極端形式。因此，她們認為「合理的
性交易」在當前條件下不可能存在；她們雖未必主張罰娼，但強
烈反對娼嫖皆不罰。

　　這些性別平等論證具有哪些合理要素，又有哪些值得商榷之

處，即是本章所欲探討的主題。筆者擬申論指出：當前以男嫖女娼為大宗的賣淫體制，的確可以理解為一種男人對女人的性／別宰制；但即使如此，除罰化（指合意的成人娼嫖行為不罰）仍是合理的改革選項。直接禁止性交易，未必有利於性別平等。從促進性別平等、為婦女培力的角度，如果「娼嫖皆不罰」（相對於罰娼、罰嫖或娼嫖皆罰）更有助於改善弱勢婦女的不利處境，且未必妨礙性別平等的推進，則吾人有相當強的理由去支持此項變革。

二、除罰化爭議的幾個面向

（一）何謂除罰化？

　　本章所謂的性交易除罰化，意指「合意的成人娼嫖行為不罰」、「娼嫖皆不罰」，而非性產業的全面除罰化。無論是罰娼、罰嫖或是娼嫖皆罰，都是對合意的成人性（交易）行為、對嫖客和／或娼妓的直接懲罰。此類「禁止」措施是否有助於打擊性產業所包藏的諸多罪惡，正是除罰化與否的論辯焦點之一。主張「娼嫖皆不罰」的論者多強調：直接禁止性交易，反而不利於抑制性犯罪。雖有部分人士主張自由放任（Almodovar, 2006），但多數除罰化論者並未排除對性產業施以管制[2]。當然，究竟何種管制才較為有效妥當，則眾說紛紜。

　　以英國為例，合意的成人性交易（娼嫖的性行為）並不違法。但英國政府通過各種法律以阻礙性交易的運作，遂使賣淫者仍不

2　另見Nagle ed.（1997）所收錄的妓女與女性主義者的對話。

得不求助於皮條客，致使性產業轉入地下。部分論者把英國模式界定為「法制化」而非「除罰化」，因其除罰的只有合意的成人娼嫖行為；至於性交易流程中的其他方面，如廣告、場所、在場人員、仲介、雇主等，幾乎都受到嚴格限制[3]。為了避免名詞爭議，本章以「合意的成人娼嫖行為不罰」作為性交易除罰化的最主要特徵。因此，像英國這類娼嫖皆不罰、但嚴格限制「第三者」（仲介、雇主等）的管制辦法，仍稱得上是一種除罰化模式[4]。

與英國相較，雪梨所在的澳洲新南威爾斯地區，對性產業採取了更透明的管理方式；除了對強制賣淫施以嚴懲外，既不全面禁止刊登廣告，亦不禁止外國人在居留期間從事性交易。在英國，「拉皮條」是違法的。在雪梨，「經紀人」除非涉及犯罪，否則並不違法；除非涉及強制賣淫、販賣人口或其他犯罪情事，跨國賣淫者及其經紀人也不違法（Pinto, Scandia and Wilson, 1990）。相對來說，新南威爾斯（和紐西蘭）屬於「性產業除罰化」程度較高的案例，其利弊得失及其與荷蘭、德國等其他管制模式之差異，則非本章所能深究[5]。

3　有些論者把英國模式視為一種「消滅主義」模式，因其立法用意在於全面圍堵性產業。這個模式在英國行之有年，不但沒有達成消滅性交易的目的，反使性交易產業全面轉入地下。參見 Decker（1979）對英國模式的分析。

4　「除罰化」有各種不同的定義方式，但本章把「合意的成人娼嫖行為不罰」界定為性交易除罰化的主要特徵，確實是既有文獻中的常見用法。參見 Shrage（1996）。

5　關於各國管制措施的比較，除了較早出版的 Decker（1979）外，亦可參見 K. Barry（1995: ch. 7）。European Parliament（2004）簡介了歐盟會員國的管制概況；此外，挪威官方針對荷蘭與1999年以後的瑞典模式，提供了詳盡的比較（Ministry of Justice and the Police, 2004）。1999年以後的瑞典模式及其爭議，參見 Swedish Government（1999）的說明，另見 Prostitutes Education Network

（二）禁止 vs. 除罰

　　主張直接禁止性交易、反對娼嫖皆不罰的理由，主要可分為兩類。要言之，多數主禁者是父權家庭的捍衛者，但也有部分女性主義者主禁。

　　以美國和台灣為例，反對性交易除罰化的主要社會力量，並不是關切兩性平等的婦運團體，而是父權社會傳統性道德的擁護者。他們之所以反對除罰化，主要是出於「性只能發生在婚姻內」、「性交易破壞家庭倫理」或「妓女是骯髒、低賤的」等見解[6]。歷史地看，這是父權社會把「妓女」（和其他「性異類」）當做低賤下流失控的他者，所形塑出來的一整套性價值觀（Shrage, 1994: ch. 6; Nussbaum, 1999: ch. 11）[7]。隨著社會發展和文化變遷，這套性價值觀雖已千瘡百孔，但影響力仍不容低估；它對女性的壓迫效應，特別是對女性身體和情慾的控制，過去一直是女性主

網站（http://www.bayswan.org/ swed/swed_index.html）所收入的瑞典官方資料、調查研究，以及正反方辯論文字。

6　參見Weitzer（1999）、Diana（1985: ch. 7）論美國的禁止措施及其社會文化背景。時至今日，仍有不少天主教和基督教人士主張「性與生育」的緊密結合，參見Saunders and Stanford（1992）論天主教傳統的性規訓及其演變，另見Bartley（2000）論英國維多利亞時代的性價值觀。今日反對性交易除罰化的主禁派，往往更強調「性與婚姻」或「性與家庭」的緊密結合。亦有部分主禁派（包括女性主義者）強調「性與愛」的緊密結合，參見 E. Anderson（1993）。

7　另見Weeks（1981）論英國19世紀以降的性控制型態；Bartley（2000）論英國19世紀中葉以降的消除賣淫、改造妓女運動及其思維方式；Corbin（1990）論法國19世紀中葉以降對妓女的性控制；Connelly（1980）論美國20世紀初進步主義時期的反賣淫運動；Hubbard（1999）論西方城市對妓女作為「城市他者」的圍堵。

義者的批判對象（Segal, 1987; 1994）。然而在性交易問題上，近年來亦有部分女性主義者跟父權主義者站在同一陣線，堅決反對除罰化；但她們的理由不在於捍衛父權家庭，而在於促進兩性平等。

在支持性交易除罰化的另一方，內部也有分歧。部分論者認為，賣淫作為人類「最古老的行業」有其生物基礎，根本禁不掉，故不如為男性過剩的性慾開闢合法發洩管道（Ericsson, 1980: 360）[8]。有別於此種生物決定論，亦有論者從文化或社會建構的角度，去理解性交易為何難以禁絕（Shrage, 1989; 1994; Weeks, 1985）。其說法不一而足，但通常指向男性特質與女性特質的建構差異，和現代父權家庭的內外在問題。比方說，父權社會既建構出「良家婦女」的貞潔形象，也建構出「男子氣概」與「男性雄風」；這兩者之間的反差，以及家庭或固定關係中的壓抑，遂使部分男性想從妓女身上尋求安慰、發洩、刺激、彌補或短暫逃避。此類社會建構論究竟有多大的解釋力道，非本章所能細究，但其洞見在於：父權社會對女性的性壓抑，連同女性特質與男性特質的差異，家庭或伴侶關係的實際樣態等，亦可能是性交易難以禁絕的成因[9]。

對於多數除罰化論者而言，在當前社會條件下，如果性交易難以禁絕，且除罰化有助於因應性產業所衍生的諸多問題，則除罰化應是較合理的選項。在此，不少女性主義者之所以主張除罰化，主要理由並不在於滿足男性的過剩性慾，而在於改善賣淫婦

8　參見McIntosh（1978）、Schwarzenbach（2006）對這類說法的批評。

9　參見Shrage（1994: ch. 4, ch. 5, ch. 6）論性交易的文化建構，Segal（1990）論男性特質和男性買春的複雜樣貌。

女的不利處境（Spector ed., 2006; Nussbaum, 1999: ch. 11; Shrage, 1996; Schwarzenbach, 2006; Satz, 2006）。

（三）性別平等與性自主

　　部分除罰化論者主張把賣淫正名為「性工作」或「性服務」，並把賣淫者正名為「性工作者」。從這個角度，性交易或性工作所涉及的「性自主」問題，至少包含三個面向：一，強制賣淫是妨礙性自主的嚴重犯罪；二，性交易過程若有強暴、虐待、脅迫等情事，即是對性自主或人身自由的侵害；三，禁止合意的成人性交易，等於剝奪了性工作者的自主權利。

　　賣淫是否該正名為「性工作」，也是除罰化爭議中的一個論辯要點。部分除罰化論者認為，賣淫之所以不被視為「工作」，主要是出於社會偏見；通過對這些偏見的批評，他們肯認賣淫是一種工作，或應當建構為一種工作[10]。在筆者看來，主張「合意的成人娼嫖行為不罰」、「娼嫖皆不罰」，與賣淫是否為一種工作，是可以分論的兩項議題。本章著重於強調：即使是反對「賣淫是一種工作」的論者，也應有理由支持「娼嫖皆不罰」。

　　從政治道德的角度，支持「娼嫖皆不罰」的更重要理由在於：它有助於保障賣淫者的性自主，有利於打擊強制賣淫、雛妓賣淫、強暴及虐待等情事。由於絕大多數賣淫者仍為弱勢婦女，娼嫖皆不罰（相對於罰娼、罰嫖或娼嫖皆罰）將有助於改善賣淫婦女的不利處境。

　　反對「娼嫖皆不罰」的女性主義者或性別平等主義者，其各

10　相關爭議請參見Weitzer（2007a）、Weitzer ed.（2000）、Shrage（2007）、Nussbaum（1999: ch. 11）、Baldwin（2006）、Schwarzenbach（2006）。

自具體的說法或有差異，但可歸納為幾項彼此相關的論證。第
一，賣淫體制的罪惡是體制性的，其所衍生的人口販運、強制賣
淫，和賣淫婦女遭強暴、虐待的風險等，實為這個體制的當然產
物。此種體制難以改革，必須設法消滅（K. Barry, 1979; 1995）。

　　第二，賣淫體制是強制性的、奴役性的，「同意賣淫」是一
大迷思。賣淫作為一種社會建制，帶有高度的強制性；此種強制
性顯現於妓女的社經弱勢，人口販運和強制賣淫，皮條客的宰制
和剝削，以及交易過程中妓女所承擔的種種風險。所謂的「同
意」或「自由意志」，因此只是迷思而已。弱勢婦女的賣淫自
由，相對於賣淫體制的強制性而言，實屬於次要的道德考量
（Spector, 2006: 422-426; K. Barry, 1995）。

　　第三，性交易（體制或行為）本身，即是男人對女人的性宰
制、性剝削、性暴力，即是對女性的性自主和平等地位的剝奪
（A. Dworkin, 1987; 1997）。當前以男嫖女娼為大宗的性交易，不
但侵害了妓女的性自主，也同時危害了所有女性的性自主和平等
地位。

　　第四，就性交易的象徵意義而言，不僅妓女被性工具化，連
帶地所有女人的性工具地位也受到肯認和強化。當女人被「公開
宣告」為男人可隨時靠金錢取得的性工具，其性自主和平等權利
勢將受到進一步傷害（Pateman, 1983; 1988; S. Anderson, 2002）。

　　在性交易除罰化議題上，正反雙方可謂針鋒相對。除罰化論
者多認為：賣淫體制難以禁絕，而「娼嫖皆不罰」相對於罰娼、
罰嫖或娼嫖皆罰，將更有助於打擊強制賣淫等罪惡，更有利於賣
淫婦女的人權保障。主罰的性別平等論者則強調：賣淫體制的罪
惡是體制性的；它是具高度強制性的社會建制；集中體現了男人
對女人的性宰制、性暴力，危害了女性的性自主和平等地位；且

公開宣告女人是男人可隨時靠金錢取得的性工具。在當代女性主義運動內部，禁或不禁性交易（和色情），儼然已成了兩種路線的論爭焦點（Spector ed., 2006）[11]。

三、除罰化與弱勢婦女人權

為了論證的目的，我們將先提供一些具體的或想像的賣淫案例，接著分析除罰化的主要論據。

（一）幾種賣淫案例

例一，讓我們想像一位未成年的雛妓。從小，她就是家庭暴力的受害者；12歲時，她被父親賣到鄰國城市賣淫；每天接客不下十次，既無行動自由，也無法選擇客人，對性交易過程沒有任何掌控能力。賣淫，並非出於她的意願。她的勞動條件比血汗工廠還差，幾無性自主可言，堪稱是性奴隸。

例二，卜洛克（Lawrence Block）的偵探小說廣受台灣讀者歡迎；在他的馬修史卡德（Matthew Scudder）系列中，私家偵探史卡德的女友依蓮便是一位妓女。賣淫是依蓮的長期「職業」，她在紐約家中接客，為自己賺進不只一戶公寓。馬修在轉行為私家偵探前，原是NYPD的員警。在紐約，賣淫是不合法的；不少妓女為了保護自己，或者求助於皮條客，或者需要員警包庇。馬修不屬於那類白嫖妓女的員警，反而成了伊蓮的男友（卜洛克，2005）。伊蓮不像是性奴隸，也沒有中間人逼她接客，而是自由

11　另見McElroy（1996）、Segal（1987; 1990; 1994; 1999）、Nussbaum（1999）論反性交易、反色情的激進女性主義。

賣淫的個體戶。誰若說她的「性自主」遭到剝奪，她或許會回答：「不讓我賣淫才是妨害了我的性自主。」

例三，在2008年3月曝光的紐約州長嫖妓事件中，應召女子屬於一個專為上流社會服務的賣淫集團。她當年22歲，主修音樂，應召是為了賺學費；她並未被強制賣淫，也未曾遭紐約州長強暴（陳之嶽，2008）。

例四，在當前台灣的應召市場中，年輕女子主要來自於中國大陸。她們是否被騙來台賣淫，恐難一概而論。但她們大都受制於賣淫集團，且為了償還高額的運送和仲介費，為了在短期間內賺到錢，非得不斷接客。若說她們是性奴隸，恐言過其實，但她們顯然遭到高度剝削。

例五，相對於來台賣淫的大陸女子，在KTV制服店及其他情色場所工作的台灣年輕女性，則通常具有更高的接客自主性。

例六，在台灣各地的私娼寮，情況又有所不同。賣淫給中低收入男性的女性，大多是為了生存。在她們之中，有多少受到黑道脅迫，在交易過程中是否經常遭虐等，則無從確知。

例七，在台灣，所謂的「網路援交」大都名不符實；網上以援交名義招攬顧客者，仍以應召集團為大宗。由於應召業者熟悉警方的「釣魚」過程，警方基本只釣男性網民和落單的援交女子。後者多屬自願買春或賣淫，且不涉及中間剝削，卻變成了警方業績壓力下的主要受害者。

（二）除罰化及其政治道德考量

從以上淺例，我們或可延伸出幾個思考方向[12]。

12　參見 Vanwesenbeeck（2001）論美國社會學界的賣淫研究。另見 Weitzer

　　第一，從主觀意志的角度，賣淫者之所以賣淫，的確可能出於自願（此指常識意義的自願）。類似於前述12歲雛妓的案例，在今日台灣可能屬於極少數。此外，即使是涉及非法人口販運的案例，我們也很難假定當事人（如來台賣淫的大陸年輕女子）一定是被強迫賣淫；無論跨國賣淫是否違法，跨國賣淫者確實可能出於自願（Weitzer, 2007b）。

　　第二，賣淫者之自願賣淫，至少在一開始，大都是出於經濟因素；由於賣淫是高度汙名化的賤業，且通常違法，賣淫的初始動機多是經濟性的。正因為賣淫有利可圖，女孩才會被賣給賣淫集團，黑幫分子才會投入賣淫事業。正因為賣淫有錢可賺，年輕女子才會靠賣淫賺快錢，弱勢婦女也才會在經濟壓力下賣淫。但自願賣淫者未必「別無選擇」，因為通常還是有其他工作可選。就此而言，經濟因素固然重要，但未必是決定性的。

　　第三，賣淫者是否遭到高度剝削（經濟剝削、性剝削），在性交易過程中遭到強暴或虐待的風險有多高，很難一概而論。一天接客十次的所得，未必比一週接客一次來得多；我們會覺得前者是高度剝削，但後者卻未必如此。至於交易過程中的不安全風險，則取決於各種現實條件。

　　進一步言，如果性交易的實況全都像是前述那位12歲的雛妓，我們將有很強的理由（即反奴役的理由）主張全面消滅性交易。要是情況全都像是伊蓮，就會有更多人支持性交易除罰化。然而，大多數賣淫者的處境居於兩極之間。她們之所以賣淫，大

（2007a）、Kempadoo（2004）、K. Barry（1979; 1995）、Diana（1985）的相關研究。部分性工作者的個人說法，請參見Nagle ed.（1997）、Almodovar（2006）、Carter and Giobbe（2006）。

都不是赤裸裸暴力脅迫下的結果,而帶有程度不一的自由意志(此指常識意義的自由意志)。但換個角度來看,此種自由意志所從出的社經脈絡,往往具有頗高的強制性[13]。

試想:如果一位弱勢女子的選項包括賣淫、陪酒、工廠女工、家庭幫傭或餐館服務員,而她最後選擇了賣淫,她行使了自由意志嗎?宏觀地看,賣淫和家庭幫傭這兩種選擇,通常皆出於具強制性的社經脈絡。如果說選擇賣淫的自由意志是虛幻的,那麼,選擇家庭幫傭的自由意志也是虛幻的嗎?

關懷弱勢婦女的除罰化論者多認為:賣淫體制難以禁絕,而「娼嫖皆不罰」更有利於賣淫婦女的人權保障,也更有助於因應賣淫體制所衍生的諸多罪惡。直接禁止性交易(如罰娼、罰嫖或娼嫖皆罰),不但無法消滅賣淫體制,反使賣淫婦女遭到更多壓迫。除罰化除了使她們不再是罪犯,亦有助降低她們對皮條客或賣淫集團的依賴(Shrage, 1994; 1996; Nussbaum, 1999: ch. 11; Satz, 2006)。

以台灣為例,我們發現禁止性交易的措施,僅具有表面的象徵意義;在禁止性交易的表層下,賣淫活動蓬勃進行,警方卻無能為力。為了業績,過去警方主要是去抓妓女,至今仍經常上網釣魚;對於黑幫壟斷的賣淫產業,則睜一眼閉一眼,形同變相包庇。擔心先生或男友嫖妓的婦女,往往誤以為只要廢除公娼、禁止性交易、娼嫖皆罰、釣魚抓援交等,就真的可以達到目的,但實則不然(cf. Weitzer, 1999)。

除罰化論者指出,直接禁止性交易的做法,並無法消滅賣淫

13　參見 Nussbaum(1999: 295-297)論賣淫婦女的自主問題。另見 Raz(1986: 374)論自主。

體制，反使賣淫更加地下化。在直接禁止性交易的國家，遭到懲罰的大都是妓女。由於警察多是男性，頗理解男性嫖客的「需求」，故主要是去逮捕妓女；警察威脅、白嫖妓女的情事，並不讓人意外。為了躲避警察，多數妓女都得求助於皮條客，但皮條客既是保護者，也是剝削者甚至凌虐者。這整個惡性循環的主要受害者，仍是賣淫婦女[14]。

　　在此情況下，娼嫖皆不罰的主要作用如下：一，由於妓女不再是罪犯，轉行的選擇是開放的，不會因犯罪紀錄而終生賣淫；二，她們所背負的汙名可望降低；三，皮條客或賣淫集團在罰娼（如過去的台灣）、罰嫖（如1999年以後的瑞典[15]）或娼嫖皆罰（如美國許多州、2011年後的台灣）體制下對妓女的榨取權力，可望有所限縮；四，在性犯罪的偵辦方面，一旦合意的成人娼嫖行為不罰，警方就不再能靠抓妓女或嫖客取得表面業績，而須更努力去查辦嚴重不法。妓女和嫖客在不是罪犯，也不受罰的情境下，更可能出面檢舉強制賣淫、妨礙自由等重大罪行。

四、主罰的平等論證及其缺失

（一）父權與性宰制

　　1970年代以降，部分女性主義者把焦點轉至男人對女人的性

14　反對除罰化的論者如K. Barry（1995: ch. 7）亦同意以上觀察。

15　「罰嫖不罰娼」雖使妓女不再是罪犯或不再受罰，但（相對於娼嫖皆不罰）她們仍需依賴皮條客提供客源及保護，否則，或者難以取信於嫖客，或者可能被警方送上法庭當證人。關於1999年以降瑞典罰嫖模式的爭議，請見Prostitutes Education Network網站的正反方論辯。

宰制，並把性宰制視為父權宰制的核心。按其說法，父權社會對
女性的性宰制，過去主要是通過婚姻和家庭；二次戰後女性要求
避孕權、墮胎權乃至性解放的運動，即是對此種性宰制的反抗。
然而，隨著色情和性交易產業的不斷擴大，形成了一種更極端的
性宰制型態。色情把女人物化為男人的性工具；性交易體制則使
女人變成男人可隨時靠金錢取得的性工具。家庭內的性宰制持續
存在，但在更具能見度的公共場域，女人逐漸受制於新型態的性
宰制。後者是父權演化的產物，進一步強化了女人的性屈從地
位。

　　這個基本觀點為不少所謂的「激進女性主義者」所接受、提
倡[16]。在反色情運動中，最著名的兩位論者是安德莉亞・德沃金
（Andrea Dworkin）和麥肯能（Catherine MacKinnon）[17]。她們的關
切焦點雖在色情，但也對性交易表達了看法。安德莉亞・德沃金
年輕時曾是街頭妓女，亦曾是家暴受害者（A. Dworkin, 1995）。
她把妓女描述成不斷遭強暴的受體，陰道不斷受虐、經常流血，
口腔是精液的接收器；妓女被男人視做最骯髒的女人，男人對女
體的痛恨，在對妓女的性暴力中表露無遺。她認為，無論一般女
性的生活有多困苦，受男性多少欺負，都不如妓女可悲可憐；無

16　參見Walby（1990: 118-122）論激進女性主義。後者又稱革命女性主義，其代
　　表性人物包括Firestone（1974）、Millett（1977）、Brownmiller（1976）、Daly
　　（1978）、Rich（1980）、A. Dworkin（1974; 1981）、K. Barry（1979; 1995）、
　　MacKinnon（1982; 1987）、Pateman（1983; 1988）、Overall（1992）、Jeffreys
　　（1997）等。另見Nussbaum（1999）、Segal（1987; 1990; 1994; 1999）、
　　McIntosh and Segal eds.（1992）、McElroy（1996）對激進女性主義的批評。
17　參見A. Dworkin（1974; 1981; 1983; 1987; 1995; 1997; 2002）、MacKinnon
　　（1982; 1987; 1989; 1993; 2005）。

論妓女是否別無選擇，是否得以靠賣淫改善經濟，賣淫本身絕對是極壞、極慘之事。雖然所有女性都可能遭遇性騷擾、家暴或強暴，但妓女卻時刻面對之。男人對妓女的糟蹋，堪稱最極端的性宰制和性暴力（A. Dworkin, 1997: 140-145）[18]。

安德莉亞‧德沃金和她的合作夥伴麥肯能皆表示，男性嫖客對妓女的性行為，就性質而言，跟性騷擾、家暴或強暴實不可分（A. Dworkin, 1997: 141; MacKinnon, 1987: 59-61）[19]。麥肯能強調，所謂妓女「同意」賣淫，只是「迷思」而已（Spector, 2006: 423; MacKinnon, 1982; 1989）。

相對於更關切色情的安德莉亞‧德沃金和麥肯能，另一位著名的激進女性主義者巴瑞（Katheleen Barry）廣受肯認為批判賣淫體制的先驅。在1979年出版的《女性奴役》中，她把賣淫體制界定為一種具高度強制性的性剝削、甚至性奴役制度（K. Barry, 1979）。基於親身的研究經驗，她對妓女的惡劣處境感到憤慨，因而投身於援救遭虐妓女的跨國運動。值得注意的是，巴瑞向來反對罰娼，因其勢必使妓女更依賴皮條客，更難以脫離賣淫生涯（K. Barry, 1995: 222-227）。

在1980年代初，巴瑞曾主張「娼嫖皆不罰」，並且反對政府「管制」性交易。她認為「管制」無助於消除賣淫體制及其罪惡，故主張在「娼嫖皆不罰」之外，政府須全面圍堵性交易。易言之，不直接禁止合意的成人娼嫖行為，但通過其他手段以消除賣淫建制。這個立場，接近於第二節所描述的英國模式（ibid.: 238）。

---

18 另見A. Dworkin（1974; 1981; 1983; 1987）論性、色情、性交。

19 另見MacKinnon（1982; 1989; 1993; 2005）論色情、性宰制、性騷擾。

　　及至1980年代中期，巴瑞對賣淫體制的批判依舊，但開始主張「罰嫖不罰娼」的禁止手段。不罰娼妓，以減少其所受壓迫，使其更容易擺脫賣淫；但包括嫖客在內，性交易產業中的所有其他人員及事項都要法辦（ibid.: 239）。這個立場，接近於1999年以後的瑞典模式。

　　巴瑞是激進女性主義陣營中反對賣淫體制的先驅。和除罰化論者一樣，她主張不罰賣淫者；而且，她亦曾主張娼嫖皆不罰。這暗示：對賣淫體制的批判，跟「合意的成人娼嫖行為不罰」之間，並沒有根本的矛盾。她之所以從「娼嫖皆不罰」轉變為「罰嫖不罰娼」，是因為她擔心「娼嫖皆不罰」會讓人誤以為只有強制賣淫是錯的，因而不利於消滅賣淫體制（ibid.: 238）。

　　以下，我們將分析主罰論者幾項主要的平等論證，並提出商榷。

（二）賣淫體制之惡是體制性的

　　對於主罰的性別平等論者來說，「合意的成人娼嫖行為不罰」的一大問題，在於忽略了男嫖女娼並非個人行為而已，而是一種壓迫女性的社會建制。由於賣淫體制所包藏的罪惡是體制性的，運動的終極目標應在於消滅這整個體制，而不在於改革或管制。強制賣淫、跨國人口販運、皮條客的中間剝削、妓女遭強暴或虐待等情事，並未因娼嫖皆不罰而消失。只要賣淫體制存在一天，這些體制性的罪惡就會持續存在（K. Barry, 1995: ch. 7; 1979）。

　　對此論點，吾人可提出以下商榷：如果說賣淫體制之惡是體制性的，資本主義之惡也是體制性的，父權家庭之惡也是體制性的。時至今日，主張以政治手段消滅資本主義的人愈來愈少，但主張改革以減其罪惡的人仍所在多有。改革派必然否認資本主義

之惡的體制性成因嗎？其實未必。從政治實踐的角度，資本主義
體制之難以推翻，並不意味改革（如改善勞動條件、保障基礎教
育、全民健保、老人年金等）毫無意義。

另一個例子是父權家庭。對大多數女性主義者來說，父權家
庭作為一種社會建制，對女性構成了系統性的壓迫。爭取避孕
權、墮胎權、離婚權、贍養費、產假、反家暴的法律等，雖皆有
助女性培力，但父權家庭的壓迫卻未完全消失。我們不曾聽說有
人主張禁止父權家庭，但禁止一夫多妻、禁止家暴等措施，則確
實有助於父權家庭的變革。如果說父權家庭的體制性並未排除變
革，則賣淫體制的體制性也未排除變革。正如父權家庭難以一舉
消滅，要消滅賣淫體制亦非一蹴可幾。

要言之，「賣淫體制之惡是體制性的」此項看法，不必然與
「娼嫖皆不罰」的倡議相衝突。畢竟，欲通過直接禁止的手段以
消滅賣淫體制，是極不現實的，且不利於緩解當前賣淫體制的諸
多罪惡。

（三）「同意賣淫」只是迷思？

部分激進女性主義者表示：即使有些妓女相信自己賣淫是出
於自由意志，或相信自己既未遭到中間人剝削，也未被嫖客強暴
或虐待；但從整個賣淫體制來看，她們的「自由意志」和「性自
主」只是一種迷思或錯誤意識而已。賣淫作為一種性宰制體系，
帶有高度的強制性；其強制性顯現於妓女的社經弱勢和家庭狀
況，人口販運和強制賣淫，皮條客的宰制和剝削，以及嫖客對妓
女的性暴力等。

麥肯能因此強調，所謂的「同意」（或合意、自由意志）只
是迷思（Spector, 2006: 423）。巴瑞則表示，她之所以不再主張娼

嫖皆不罰，是因為後者可能傳達「自由賣淫無錯之有」的錯誤訊息（K. Barry, 1995: 238）。

但我們不妨追問：賣淫體制是否具高度強制性甚至奴役性？賣淫婦女是否別無選擇？賣淫婦女的「同意」或「不同意」，是否完全不具政治道德分量？為了回答這些問題，以下再以資本主義和父權家庭為例。

資本主義就和賣淫體制一樣，同樣帶有高度強制性；正如巴瑞把妓女形容成「性奴隸」，革命馬克思主義者過去把薪資勞動者形容為「薪資奴隸」。後者的強制性在於：只要沒有生產工具，就得靠薪資勞動維生，幾乎別無選擇。故部分論者聲稱，在龐大的經濟強制力下，「自由選擇」只是一種迷思或錯誤意識。實則，「薪資奴隸」一詞本身就帶有「強制賣淫／勞」（forced prostitution of labor）的性暗示[20]。

但換個角度來看，在薪資勞動者之間，還是存在諸多差異。有些人得以選擇勞動條件較好的工作，弱勢者則只能選擇勞動條件較差的工作；愈是社經弱勢，所承受的經濟強制力就愈大。在此情況下，社經改革的主要任務在於為弱勢者培力，以降低經濟強制力的壓迫性；反之，如果所有薪資勞動都被當作「強制賣淫／勞」，出路就只剩下革命。

同理，縱使父權家庭是具高度強制性的社會建制，但吾人仍可以區別較好與較壞的情況。父權家庭的想像和實際，至今對不少人仍具吸引力；甚至，也還有很多人認為父權家庭毫無弊病。正因為「同意不全是迷思」，吾人不能禁止人們選擇父權家庭，或禁止婦女在家照顧小孩和老人。

20　參見MacKinnon（1982; 1989）論革命女性主義與革命馬克思主義的相似性。

在父權社會的歷史上，對妓女和同性戀者的某些極端壓迫，正是以「他們的主觀意志不算數」這類理由行之（Weeks, 1981; Bartley, 2000; Corbin, 1990）。所謂「同意只是迷思」是社會批判的常用修辭，藉以凸顯某些社會邏輯的強制性；但在政治道德的基本面上，同意與否非但不只是迷思，且具有高度重要性。如果說賣淫都是強制賣淫，吾人便無從區辨那位12歲雛妓和伊蓮的差異。如果說伊蓮也是被強制賣淫，跟那位12歲雛妓無異，那我們為何更關切後者的處境？

再回到父權家庭與賣淫體制的比較。女性主義者在大力批判父權家庭時，仍不得不容忍或尊重一般人選擇父權家庭的權利。那麼，何以選擇父權家庭無罪，合意的成人娼嫖行為卻非得入罪？

（四）性宰制、性暴力

在性交易課題上，需要區分兩個不同層次的性宰制或性暴力論證。一種論證是：賣淫作為一種社會建制，本身即是一種性宰制甚至性暴力體系；另一種論證是：每一次男嫖女娼的性行為本身，即是男人對女人的性宰制甚至性暴力。前者是社會層面的論證，後者則直指每一次男嫖女娼的性行為本身。

宏觀地看，當前以男嫖女娼為大宗的賣淫體制，的確可以理解為一種父權宰制，且稱得上是一種性／別宰制。從性別平等的視野，在具強制性的社經壓力下賣淫者，確實以女性占絕大多數；故而，賣淫體制或可界定為一種男人對女人的集體性消費、性宰制[21]。再者，即使從性解放的角度，此種主要由弱勢婦女為男

---

[21] 除罰化論者如Shrage（1994; 1996）、Nussbaum（1999: ch. 11）、Satz（2006）亦不否認賣淫體制存在性／別宰制問題。

嫖客提供性服務的賣淫體制，也有些嚴重不對。性解放意味更積極的、更不受強制的性自主，而不是目前這種帶有強制性的、種種社會壓抑下的男嫖女娼建制。

然而，賣淫體制的體制性、強制性和性／別宰制面向，也同樣呈現在父權家庭建制。換句話說，對於賣淫體制作為一種性／別宰制系統的批判，亦未必跟除罰化相衝突。

部分激進女性主義者進一步表示：每一次男嫖女娼的性行為本身，都跟「強暴」無分軒輊，都是男人施於女人的性暴力（A. Dworkin, 1987; 1997）[22]。此項說法與麥肯能「同意只是迷思」並無二致。但如果此說成立，那遭到強暴的妓女，豈不跟未遭強暴的妓女沒有兩樣？無論從賣淫者的主觀角度，還是從改革賣淫體制的視野，我們都有相當強的理由反對「統統都是性暴力」的說詞。

在「統統都是性暴力」和「同意只是迷思」的思路下，部分論者對「強制賣淫」進行擴大詮釋。例如，在巴瑞的筆下，幾乎所有涉及賣淫的跨國仲介和運送，都屬於「人口販運與強制賣淫」；此種定義或詮釋，強烈暗示所有跨國賣淫都是強制賣淫（K. Barry, 1979: ch. 4; 1995: ch. 5）。就算部分來台賣淫的大陸女子是出於自願，是想要賺快錢，也照樣被歸類為「強制賣淫」。此種定義的問題在於：它使得更值得關切的、類似於那位12歲雛妓的案例，在「跨國賣淫都是強制賣淫」的印象中隱而不見（Weitzer, 2007b）。

然而，這對於真正被強制賣淫者、被強暴者來說，卻未必是

---

22 另見Weitzer（2005; 2007a）、Segal（1987; 1990; 1994）對此種性暴力觀點的批評。

件好事。試想：究竟是宣揚「賣淫無異於強制賣淫」、「統統都是性暴力」比較重要，還是援救真正被強制賣淫者、被強暴者比較重要？舉例來說，人權觀察（Human Rights Watch）組織就對「強制賣淫」與「性暴力」做出了更嚴格的界定。在該組織發布的「妨礙性自主」報告中，強制賣淫與性暴力正是調查重點，但一般賣淫或性交易則否[23]。

（五）公開宣告女人的性工具地位

按佩特曼（Carole Pateman）的說法，男嫖女娼的性行為本身即是「男性有權宰制女性的公開告示」；男人對女人的性權利／力，連同女人的性工具角色，通過性交易而得到了公開肯認（Pateman, 1983; 1988: 189-218）。這個觀點引發了女性主義者之間的激烈論辯（Shrage, 1989; 1994; Schwarzenbach, 2006; Satz, 2006）。

前文提及，巴瑞原本主張娼嫖皆不罰，但後來主張罰嫖不罰娼（K. Barry, 1995: 238-239）。她對除罰化的憂慮是：如果娼嫖皆不罰，那在象徵政治的層面上，是否等於宣告了「強制賣淫有罪，但其他皆可容許」？部分論者援用「滑坡論證」以表達此種憂慮：一旦娼嫖皆不罰，男人難道不會變本加厲，在工作場所也要求女性提供性服務（S. Anderson, 2002）？

針對以上提法，我們不妨追問：合意的成人娼嫖行為不罰，是否一定會強化「女人是男人的性工具」的文化建構？直接禁止性交易（如罰娼、罰嫖或娼嫖皆罰），又真的有助於強化「女人不是男人的性工具」的象徵意義嗎？

23　請直接瀏覽 Human Rights Watch 網站（http://www.hrw.org/）。

實際上，佩特曼的說法強烈暗示：男嫖女娼的性交易體制的存在和運行，就已經不斷地「公開宣告」女人是男人的性工具。即使是在直接禁止性交易的社會，由於賣淫體制根深柢固，佩特曼所謂「男人對女人的性權利／力」早已不斷被公開宣告、公開肯認了。

如此看來，直接禁止性交易的象徵作用究竟有多大，應值得更仔細推敲。美國和台灣的經驗顯示，在禁止性交易的表層下，其實是對性交易的高度容忍。在象徵層面上，禁止措施象徵保障「良家婦女」的社會地位，但它真的肯認了「女人並非男人的性工具」嗎？又真的提升了女性的平等地位嗎？

禁止性交易的社會或文化意義，並不是單一的，更未必象徵「女人並非男人的性工具」。賣淫，向來是父權社會與父權家庭的他者；禁止性交易，可能更有助於鞏固父權家庭的性／別宰制邏輯（Shrage, 1994: ch. 6; Nussbaum, 1999: ch. 11; Diana, 1985: ch. 7）。禁止措施如娼嫖皆罰、罰娼不罰嫖、或罰嫖不罰娼，皆可能被解讀為回歸父權家庭、捍衛家庭價值、保障良家婦女等。由於主禁派的主力向來是父權家庭的捍衛者，直接禁止性交易的象徵意義究竟何在，實難有定論。在台灣，絕大多數主禁者都不是以促進性別平等作為理由，而這並非意外。

進一步看，在1999年以前「娼嫖皆不罰」的瑞典，其女性的社經和政治地位高出美國或台灣甚多。早於1999年，瑞典已是兩性平等指數最高的國家之一，也是娼妓占人口比例最低的先進國之一；然而，這卻不是通過罰娼、罰嫖或娼嫖皆罰而達到的（Posner, 1992: 132）。瑞典經驗暗示：若要壓抑賣淫體制的規模，除了要有一整套促進社經平等、提升女性地位的做法外，亦須促成更自由開放的性文化，和更平等、更多元的家庭或伴侶關係。

　　對照台灣和瑞典，一項合理的判斷是：成人性交易的除罰化與否，對於女性的社會地位並不具有決定性的影響。從促進性別平等、為婦女培力的角度，我們應當追問：台灣長期以來禁止性交易（卻禁不掉），但兩性平等的成績為何？在1999年以前，瑞典長期「娼嫖皆不罰」，又真的妨礙了性別平等在各個領域的推進嗎？瑞典的啟示或許在於：促進性別平等是個複雜的事業，跟禁或不禁成人性交易的關係不大。台灣的經驗則暗示：直接禁止性交易與否，本身皆不足以動搖「女人是男人的性工具」的父權建構，亦不是促進性別平等的主要途徑。

　　在此情況下，如果有足夠強的理由和證據顯示「娼嫖皆不罰」有助於改善賣淫婦女的處境，且未必妨礙性別平等的推進，那麼，它或許即是值得支持的變革選項。

第九章

公民有拒戰的權利嗎？

一、拒戰權及其問題意識

911事件後，小布希政府以反恐之名，迅速於2002年通過《國土安全法案》，並在2003年出兵伊拉克[1]。伊戰如今已不得美國民心，但在小布希發動戰爭之初，主戰民意明顯壓過反戰民意；彼時，反戰論者杭士基（Noam Chomsky）和桑塔格（Susan Sontag）遭到猛烈的言論圍剿，甚至人身恐嚇。試想：如果美國政府的戰爭對象不是遠在中東的伊拉克，而是更具軍事實力的國家，美國反戰者和拒戰者會遭到何種待遇？如果處於戰爭狀態的社會及人民，比起今日美國更欠缺對公民自由的保障，更不具抵抗愛國主義民粹的政治文化條件，情況又會是如何？

在戰爭狀態下，反戰的政治自由和言論自由往往遭到強力壓

---

1 依據《國土安全法案》所成立的「國土安全部」，被賦予一系列緊急權力，得施行預防性的防恐、反恐措施，亦得擴大祕密情治活動。參見Barber（2003）論《國土安全法案》及其政治背景，另見C. Johnson（2000）、Chomsky（2003）論美國的軍事外交政策。

制，拒戰者更難逃嚴刑峻罰。現實地看，現代國家對於反戰的言論和政治活動的容忍程度，一直頗為有限。在專制政權下，言論與政治自由平時已受壓制，戰時更是如此。相對而言，部分西方國家自1960年代以降，放寬了對於反戰言論和活動的限制，遂使反越戰運動、反伊戰運動得以發展，而不像一戰和二戰期間那樣遭到徹底鎮壓。然而，無論是越戰還是伊戰，戰爭規模都遠遜於一戰和二戰；假使遭遇更強大的軍事對手，則西方公民目前所享有的反戰空間，亦將大幅限縮。

現代國家從未肯認公民有拒絕戰爭動員的權利（理解為免於強制性戰爭動員的權利，和抵抗強制性戰爭動員的權利）。這個現象或許不難理解，也不乏解釋。但即使如此，「公民是否有拒戰的（道德）權利？」仍是個重要的問題意識。我們不妨追問：面對統治者出於各種因素（包括愚昧、私利、鋌而走險、政策錯誤、意識型態等）所發動、挑起、導致或遭致的戰爭，公民是否有權利公開批判，甚至起而反抗？被強制徵召到的公民，無論是平民還是軍人，又是否有權利拒絕戰爭動員？在任何情況下，公民都有絕對服從的義務嗎？

本章以公民拒戰權為題，考察拒戰權的政治道德論辯及其現實意涵。在當代自由主義論者之中，僅有華瑟曾較為全面地探討拒戰權的正義課題（Walzer, 1970）；故對華瑟論說的分析和商榷，將構成本章的主體。由於華瑟援用了霍布斯和洛克的「自我保存」觀點，我們亦將評估這兩位古典論者的相關說法。但以下，擬先以一戰期間的美國為例，界定戰爭脈絡下的良心拒戰議題。

二、良心拒戰與國家理性

（一）戰爭脈絡下的良心拒絕

「良心拒絕」的傳統定義是：公民出於個人的宗教或道德良心，拒絕服從政府的特定法律或政策。此種不服從是非隱密的（或公開的）、和平的、違法的，其目的在於捍衛個人的整全性（integrity），要求個人的豁免，但不堅持政府改變相關的法律或政策。例如，張三可能基於宗教良心而拒絕從軍、拒絕繳稅、拒絕向國旗敬禮，或拒絕戴安全帽，但卻未必反對李四或王五服從這些命令（Rawls, 1971: 368-371）。

相對於傳統定義，「良心拒絕」在過去兩百年間取得了更廣的含義。例如，梭羅曾因反對奴隸制和墨西哥戰爭而拒絕繳稅，但他的不服從行動既要求個人豁免（狹義的良心拒絕），亦有意通過集體抗爭以改變現實（廣義的良心反對）（Thoreau, 1991）。又如，托爾斯泰曾呼籲每個人都拒絕從軍，以停止民族國家體制的戰爭殺戮（Tolstoy, 1987）（參見第五章第一節）。良心拒絕者有時不僅追求個人的豁免，還要求改變法律、政策或體制；在宗教理由之外，他們也經常訴諸世俗的道德或政治理由，如抵抗奴隸制、不公正的稅制、不正義的戰爭等。在反越戰運動中，「反戰」（反對帝國主義侵略戰爭）即是「良心拒戰」的一項主要理由[2]。

2 　參見Chatfield ed.（1992: ch. 6）、Kohn（1986: ch. 6）論反越戰運動。良心拒絕的世俗化和政治化趨勢，亦直接反映在「良心反對者」（conscientious objectors）一詞的高使用率。傳統意義的「良心拒絕者」（conscientious refusers）僅要求個人豁免；但今日更常見的「良心反對者」一詞，則同時有「拒絕」和「反對」之意，且寓「拒絕」於「反對」。本章只使用「良心拒

　　在戰爭脈絡下,「良心拒絕」或「良心拒戰」意指:基於宗教或世俗的良心而拒絕被迫出戰,或拒絕被迫助戰。良心拒戰者可能僅要求個人的豁免,而不反對國家的戰爭政策(拒戰但不反戰);可能既要求個人的豁免,也反對國家的戰爭政策(既拒戰又反戰);也可能因為反對國家的戰爭政策,才堅持個人的豁免(因反戰而拒戰)。良心拒戰者可能是募兵制下的現役職業軍人,可能是徵兵制下的義務役官兵,可能是戰時被強制徵召的平民或後備軍人,也可能是被動員從事後勤補給的一般平民[3]。

(二)拒戰者及其政治處境

　　1918年6月16日,美國社會黨領袖德布斯(Eugene V. Debs)因發表拒戰演說、鼓吹青年拒戰而遭逮捕,隨後被判刑十年,褫奪公權終身。同年冬天,一群拒絕從軍的年輕人被關進美國軍事監獄,並遭到不人道待遇,其中有十七人因而喪生(Kohn, 1986: 3)。

　　德布斯在演說中宣稱:第一次世界大戰是資產階級的戰爭,對工人階級極為不利;因此,社會主義者應當反對、拒絕這場戰爭。德布斯並無通敵行為,但他的拒戰言論被控觸犯了1917年《間諜法案》和1918年《煽動叛亂法案》。美國聯邦最高法院最後裁定:德布斯的演說「具有阻礙徵兵與戰爭動員的意圖及效果」,故煽動叛亂的罪名可以成立。主筆判決書的大法官赫姆斯(Oliver Wendell Holmes, Jr.)表示:

　　絕」一詞,但在行文脈絡中,它亦經常帶有「良心反對」之意。

3　當然,拒戰未必是出於宗教或世俗的「良心」,亦可能出於貪生怕死、不知為何而戰、人生計畫受到影響、擔心家庭離散等其他原因。

〔德布斯〕反對的不是所有戰爭，而是這場戰爭；此一反對
立場的自然效果，及其所意圖的效果，正在於阻礙戰爭動
員。假使其意圖確實如此，假使客觀來看，妨礙動員正是其
可能產生的效果，那麼，就算這個演說屬於一種普遍的、出
於良心的信仰表達……，也不足以使它受到保障（Rawls,
1993a: 350）。

赫姆斯的說法暗示：如果德布斯像某些非主流的基督教派一
樣，基於宗教理由而拒絕涉入所有世俗戰爭，就可能得到容
忍——因其當不至於阻礙戰爭動員。但如果是出於世俗理由而堅
拒特定戰爭，就不會獲得容忍——因其主客觀效果皆在於阻礙戰
爭動員。

在一戰期間的美國，有四百多位堅持不與軍方合作的良心拒
戰者（通常歸類為「絕對主義者」，以別於極少數合法的良心拒
絕者）遭到軍法審判，平均判刑超過十年（Moskos and Chambers
II eds., 1993: 34）。相比於當時其他國家（如德國），美國和英國
政府給予良心拒戰者的待遇，還算是比較寬大的；但即使是老牌
的自由主義國家，對拒戰者的容忍仍非常有限。1914年英國國會
通過《國土防衛法案》，賦予政府查禁言論及其他各種戰時權
力；1916年，羅素（Bertrand Russell）僅因發言支持反徵兵團體
便遭判刑入獄。拒戰言論尚且如此，公然抗命的拒戰者就更不必
說了（Ceadel, 1980: 52; Adams and Poirier, 1987）。

歷史地看，現代主權國家從未承認公民有拒絕戰爭動員的權
利，遑論視其為人權或公民權。一戰和二戰期間如此，越戰期間
如此，現在仍是如此。在越戰期間的美國，拒戰與反戰運動合
流，對政府構成了龐大壓力；當時拒絕出戰者的人數和比例，遠

遠超過一戰或二戰期間；正因為拒戰者實在太多，強制徵兵政策
在1973年即難以為繼。然而，即使在拒戰人數與日俱增、反戰民
意高漲的情況下，美國政府仍嚴懲所謂的「絕對主義者」；從頭
到尾，都不曾肯認美國公民有拒絕戰爭動員的權利（Kohn, 1986:
ch. 6）。

　　在戰後德國，儘管基本法第4條規定德國政府「不得強迫任
何人從事違逆其良心的武裝戰爭服務」，但「良心」被詮釋為反
對一切武力的宗教良心，而不包括拒絕特定戰爭的世俗良心。因
此，這只是針對某些宗教範疇的特許，而不意味德國公民有拒戰
的權利（Moskos and Chambers II eds., 1993: 98）。

　　無論公民認為國家所從事的戰爭有多不對，只要堅持不與戰
爭機器合作，大概就非得入獄；面對此類「絕對主義者」，現代
國家的基本政策是零容忍。其次，在內政相對開明的民主國，如
果公民想要被認可為「合法的良心拒絕者」，須先提出申請，再
由政府部門審核。如果理由充分，或可不上戰場、不任軍職；但
如果堅拒任何形式的軍事動員（如後勤補給、後方支援、文職工
作），則需要更強的理由。如果申請者出於宗教信仰而反對一切
戰爭，被免除一切軍事義務的機會是最高的；但如果是基於世俗
的道德或政治理由而拒絕「這場戰爭」，則將歸類為「選擇性的
良心拒絕者」，被免除義務的機會是最低的。最後，假使申請者
無法通過審查，亦不願服從命令或接受妥協，那就是不合理的
「絕對主義者」[4]。

4　參見Brock（1968; 1972; 1991）、Brock ed.（2002）、S. Bennett（2003）、Kohn
　　（1986）、D. Weber ed.（1978）、Ceadel（1980）、Adams and Poirier（1987）、
　　Moskos and Chambers II eds.（1993）。

　　我們不妨追問：為何基於宗教良心的拒戰者，還多少可能獲得容忍？何以基於世俗的政治或道德理由，或其他世俗理由的拒戰者，反倒很難得到容忍？在此，赫姆斯提供了頗具代表性的答案：豁免極少數不食人間煙火的宗教人士，當不至影響戰爭動員；但如果容許公民基於世俗理由而拒絕特定戰爭，則戰爭動員勢將受到妨礙。從國家理性、戰爭理性的角度，一旦肯認了公民拒戰權，則拒絕徵召、拒絕出戰、敵前罷戰、不戰而降等行為恐層出不窮，致使戰爭動員窒礙難行。正因如此，拒戰者往往遭到極嚴厲的懲罰。

三、主權國家與自我保存

　　興起於17世紀的古典自由主義學說，既代表對主權國家進行規範的一種努力，亦對國家理性做出了讓步。無論是霍布斯還是洛克，皆賦予主權者相當大的裁量權力，主張政府可以為了維護公民的「安全」、「自我保存」或「生命、（某些消極）自由與私產權」，對內壓制異己，對外發動戰爭。然而，正因為霍布斯和洛克皆以「自我保存」作為立論基礎，他們仍為拒戰權利留下了空間。華瑟的拒戰權論說，即是對「自我保存」的一項詮釋和發展。

（一）安全與自我保存

　　霍布斯是現代主權國家的辯護者，但他的辯護建立於帶有個人主義色彩的社會契約論（Hobbes, 1991）。霍布斯的政治哲學抬高了「安全」相對於其他價值的重要性，並由此論證國家權力的正當性和公民的服從義務。主權者要求公民服從於其意志、判斷

與權威，以維護每個人的「安全」或「自我保存」。要自我保存，就得服從於主權者；主權者所提供的安全與保護，為霍布斯證立了公民的服從義務，即服從於主權者的「政治義務」（Dunn, 1996: 69; Tuck, 1989）。

照霍布斯的陳述，主權者的首要任務在於確保「安全」。且不論其對錯，此類說法顯然可以、也經常被用來正當化威權統治（包括17世紀的英國、20世紀的威權體制等）。然而，訴諸「安全」說詞的威權統治者，卻未必合乎霍布斯對主權者的假設。唐恩（John Dunn）（1996: 78-82）指出：霍布斯假設了主權者相對於社會的高度自主性，主權者意志與判斷的單一性，及其權力的有效和審慎行使；但是，這些假設卻未必切合實際。其一，在霍布斯的「利維坦」與現世的主權者之間，實有些顯著差距；其二，從17世紀乃至今日，主權者對於戰爭的政治判斷是否審慎，向來不無疑問。

嚴格來說，霍布斯意義的統治正當性（連同公民的服從義務），只有在主權者「審慎地」行使「國家理性」以確保公民「安全」或「自我保存」的情況下，才足具霍布斯所欲賦予的規範力道。如果主權者嚴重偏離了前述假設，則其霍布斯意義的統治正當性勢將大打折扣。倘若主權者濫權失職，因而釀成禍國殃民的戰端，此無異於自我否定其統治正當性；既斷送安全在先，再強迫公民赴死，將是對公民「自我保存」權利的雙重否定。

易言之，如果戰爭是出於主權者的愚昧不慎、鋌而走險、政策錯誤或特殊利益，則從霍布斯「自我保存」的邏輯來講，公民的服從義務就不是絕對的。

（二）良心自由與良心拒絕

　　儘管洛克和霍布斯的政治思想有顯著差異，但洛克亦高度強調「自我保存」或「人類保存」的重要性。洛克筆下的主權者不僅須提供安全與保護，還須保障某些消極自由（如良心自由）與私產權；倘若主權者嚴重失職，公民將有抵抗或甚至革命的權利。

　　洛克廣被視為「宗教容忍」和「良心自由」的提倡者。身為信仰堅定的新教徒，洛克把良心自由詮釋為「私下崇拜神祇的自由」；他認為崇拜、服從上帝乃人類首要義務，其重要性遠超過對一時一地國家法律的服從。但他同時申論：私下崇拜上帝或神祇的自由，絲毫不影響主權者的權力運作；倘若此種自由的行使踰越了私人崇拜的應有分際，主權者可予以限制（ibid.: 105, 111）[5]。

　　部分當代自由主義者把良心自由與宗教自由，連同更廣泛的思想、言論與表達自由，視為 17 世紀宗教容忍論的延伸（Rawls, 1993a: xxiv; cf. Waldron, 1993: ch. 4）。但唐恩指出，無論這是否言之成理，都不是洛克本人的看法。對洛克而言，宗教容忍不僅適用於英國新教徒，也適用於猶太教徒、回教徒與美洲印地安人。但他的重點是：教徒對神祇的崇拜不應影響其他人，更不應妨礙主權者的權力行使；假使某個教派在私下崇拜之外，還試圖挑戰主權者的權威，或與外國勢力互通聲息，則主權者當可鎮壓（Dunn, 1996: 107-113）。

5　唐恩研究指出，洛克思想中的不少重要成分，實與他的神學看法息息相關。參見 Dunn（1969; 1980: ch. 3, ch. 4; 1984）。

　　令洛克感到最難以容忍者，倒還不是天主教徒，而是無神論者。他認為缺乏宗教信仰的無神論者，死後必將遭遇極大苦難；正因缺乏宗教信仰，無神論者沒有任何正當理由，要求豁免於主權者的良心干預。在洛克筆下，無神論者幾無良心自由可言；主權者可基於統治需要，干預、改造無神論者的世俗信仰（ibid.: 106-107）。

　　在此值得指出，英美政府在良心拒戰問題上的基本立場，與洛克的宗教容忍論可謂一脈相承。亦即，對宗教良心的容忍，係以不妨礙國家機器的運作為前提；至於拒絕戰爭動員的無神論者，或出於世俗理由的拒戰者，則因其直接挑戰國家的意志與權威，而不在容忍的範圍內。

　　然而，洛克思想的其他面向卻也暗示：如果主權者嚴重失職而未能確保公民之自我保存（即生命、某些消極自由、私產權等），則其統治正當性將有所減損，甚至蕩然無存。在此情況下，公民將有抵抗或革命的權利。順此邏輯，吾人不難得出以下思路：倘若生命代價慘重的惡戰，係因統治者濫權失職而起，則公民得抵抗戰爭動員，甚至發動革命。

四、華瑟論公民拒戰權

　　按霍布斯的說法，要安全、要自我保存，就得服從於主權者的權力意志。但華瑟試圖申論：無論主權者是否嚴重失職，一旦強迫公民出戰，則建立於「自我保存」的服從義務即失去其效力。華瑟認為，除非是危及每個人生命安全的危急之戰，否則，強制出戰勢將侵害公民的自我保存（尤指生命保存）權利。

　　華瑟的論證進路在於：正因霍布斯和洛克視「自我保存」為

公民的最基本權益，此類自由主義理論不僅難以證立公民出戰的
政治義務，反倒可以用來申論「拒絕出戰無異於行使自我保存的
權利」（Walzer, 1970: 81-88）。華瑟表示，這並非霍布斯所獨有
的難題，而是所有建立在個人主義基礎上的自由主義政治哲學都
難以迴避的。對洛克而言，主權者須維護「生命、（某些消極）
自由與私產權」，以確保「人類之保存」。故而，洛克也面臨類似
的悖論：如果主權國家應確保公民之自我保存，又怎能強迫公民
出戰赴死（ibid.: 88-89）？

　　進一步看，儘管生命安全是「自我保存」的核心要件，但
「自我保存」未必僅止於生命保存。既然洛克把良心自由與私產
權也納入「自我保存」範疇，吾人或可與時俱進，把攸關個人整
全性的其他事項（如更廣泛的良心、思想和政治自由）也界定為
「自我保存」的構成要件？若然，則不僅貪生者有權拒戰；政治
疏離者，連同基於世俗理由的良心拒戰者，也應有拒戰的權利？
大體而言，這正是華瑟的理路。

（一）保存生命的權利

　　越戰期間，美國政府因兵源短缺而強制徵兵。由於越戰廣被
視為一場無關正當自衛，亦無涉美國存亡的帝國主義戰爭，強制
徵兵遂激起強烈的社會抵制。在反越戰運動的浪潮下，華瑟從
「保存生命」、「政治疏離」與「多元結社」等視角，質疑強制徵
兵的正當性，並為公民拒戰權（即免於強制性戰爭動員的權利，
和抵抗強制性戰爭動員的權利）提出辯護。

　　華瑟申論：如果國家的正當性基礎在於公民之自我保存，則
公民有權利為了保存生命而拒絕出戰。要是國家強制公民出戰，
將無異於直接侵害其自我保存的權利；此時，霍布斯式的社會契

約即告解消，霍布斯意義的服從義務亦失去規範效力（ibid.: 80-89）。華瑟指出：雖然霍布斯試圖化解此間難題，強調主權者仍得鎮壓拒戰者、職業軍人已同意從軍等，但這些論點皆難成立。霍布斯表示，如果共同體之保存有賴公民出戰，則主權者得強迫公民出戰，否則共同體即難以維繫。然而，為了「大我」而強迫「小我」出戰，仍明確侵害「小我」的自我保存權利。此外，縱使職業軍人已同意從軍，但此種契約仍不足以解消霍布斯意義的自我保存權利（ibid.: 84-88）。

通過對霍布斯的批評，華瑟試圖論證：在非關危急存亡的戰爭狀態下，國家應該尊重公民的拒戰權利，並仰賴「純自願的募兵制」以遂行戰爭目的。所謂純自願的募兵制，意指所有出戰者（和助戰者）都是自願的；即使是募兵制下自願入伍的軍人，戰時亦有拒絕出戰（或助戰）的權利（ibid.: 117-118）。

照華瑟的陳述，就算國家所發動或介入的戰爭堪稱「正義之戰」，此仍不足以建立強制公民出戰的正當性。即使戰爭是出於正當的自衛目的，或國際社會所認可的其他義戰目的（如集體自衛、人道干預），但除非已危及每位公民的生命安全，否則國家仍不得強迫公民出戰。在非關緊急的情況下強制公民出戰，勢將明確侵害其自我保存的權利；但在危急時刻，就未必如此（ibid.: 118, 138）。

關於正義之戰，華瑟後來發展出一套影響深遠的義戰論說，本章不擬細究[6]。但不難理解的是：國際社會所認可的正義之戰，並不等同於危及每個人生命安全的「危急之戰」。有些正義之戰

6　參見 Walzer（1992; 1994; 1997; 2004）論義戰。另見 Orend（2000）、Norman（1995）、Rawls（1999a）。

非關危急存亡；有些危急之戰則未必合乎國際正義。對華瑟來說，只有在危及每個人生命安全的情況下，和／或涉及國家存亡的情況下（按：他並未區辨兩者，詳見下述），強制出戰才未必明確侵害公民的自我保存（尤指生命保存）權利。

（二）政治疏離、多元結社

華瑟亦從「政治疏離」和「多元結社」的視角，為公民的拒戰（拒絕出戰、拒絕助戰）權利辯護。

首先，華瑟對盧梭（Jean-Jacques Rousseau）（1997）的社會契約論提出質疑。他指出，盧梭式社會契約的用意在於道德轉化，在於打造出體現普遍意志的愛國公民；在高度理想化的盧梭式共和國裡，為國出戰乃公民出於普遍意志和愛國心，犧牲小我完成大我的光榮之舉。然而，在現實世界裡，盧梭式道德轉化的成功與否，終究是個程度問題；不夠愛國的、政治疏離的公民不但依然存在，甚至所在多有。面對政治疏離者，國家該動用強制手段，強迫他們出戰或助戰嗎？華瑟反對政府強制疏離者出戰（Walzer, 1970: 90-98）。

盧梭的政治哲學跟霍布斯大異其趣，但盧梭也主張嚴懲不服從軍令者。對華瑟而言，霍布斯難以自圓其說，盧梭則低估了政治疏離的客觀成因。華瑟在多篇文章中指出，政治疏離有其體制性成因，不能完全歸咎於政治疏離者；畢竟，一張選票的政治影響力有限，很難左右政府的實際決策，更別提戰爭決策。從盧梭式共和主義的角度，政治疏離不是好事；但縱使盧梭的政治理想有其吸引力，強迫政治疏離者出戰（或助戰）仍有欠正當。華瑟強調，倘能充分體認到政治疏離的成因，並視疏離者為地位平等的公民，便不該逼迫他們出戰或助戰（ibid.: ch. 5）。

　　有別於盧梭和參與民主論者如佩特曼（Pateman, 1979），華瑟不認為現代社會真能克服政治疏離。他指出：那種每位公民都積極參與，並為集體決策背書的共同體理想，雖仍具一定感召力，但早已不切實際；以國家暴力強迫公民愛國，或以全面參與克服政治疏離，因此並不可取。儘管疏離者不夠愛國、不想參與，但是他們同具公民身分，而不是次等公民或非公民。至少，他們的意志應得到容忍（Walzer, 1970: ch. 5, ch. 10, ch. 11）。

　　華瑟進一步申論，固然有許多公民對選舉政治感到失望甚至疏離，但是多元的民間結社所在多有。比起「一人一票」模式下微不足道的政治參與，多元結社為公民意識的養成提供了更肥沃的土壤；在多元異質的民間社團中，參與者彼此討論、學習他們的政治責任何在，並通過集體行動自發地承擔起那些責任。此種多元的公民性和公民參與，毋寧是彌足珍貴的社會資產（ibid.: ch. 6）。

　　然而，當戰爭政策（如越戰政策）與「多元公民」的政治信念發生嚴重衝突時，後者遂陷入艱難的道德處境。從國家的角度，服從是公民最重要的義務；但對「多元公民」來說，其他的責任有時更具道德分量。在戰爭政策（如越戰政策）極具爭議的情況下，倘若統治者真能體認多元結社、多元參與的可貴，便不該動用強制性手段以遂行戰爭目的；否則，勢將激起多元公民的抵抗（如反越戰運動）（ibid.: ch. 1, ch. 6）。

　　華瑟表示，要求公民服從國家的法律，與強制公民成為特定戰爭的螺絲釘，實為不同的事。國家皆要求公民守法，但強制性的戰爭動員（強制出戰、強制助戰）迫使公民變成戰爭的執行者，而不僅是法律的服從者，故嚴重侵害了公民的自我保存權利（此指拒戰的良心自由和政治自由權利）。如果國家欲貫徹戰爭政

策（如越戰政策），就應該仰賴純自願的募兵制。倘若無法招募到足夠的自願者，則適足以證明戰爭政策問題重重，社會成員離心離德；在那種情況下，國家更沒有正當理由強制公民出戰或助戰（ibid.: 135-137, 143-145）[7]。

（三）「個人整全性」的道德理由

綜上，華瑟主張唯有在危及每個人生命安全的緊急情況下，強制出戰才未必明確侵害公民的生命保存權利。在非關危急的戰爭狀態下，國家應當尊重公民的拒戰權利（此指免於強制性戰爭動員的自由權利），並仰賴純自願的募兵制以遂行戰爭目的；如果國家強迫公民出戰或助戰，則公民將有抵抗強制性戰爭動員的道德權利。儘管華瑟並未深究可能的抵抗方式，但他顯然是以反越戰運動作為參照。

本章所謂的公民拒戰權，包括免於強制性戰爭動員的權利，和抵抗強制性戰爭動員的權利；此種道德權利（而非法定權利）能否成立，須視支持它的政治道德理由有多強。華瑟為公民拒戰權提供了三項政治道德論證，分別是：保存生命是不容侵害的公民基本權利；政治疏離有其體制性成因，疏離者的主觀意志至少應予以容忍；以及，對自我政治信念的維護，是多元公民、多元結社賴以維繫的重要條件。這三項論證皆出於「個人整全性」的道德理由，當可理解為對「自我保存」的擴充性詮釋[8]。

在華瑟的三項論證中，「保存生命」無疑是反對強制出戰的

7　華瑟表示：雖然純自願的募兵制也會產生某些負效果（如以中下階級子弟為主體的軍隊），但強制徵兵的道德代價仍高出甚多。

8　另見R. Dworkin（1985: ch. 4）論「以整全性為（道德）基礎的公民不服從」。

最主要理由：生命安全是公民的最基本權益，國家當然不能輕易剝奪之。不過，這個理由固然可以支持免於「被迫出戰」的權利，卻仍不足以證立免於「被迫助戰」的權利。要是公民被迫去從事的，屬於生命風險較低的助戰工作，那保存生命便難以構成充足的抗拒理由。實則，華瑟反對強制助戰的主要理由，並不在於生命的保存。

華瑟主張，如果「政治疏離者」和「多元公民」不願成為戰爭的執行者，他們的意志便應該得到容忍或尊重。在此，拒戰的良心自由與政治自由，被理解為攸關「個人整全性」的重要自由。正因為政治疏離有其客觀成因，疏離者的拒戰態度不僅是個人偏好而已，而須視為其重要的自我構成要件；同理，正因為對拒戰的多元公民而言，拒戰、反戰的政治信念是其自我不可分割的一部分，強制助戰勢將侵害其自我整全性。按華瑟的邏輯，拒戰的良心自由與政治自由是拒戰者賴以「自我保存」的要件，故理當容忍或尊重之。在非關危急的情況下，如果國家強迫他們助戰，則無論是否侵害其生命保存的權利，都仍將侵害其自我保存（此指拒戰的良心自由與政治自由）的權利。

五、華瑟拒戰論說的局限

反越戰運動的風起雲湧，是華瑟探究公民拒戰權的政治背景。在美國，拒戰爭議係因越戰期間的強制徵兵政策而起；但1973年後，美國政府即未實施大規模的強制徵兵，而主要憑藉募兵制。此後，拒戰課題不再受到重視，甚至乏人問津。華瑟本人在1970年代初期以後，亦未繼續深究此項課題。

在反越戰運動的背景下，華瑟為公民拒戰權（即免於強制性

戰爭動員的權利，和抵抗強制性戰爭動員的權利）所提供的辯護，無疑掌握到了一些重要的道德直覺。儘管美國政府宣稱出兵越南是為了反共，稱其攸關美國的安全和戰略利益（Chomsky, 1970），但對於不少美國公民來說，此等國家利益仍不足以使強制徵兵成為正當。在越戰所可能獲致的安全利益，和強制徵兵所付出的道德代價之間，究竟孰輕孰重？華瑟的回答是：由於越戰無涉美國的危急存亡，強制徵兵所欲實現的國家利益，並不足以凌駕公民的自我保存權利。

　　華瑟的拒戰論說凸顯出「自我保存」的政治道德分量，同時也蘊含了一項實質的價值判斷：相對於越戰所可能獲致的國家利益，公民的自我保存權利更加重要。華瑟的論證應足能說明：強制性的戰爭動員，尤其是強制徵兵，勢將付出重大的政治道德代價。他立足於「個人整全性」和「自我保存」的規範性論證，為反越戰運動中的拒戰者提供了有力辯護。

　　然而，華瑟係以越戰期間的美國作為指涉，而未能深究公民拒戰權在其他政治脈絡下的可能涵蘊。實際上，華瑟所倡議的「純自願的募兵制」，即使就美國而言，都不盡切合實際。在美國以外的其他國家或區域，由於危急之戰的可能性難以排除，華瑟主要論點的適用性仍待商榷。他亦忽略了另一些現實可能及其問題，例如：如果危急之戰是由本國統治者所挑起，或生命代價極為慘重，公民是否有絕對的服從義務？他未能釐清的課題還包括：何謂危急存亡之戰？當「國家存亡」與「自我保存」發生衝突時，該如何理解此種衝突？以及，從美國以外的全球視野來看，公民拒戰權還具有哪些政治道德意涵？

（一）美國與美國之外

華瑟主張，在非關危急存亡的情況下，國家應仰賴「純自願的募兵制」而不該強迫公民出戰或助戰。設若國家實施純自願的募兵制，拒戰權及其爭議即告解消，因為公民參戰與否的意志已獲得充分尊重；如果參戰者完全出於自願，則即使國家的戰爭政策有錯，也不至於直接侵害公民的自我保存權利。既然公民並未被迫出戰或助戰，其抵抗強制性戰爭動員的權利，也就失去了抵抗對象；其免於強制性戰爭動員的權利，則已得到兌現。縱使部分公民仍將反對特定的戰爭政策，但主戰或反戰的爭議將不再與拒戰課題掛勾（Walzer, 1970: 98, 144）。

然而，「純自願的募兵制」充其量只是一個理念而已。在現實世界裡，完全自願的募兵制並不存在；在可預見的近期將來，亦很不可能出現。首先，即使是募兵制國家也從未排除強制性的軍事動員，更從未肯認公民（無論是職業軍人、後備軍人或平民）有拒戰的權利。以2003年的伊拉克戰爭為例，美國政府避免強制徵兵的主因之一，在於擔心強制徵兵可能激起拒戰風潮、助長反戰運動；在此，實施募兵制與否，強制徵兵與否，主要是出於現實考量，而不是出於對公民拒戰權的容忍或尊重。相較於強制徵兵，募兵制的強制性較低，因其至少包含了契約關係；但募兵制下的職業軍人如同簽了賣身契，同樣沒有拒絕特定戰爭的自由可言。此與華瑟作為理念的「純自願的募兵制」，實有顯著不同[9]。

9　參見 E. Cohen（1985）、Levi（1997）論現實存在的募兵制和徵兵制。又及，雖然美國兩次出兵伊拉克皆未曾強制徵兵，但先前因家境貧困而自願從軍的

　　華瑟聲稱，唯有在危及每個人生命安全的緊急情況下，國家才得實施強制性的軍事動員。但究竟何種情況，才構成危及每個人生命安全的緊急情況？才算是危急存亡之戰？單就美國而論，美國政府自20世紀以降所發動或介入的所有戰爭，無論是否屬於正義之戰，皆無涉美國的危急存亡。但美國經驗畢竟有其特殊性；華瑟係以越戰期間的美國作為指涉對象，而未論及其他不同情況。美國軍事超強，故不曾陷入危急存亡之戰；但弱國或小國，或處於不利的地緣政治環境的國家，卻未必如此。就此而言，華瑟以「危急存亡與否」作為「公民是否有拒戰權利」的判準，頗值得商榷。

　　在相對有利（如美國）或相對和平（如今日歐盟）的現實條件下，即使公民拒戰權仍難以兌現，但至少，強制徵兵政策可能被取消或調整；此外，政府對於反戰的言論和政治活動，相對也比較寬容（Moskos and Chambers II eds., 1993）。但要是歐美等國陷入與軍事強敵作戰的局面，則其公民目前所享有的有限的免戰空間，亦將受到限縮。這暗示：公民拒戰權的實現問題，與華瑟所不曾明言的「環境」或「條件」因素，有不容忽視的關聯性。

　　部分軍事強國或廣土眾民的大國，或可仰賴募兵制，而不必動輒強制徵兵；但現實存在的募兵制，與作為理念的「純自願的募兵制」仍截然不同。至於受到威脅的弱國或小國，或國際環境相對不利的潛在衝突國，則往往連募兵制的條件也不具備。就這些國家而言，唯有相對和平的國際環境，才能支持稍大的公民免戰空間。

　　按華瑟的邏輯，如果戰爭危及每個人的生命安全，國家當可

窮人與少數族裔子弟，卻並無權利拒絕出戰。

實施強制性的戰爭動員。據此，在當前國際環境下，部分國家
（如以色列）的公民恐將沒有拒戰權利可言。但難道這些國家的
公民就沒有自我保存的權利？就沒有免於和抵抗強制性戰爭動員
的權利？如果自我保存乃至拒戰權利真是重要的道德權利，那
麼，需要設法改變的對象，就應該包括不利於兌現這些權利的國
際環境（如以色列和鄰近國家的敵對關係）。

　　換言之，若要避免自我保存的權利遭到侵害，若要逐步兌現
公民的拒戰權利，便須設法開創出相對和平的國際環境。儘管華
瑟並未如此去發展他的拒戰論說，但從更寬廣的全球及區域政治
視野來看，若要積極避免公民的自我保存乃至拒戰權利遭到侵
害，就須積極化解威脅和平、助長戰爭的因子[10]。

（二）危急存亡之戰

　　按華瑟的理路，如果戰爭（如越戰）非關危急存亡，國家就
不該強制公民出戰或助戰；但如果真是攸關每個人生命安全的危
急之戰，和／或國家存亡的背水一戰，則國家得實施強制性的戰
爭動員。以下，我們將對這項論點提出商榷。

　　首先，即使某國確實陷入危急之戰，此種情況卻不無可能是
該國統治者失職所造成的。從霍布斯和洛克的邏輯（參見第三
節），不難推導出以下思路：假使生命不保的惡戰，係因主權者
嚴重失職而起，則公民的服從義務不再是絕對的。在此，我們不
妨追問華瑟：何以公民拒戰權唯有在「非關危急」的情況下才可
成立？如果危急之戰是由本國統治者所挑起，或本國統治者負有
主要的戰爭責任，公民有拒戰的權利嗎？又是否如洛克所暗示，

10　參見Ceadel（1980; 1996）、Howard（1978）論和平運動的歷史和理念。

公民將有反抗或甚至革命的權利？

　　如果在任何危急情況下，公民都應該無條件服從，那將無異於送給主權者一張空頭支票。如此一來，發生危急之戰的可能性只會增加，不會減少；主權者在行使國家理性時，似乎只會更加不慎，甚至鋌而走險。就此而言，吾人實有很好、很強的理由主張：如果危急之戰源於本國統治者的濫權失職，則公民仍將有拒戰的道德權利。

　　以下，暫且假設危急之戰的責任完全落於敵方而非我方，並假設我方統治者並未濫權失職。再假設：敵方是完全無理的侵略者；我方不僅是單純的自衛者，且陷入危急存亡。按當代義戰論說，這堪稱是「正義之戰」的理念型，出戰自衛將具有近乎絕對的正當性。

　　但試想：如果我方政府強迫公民投入此種危急之戰，公民的自我保存（尤指生命保存）權利是否仍將遭到侵害？從「自我保存」的角度，吾人該如何界定、理解此一局面？公民的拒戰權利是否因「危急存亡之戰」而失去意義或效力？這是華瑟未能釐清的另一項重要課題。

　　愈是激烈的戰爭，愈是危急存亡之戰，所須付出的生命及其他代價也就愈高。此外，「危急存亡」究竟是涉及哪些人事物的危急存亡，也仍有思索空間。在華瑟筆下，「危急存亡」指涉兩種未必相同的情況：一種是危及每個人、每位公民生命安全的危急之戰；另一種是涉及「國家存亡」的危急之戰。這兩種危急不見得相同，甚至是不同的兩個概念[11]。例如，在某些現實情況下

11　對此議題的研究與探討，至今仍相當有限。部分論者如R. Holmes（1989）、
　　Rodin（2002）從普遍的人道主義視野，質疑「自衛保國」作為出戰目的之正

（如二戰期間遭德國侵略的法國），要「全面出戰保國」便須犧牲無數公民的生命；「先投降再抵抗」說不定更有助於維護公民的自我保存[12]。

　　要言之，華瑟所謂危及每個人、每位公民生命安全的危急之戰，其實仍是一種「選擇」。情況通常是：以保國之名，國家強迫公民投入危急之戰，因而使每個人、每位公民都生命不保。就此來說，在「自我保存」與「國家保存」之間，時而發生嚴重的道德衝突。從國家存亡的角度，要是容許公民拒絕危急之戰，則恐將國之不國；但從自我保存的視角，在某些危急情況下，「先投降再抵抗」可能要比「全面出戰保國」更有利於公民的自我保存[13]。

　　在筆者看來，華瑟反對國家強迫公民出戰的論證，不僅適用於非關危急的戰爭，甚至更適用於犧牲無數生命和人生的「國家存亡」之戰。即使是亡國之戰，自我保存仍是至關緊要的道德權利；否認此點，將無異於視無數生命和人生於無物。單就「自我保存」的政治道德而言，即使是完全合乎國際正義的國家存亡之戰，公民仍將有自我保存的權利，及其所衍生的拒戰權利。

（三）避免道德悲劇

　　當國家機器和主戰陣營以「國家存亡」之名，強迫公民投入危急之戰時，無論這是否導致勝戰或亡國，都將嚴重侵害公民的

當性。

12　另見 Judt（2005: ch. 1, ch. 2）論戰後西歐如何處理二戰期間降德者的問題。

13　參見 Ackerman and DuVall（2000: ch. 5）論二戰期間丹麥和荷蘭的非暴力抵抗行動。

自我保存（尤其是生命保存）權利。從自我保存的道德視野，就算我們認為「國家尊嚴」、「國家命脈」重於以十萬、百萬、千萬計的公民生命和人生，後者仍是重大的、不容等閒視之的道德代價。

在國家存亡之際，許多人會選擇跟國家至上主義者站在同一陣線，力主強制性的戰爭動員，並全面壓制拒戰和反戰運動。但無論吾人是否贊同此項選擇，它都意味以國家暴力侵害公民的自我保存權利；其意義不僅在於以十萬、百萬、千萬計的公民可能犧牲生命，還在於他們的生命和人生是斷送在國家至上主義的強制手段。再者，如果國家存亡之戰係因本國統治者濫權失職而起，或本國統治者負有大部分的戰爭責任，陣亡公民更可說是冤死、枉死。

在某些極度不利的現實條件下，人們陷入極度艱難的道德處境，以至於必須在不同的道德或價值之間進行選擇，而任何選擇都須付出重大的道德代價。以抗日戰爭和同盟國對抗納粹的戰爭為例，雖皆犧牲了數千萬生命，但仍廣被視做正義之戰甚至「好的戰爭」。這強烈暗示：在某些情況下，人們相信為了達成重要目標，縱使犧牲數千萬生命都是值得的；或者說，生命保存對於人類而言，從來就不是唯一重要的政治德目。但即使如此，犧牲無數公民的生命、人生和自由，終究稱不上是一件「好事」[14]。

從自我保存的道德邏輯來看，在任何戰爭狀態下（包括所謂的國家存亡之戰），公民都應該有自我保存的權利，及其所衍生的拒戰權利。在某些特別艱難的道德處境下，訴諸「自我保存」

14　參見 Norman（1995）論道德悲劇。另見 J. Cohen ed.（1996）、Habermas（2001）、Viroli（1995）關於愛國主義的論辯。

並不足以消解嚴重的道德衝突，但它仍具重要意義。當自我保存與國家保存難以得兼時，無論選擇何者，可能都將付出慘重的道德代價；但如果吾人更認真地看待公民的自我保存乃至拒戰權利，及其蘊含的政治道德思考，則理當積極避免此類道德悲劇的重演。

　　幾乎所有的戰爭，都不僅僅破壞有形的珍貴東西，同時還摧毀人們所珍視的道德與價值，還犧牲無數人的生命、人生和自由。如果我們確實看重公民的生命、人生和自由，就應該積極避免任何戰爭（尤其是所謂的國家存亡之戰）的發生。

戰爭與正義

第十章

從道德相對主義到國際容忍？

一、道德相對於文化？

　　1980年代以來，隨著社群主義和多元文化主義思潮之興起，某種訴諸「文化差異」的道德相對主義論說也廣泛流行。按其說法：道德總是相對於文化，有多少種特殊文化，就有多少種特殊道德。

　　此類「道德的文化相對性」論說，還被認為蘊含了特定的政治倫理意涵，如容忍、互相容忍、尊重文化差異，或對多元文化的平等尊重。在一國境內，社會多數應容忍或尊重少數族群的特殊文化實踐；在國際社會，則需要容忍或尊重威權主義的國家政權。試問：容忍的理由何在？相對主義論者可能會做出以下回答：某國政權之所以迫害異議者，是其特殊文化所使然；外人若批評該國迫害異議者，就是不尊重其特殊文化和特殊道德的表現。

　　「道德的文化相對性」論說不僅在學界廣受重視，在政治生活中也有很高的能見度。例如：「我們不應該批評他們迫害政治異議者，因為那就是他們的亞洲價值！」「你們有什麼資格批評

我們參拜靖國神社？參拜靖國神社就是日本的文化！」「談什麼
自由民主與普世價值？你已經被西方文化洗腦，屈從於西方霸權
還不自知！」此類相對主義式的政治話語，幾乎無日無之，但非
本章所欲細究。本章關切的是道德相對主義在國際正義領域的應
用（或誤用），尤其是華瑟和葛雷的「道德的文化相對性」論說。

　　實行自由民主制度的西方國家，應該如何對待其與非自由民
主政體的關係？應該以啟蒙者自居，盡可能促成非自由民主政體
的演變，甚至不排除發動政體改造戰爭？還是置身事外，以不干
預作為原則？或者，在何種狀況下不該干預，又在何種其他狀況
下應採取行動？自1990年代起，隨著東歐和蘇聯陣營的瓦解，部
分西方論者愈發強調「容忍」之於國際社會的重要。「國際容忍」
論者的立論基礎和具體說法不盡相同，但大都反對西方政府以伸
張自由民主之名，動輒發動戰爭。在今日國際學界，此類觀點或
許稱不上主流，但其主張者亦不在少數，包括著名的政治哲學家
羅爾斯、華瑟和葛雷。

　　本章的問題意識在於：此種國際容忍倫理，能否以道德相對
主義作為論說基礎？羅爾斯並未訴諸道德相對主義（參見第四
章），但華瑟和葛雷則以道德相對主義作為論據。本章擬申論指
出，國際容忍倫理並無法建立於「道德的文化相對性」論說。再
者，此類論說亦無助於釐清複雜的政治與道德現實，甚至呼應了
威權統治者訴諸文化特殊主義的正當化說詞，如亞洲價值論、中
國特色論等。

　　儘管筆者大體贊同國際容忍倫理，但認為道德相對主義並非
其適切的論說基礎。在筆者看來，如果國際容忍非得建立於「非
西方人民有嗜好專制的文化基因」或「尊重東方文化就須尊重東
方專制」此類邏輯，則其說服力勢必有限。

二、戰爭與國際容忍倫理

國際容忍論者如羅爾斯、華瑟和葛雷，主張國際社會成員共同捍衛一條反侵略、反納粹、反奴役、反種族滅絕的道德底線，並強調這條「最低限度的道德底線」（理解為一種道德交集）是跨文化、跨國界的。在共同的道德底線之上，各國之間的文化差異、價值差異、道德差異、政治差異等，皆需要容忍或尊重。西方政府不得僅因某國未實現自由民主，就對該國動武；唯有當最基本、最緊要的人權（不包括聯合國兩公約所列出的其他各項人權）在一國境內遭到侵害，國際社會才得干預。此外，唯有當一國對外侵略，或其境內發生極嚴重的人道災難（如種族滅絕、族群殺戮）而其他干預手段已無法奏效，外界得採取軍事行動。

以上即是國際容忍倫理的主要維度，乍看之下並無新穎之處，因其大體反映了二次戰後聯合國體制的基本走向：除了遭到侵略時的自衛和集體自衛，或安理會授權恢復和平，或制止極嚴重的反人道罪行外，各國不得以任何其他理由出兵。按羅爾斯的詮釋，除非一國對外侵略或侵害緊要人權，否則外界不應強行干預其內部事務（Rawls, 1999a: 27, 79）[1]。

然而，戰後的聯合國體制並無有效的約束力。在美蘇兩大陣營的對抗格局下，非法入侵或顛覆弱小的行徑比比皆是，強者對弱者的強制「干預」是常態而非例外。為了正當化軍事干預，蘇聯陣營訴諸國際共產主義終將勝利；西方陣營的知識分子則發展

---

1 以上只是一般性陳述，並未細究人道軍事干預的國際法面向。聯合國體制究竟是如何定位「人道干預」，至今仍具高度爭議，參見 C. Gray（2000）、N. Wheeler（2000）、Chesterman（2001）、Singer（2002: ch.4）。另見第十三章第二節的分析。

出一套現代化論說，把「白種人的負擔」重新表述為推動經濟和政治現代化的使命（Harootunian, 2004）。

1960年代起，美國社會出現強烈的反越戰聲浪，遂使義戰爭議浮上檯面。華瑟在1977年出版的《正義與非正義戰爭》，開啟了新一波義戰論辯（Walzer, 1992）。相較於當時美國的對外政策，華瑟的論點帶有顯著的「非干預」傾向。他把正義的出戰目的侷限於自衛，和遏止「震撼人類道德良知」的人道災難（ibid.: 107; 1994: 15; 1997: 21）。

1980年代以降，華瑟提出以「最低限度的道德」作為國際道德底線（Walzer, 1987; 1989; 1994; 1997; 2004）。按他的說法，各國對正義的理解，皆根植於各自特殊的社會文化；但各文化都把謀殺、欺騙、奴役、殘酷、凌虐視做道德之惡，故仍存在道德交集（Walzer, 1987: 23-25; 1994: ch. 1, ch. 4; 1995b: 293）。儘管華瑟並未發展出一套人權理論以表述「最低限度的道德」，但強調「我們需要這麼一種人權理論」（Walzer, 1995b: 293; 1994: 17）。

華瑟所謂「最低限度的道德」具有如下的規範性意涵。第一，只要一國滿足了最低限度的道德，外界就不應該干預。第二，當一國境內發生了落於道德底線以下的情事，其免於干預的權利即失去效力。干預有許多種，從輕微到嚴厲，包括批評和譴責、中斷文化交流、經濟或外交制裁等，其行使須合乎比例（Walzer, 1994: 15-16; 1992: 101-108）。第三，當發生「震撼人類道德良知」的人道災難，而其他干預手段又無濟於事時，國際社會有義務出兵制止（Walzer, 1992: 107; 1994: 16; 1997: 21）。

華瑟自1990年代起特別強調「容忍」，顯與國際大環境的轉變有關（Walzer, 1997）。蘇聯瓦解後，美國成了唯一超強，這降低了美國對外動武的成本。在此情況下，呼籲美國「容忍」他

國，意指後冷戰時代的美國不該動輒出兵[2]。

葛雷是另一位著名的國際容忍論者，他的容忍觀點與華瑟接近。照葛雷的陳述，吾人需要「融貫一致的人權觀點」以作為各國和平共存的基礎（J. Gray, 2000: 138）。雖然葛雷並未詳細列舉他的（最基本）人權清單，但他強調（最基本）人權不等於自由民主所保障的基本自由及權利；後者是特殊文化的產物，前者則是跨文化的道德交集。葛雷所謂的「（最基本）人權」相當於華瑟「最低限度的道德」；只要滿足了底線要求，則無論是哪種政體，都需要得到容忍或尊重（ibid.: 106-110）。

在1999年《萬民法》中，羅爾斯為國際容忍提供了一套更系統性的理論表述（參見第四章第三節）。他把「人權」界定為一組最緊要的權利，包括生命權（人身安全、免於屠殺）、免於奴役的自由、一定程度的良心自由等。羅氏強調，緊要「人權」跨越文化差異，並不是西方或自由民主社會的專利；自由民主或是非自由民主社會，都應該保障最基本人權，並以此作為國際正義準則。凡是尊重緊要「人權」的社會，無論是否實行自由民主制度，都有權免於強制性的干預；外界亦不得以提供誘因的軟性方

2　華瑟認為，就國際社會而言，談「容忍」可能比談「互相尊重」更恰當，因為各國實力相差甚多；但「互相尊重」、「平等尊重」也經常出現在他的陳述中。如華瑟指出，「容忍」往往被視為強者的話語。即使強者決定容忍弱者，弱者可能仍覺得有失尊嚴，因其肯認了強弱之間的不平等地位。儘管容忍論者對西方帝國主義行徑多所批判，但恐怕還是難以讓非西方的反帝知識分子滿意；後者可能會說：我們要的是「平等」而不是霸權所施捨的「容忍」。然而，西方容忍論者想要奉勸的對象是西方強權，所以對他們來說，談「容忍」可能比談「平等」更務實有效。參見Walzer（1997: 52）。羅爾斯（1999a: 121-122）則表示，雖然他的「容忍」話語會被批評為西方中心主義，但他所論證出的「互相尊重」的國際倫理，卻不是西方中心論式的。

式促其演變（Rawls, 1999a: 79, 65, 81-85）。羅爾斯還暗示：西方政府不應該「批評」維護了緊要人權，但未實行自由民主的社會（ibid.: 84, 122）[3]。

華瑟、葛雷和羅爾斯所主張的國際容忍倫理，並不包括對極權主義、納粹主義和種族滅絕的容忍，但包括對不少非自由民主政體的容忍。「容忍」與否，取決於最基本人權是否遭到侵害，而不是自由民主的實現與否。對此，華瑟、葛雷和羅爾斯的判斷趨向一致，儘管他們的立論基礎有所不同。

我們不妨追問：主張國際容忍倫理的「論據」何在？對於某些主張的共同支持，可能是出於各自不同的論據；其中有些較具說服力，有些則未必站得住腳。以下，我們將分析華瑟和葛雷「道德的文化相對性」論說，並申論何以國際容忍無法建立於道德相對主義。

三、華瑟：正義內在於文化

為何國際社會應該「容忍」各國（在共同道德底線之上）的不同政治制度與實踐？華瑟的解題線索是：共同體成員對於正義的理解，乃根植於、內在於他們所共享的特殊文化和生活方式（Walzer, 1983; 1987; 1989; 1994）。在此，共同體指的是政治共同體，相當於日常語言中的社會、國家、民族或國族；文化指的是國族文化（Walzer, 1989）。

3　羅爾斯的這些「容忍」主張，遭到部分自由主義者的強烈批評，參見Teson（1995）、C. Jones（1999）、Tan（1998）、Buchanan（2000），另見第四章第一節。

在1983年《正義的諸多領域》中，華瑟首度闡發以上觀點。照他的說法，「分配正義」關乎需要公正分配的重要社會財貨，如榮譽、公職、財富、教育機會、醫療照顧、政治權力等。某項社會財貨的分配是否合乎正義，端視共同體成員對該項財貨的「社會意義」的理解為何。符合此種理解的分配，即是合乎正義的分配。華瑟強調，此種理解必然是特殊的，且根植於、內在於共同體成員所共享的社會文化（Walzer, 1983: 314）[4]。

在正義課題上，華瑟採取了一種文化主義或習俗主義的理路：文化／習俗界定了何謂正義。再由於國界被視做各種文化／習俗的基本疆界，這意味有多少種特殊的國族文化，就有多少種正義的特殊理解，就有多少種特殊的道德實踐（Walzer, 1989; 1994: ch. 2）。此一理論立場，實已超越了經驗性的文化或道德多元主義，而是一套相當激進的「道德的文化相對性」論說[5]。正義／道德總是特殊的，總是相對於（內在於、根植於）特殊文化；因此，儘管跨文化的道德交集（所謂「最低限度的道德」）可能存在，但超文化的、普遍的正義或道德原則卻不可能成立。抽象地談論正義／道德是無意義的，因為正義／道德必有文化作者；我們需要先知道作者是誰，才知道談論的是誰的正義、誰的道德[6]。

道德的文化相對性又意味「外在批評的不可能性」。跨文化

4　另見Miller and Walzer eds.（1995）所收之論辯文字。

5　華瑟不常使用「文化」一詞，但這不妨礙吾人如此界定他的立場。他經常使用「正義相對於社會意義」，並對「社會」採取了一種文化／習俗主義式的理解（Walzer, 1983: 312; 1994: 41）。

6　參見Taylor（1994）所表達的類似觀點。另見Sen（1999）、B. Barry（2001）、Levy（2000）對這類論點的批評。

或超文化的政治／道德批評近乎於不可能，因為外在批評者很難理解其他特殊文化的意義世界（Walzer, 1983: 314）。雖然華瑟後來做出了修正，主張可從「最低限度的道德」進行跨文化的政治／道德批評，但他堅持：「最低限度的道德」是各種特殊文化的道德交集，而非超文化的普遍道德（Walzer, 1987: 23-25; 1994: 17; 1995: 293）。在此道德交集之外，跨文化的政治／道德批評仍不可能（Walzer, 1987; 1994: ch. 2）。

　　華瑟強調，任何人若以「外在的或普遍的原則」對異文化進行政治／道德批評，將構成不合乎正義的「凌駕」甚至「暴虐」。在最低限度的道德交集之外，任何跨文化的政治／道德批評，都將無異於文化帝國主義的表現。此類「外在批評」對其他的群體及其特殊文化，欠缺了「平等的尊重」，故不合乎正義（Walzer, 1983: 312-314）。

　　以上是華瑟「正義內在於文化」論說的基本邏輯。對此論說，後續分析的重點在於：華瑟是否已成功地從「道德的文化相對性」推論出國際容忍？他如何理解文化與道德／政治的關係？他的論說又具有哪些現實意涵？

（一）對特殊文化的平等尊重

　　從道德的文化相對性，華瑟能否推論出國際容忍倫理？在此值得追問：何以凌駕異文化，不尊重異文化，就是不合乎正義？不合乎誰的正義？何以局外人不應該成為文化帝國主義者？

　　綜觀人類歷史，我們不難發現：文化帝國主義的心態和實踐，為了一己尊嚴而踐踏他人尊嚴，為了彰顯自身優越而凌駕他人的衝動等，其實「內在於」不少共同體的「特殊文化」。因此，按華瑟的論說邏輯，批評文化帝國主義，就是批評其所從出

的特殊文化，就是不尊重這些共同體的自我理解，就是訴諸「外
在的或普遍的原則」的「外在批評」，就是一種「凌駕」或「暴
虐」。

如果「平等尊重」意味拒絕文化帝國主義，但文化帝國主義
卻又根植於、內在於某些群體的特殊文化，那麼，後者顯然沒有
獲得平等的尊重。反之，如果「平等尊重」意味尊重文化帝國主
義，則「平等尊重」也還是無法成立，因為文化帝國主義者並不
尊重其他特殊文化。故而，從華瑟的理論邏輯，吾人得不出他的
「反文化帝國主義」倫理，也得不出「對特殊文化的平等尊重」。

如果前述論證成立，則華瑟並未從他的「道德的文化相對
性」論說，成功地推導出互相容忍、彼此尊重的國際倫理。此
外，我們甚有理由懷疑：國際容忍似乎無法建立於任何「道德的
文化相對性」學說；以及，若要證立國際容忍倫理，很可能就必
須拒絕「對『特殊文化』的平等尊重」。關於這兩點，第五節將
提出進一步說明。

（二）文化同質性的預設

《正義的諸多領域》廣被視為提倡多元主義的論著，但如部
分批評者所指出，華瑟式多元主義關注的是各種社會財貨、各個
社會次領域的多元存在，而不是正義觀的多元存在。華瑟假設社
會成員對各項重要財貨的「社會意義」，都已取得了高度共識
（Walzer, 1983; Miller and Walzer eds., 1995）。

華瑟鼓勵吾人探索「社會成員對 X 的文化理解」或「X 的社
會意義」為何。照他的陳述，一旦掌握了 X 的社會意義，則符合
此種意義的解決之道就是正義。在此，呼之欲出的是華瑟的「文
化同質性」預設，亦即：從 A 到 Z 等各項重要財貨的社會意義，

應該都只有一種。

　　例如，華瑟始終堅持美國人對「醫療照顧」的社會意義存有高度共識，即要求建立公部門醫療體系，以滿足所有美國公民的醫療需要。但美國社會距離此一目標甚遠，遂讓人懷疑華瑟所謂的共識究竟有多強？他認為前述共識存在，只是遭到既得利益者的抵制而難以落實（Walzer, 1983: 86-91; Gutmann, 1995）。然而，從近三十多年美國的政經發展趨勢來看，新自由主義（neo-liberalism）的市場正義觀顯具高度影響力，或至少已是今日美國文化的構成要素。此例暗示：「X的社會意義」未必見得單一，還可能不斷流變。

　　又如，華瑟認為雅典人普遍相信奴隸制不合乎正義；或者說，奴隸制不符合雅典人的文化自我理解（Walzer, 1983: 53）。但假使此說為真，「文化」究竟是解釋了「奴隸制不合乎正義」的自我理解，還是解釋了「奴隸制的長期存在」？如果文化無法解釋後者，豈不正說明「文化」與「道德／政治」的關係，並不如華瑟所想像的那般緊密？

　　如華瑟所指出，自《正義與非正義戰爭》問世以來，各界評估「義戰」的道德標準逐漸升高（Walzer, 2004）。此外，國際社會「最低限度的道德」底線也在升高。昔日殖民主義者對原住民的種族滅絕，20世紀兩次大戰的殺戮和納粹主義等，在在暗示今日「最低限度的道德」得來不易。然而，華瑟的相對主義論說及其文化同質性的預設，卻似乎無助於理解此類「道德進步」現象[7]。

　　在華瑟論說中，「文化」被視做高度同質的整體，其內部的

7　另見Rachels（1993: 22）論道德進步。

多重張力、衝突和不平均發展遭到低估。「文化」被當成無所不能的解釋項，幾乎從來不是被解釋項[8]。

（三）對威權政體的文化辯護

　　華瑟的相對主義論說還蘊含以下觀點：西方社會之所以實行自由民主，和部分非西方社會之所以不接受自由民主，皆其特殊文化所使然。此項觀點簡化了西方走向自由民主的歷史過程，並把自由民主本質化為「西方文化」、「西方人」的成就。此外，它把部分社會之未能實現自由民主，歸因於非自由、不民主的特殊文化，彷彿其天生就帶有專制的文化基因。

　　表面上，華瑟「道德的文化相對性」論說，是為了促成對文化群體及其特殊文化的平等尊重。但實際上，效果卻可能相反。試想：暗示威權政體是非西方文化的內在產物，究竟是對非西方文化的「尊重」還是「羞辱」？

　　就其效果（若非意圖）來說，華瑟的論說為非西方世界的威權統治者，及其訴諸文化特殊主義、道德相對主義、國族浪漫主義的意識型態，提供了絕佳的正當化說詞。在尊重文化差異、捍衛特殊文化的名義下，迫害異議者、箝制言論等行徑，儼然取得了「文化」背書。除非此類政治／道德實踐落於「最低限度的道德」底線之下，否則都可以界定為根植於、內在於非西方特殊文化的產物，因而不容「外在批評」[9]。

8　另見 Parekh（2000: ch. 2）論文化本質主義。

9　華瑟以六四天安門學生運動為例，強調西方人不該干預中國人的民主運動，不該以指導者自居，而該讓中國人去追求中國式的民主。以筆者理解，華瑟不曾公開表達「東方專制內在於東方文化」或「東方專制有理」，也不曾公然以「文化」之名支持非西方威權政府的鎮壓行徑。然而，此處所批評的並

四、葛雷論文化特殊性

　　高度同質的文化整體，對葛雷而言幾已不存在於今日世界（J. Gray, 1997: ch. 7; 2000: 118-122）。不過，葛雷也提出一種「道德的文化相對性」論說：有多少種文化或生活方式，就有多少種價值的排列組合，就有多少種道德／政治實踐。

　　葛雷認為，自由主義式的容忍有兩種不同思路：一種致力於追求最理想的、具普適性的生活方式；另一種則尋求各種不同生活方式得以和平共存的條件。前者是啟蒙主義式的自由主義，後者是暫訂協議型的自由主義（J. Gray, 2000: 1-6）。葛雷不遺餘力地批判啟蒙自由主義，他認為後者內含目的論式的進步史觀，視自由主義為普遍真理和人類歷史的歸宿（J. Gray, 1995a; 1997; 1998a; 1998b; 2002; 2003; 2004）。暫訂協議型的自由主義雖追求和平共存，但仍執著於自由主義價值和政體的優越性。在葛雷看來，若要追求和平共存，若欲達成暫訂協議，就得以價值多元主義取代自由主義[10]。

　　照葛雷的陳述，價值多元主義承認人性的存在，亦承認普遍價值和普遍善惡的存在。基於共通的人性，人類有共通的但多元的需要和旨趣。多元價值的衝突，係源自多元的人類需要和旨趣之間的衝突，故有其人性基礎。除非人性徹底改變，否則，價值

　　非華瑟本人的政治態度，而是他的相對主義論說的現實意涵。即使華瑟明顯不喜歡專制，但他的論說卻可以用來支持非西方威權政府的壓迫作為。參見Walzer（1994: 59-61）。

10　葛雷從自由主義轉進到價值多元主義的歷程，非本章所能探究。參見J. Gray（1983; 1984; 1989; 1993a; 1993b; 1995b; 1995c），另見Mehta（1997）、Weinstock（1997）、Talisse（2000）、蔡英文（1997；2002a）的相關討論。

衝突仍將是人類倫理生活的常態（J. Gray, 2000: 8-11）[11]。

葛雷強調，多元價值在眾多情況下是無法通約共量的。例如，價值與價值之間有時不可互換，如金錢無法換取友誼；同一價值在不同文化脈絡下亦有不同詮釋；不同文化或生活方式所標榜的善與德行，時而大異其趣（ibid.: 35-40）。此外，在諸多普遍價值之間，如正義與和平之間，有時也不可通約共量。另一類情況是，普遍價值（如正義）本身即內含價值衝突；譬如，為了矯治歷史不正義而採取的某些做法，可能會對這一代構成不正義（ibid.: 7）。

進而言之，當價值衝突發生時，往往不存在唯一合理的解決方式。當代自由主義者所謂的多元，指的通常是多元的個人信仰、理想或人生價值；但價值多元主義肯認「文化」或「生活方式」的多元存在（ibid.: 13）。各種不同的文化，各種不同的政治體制等，各有其價值權衡的特殊方式。合理的解決辦法不只一種，也沒有任何一種稱得上是最合理的（ibid.: ch. 2, ch. 4）。

葛雷的合理性判準何在？他表示，國際社會需要「融貫一致的人權觀點」以作為和平共存的基礎（ibid.: 138, 110）。但在最低限度的道德底線之上，趨善避惡的合理方式有許多：「一個政體可能具有高度的正當性，卻不一定尊崇明確的自由價值（ibid.: 107-110）。」[12]

葛雷的文化觀與華瑟不同，但亦採取了一種「道德的文化相對性」論說：有多少種文化或生活方式，就有多少種價值的排列組合，就有多少種道德和政治實踐；對不同政體的容忍或尊重，

11　另見Hampshire（2000）論「正義即衝突」。
12　取自蔡英文（2002b：143）的中譯。

乃是對不同文化或生活方式的容忍或尊重[13]。此與華瑟「對特殊文化的平等尊重」相去不遠。

（一）尊重多元差異的生活方式

從道德的文化相對性，葛雷能否推論出互相容忍、彼此尊重的國際倫理？

葛雷指出，價值多元主義乃是對人類倫理生活的實然理解；而他呼籲建立的暫訂協議，則是政治應然面上的主張。嚴格來說，接受前者（一種實然）不表示就必須接受後者（一種應然）。但他強調：價值多元的現實，瓦解了「只有一種（自由民主）政體是正當的」之迷思，並肯認了合理政體和合理生活方式的多元存在。故而，價值多元（實然）與暫訂協議、和平共存（應然）仍具親近性（江宜樺，2003）。

但難處在於：從政治／道德的文化相對性，葛雷並無法推論出和平共存、互相容忍的國際倫理。華瑟所無法回答的難題，葛雷也同樣難以回答，亦即：如果文化帝國主義正是某些「文化」或「生活方式」所做出的特殊的價值權衡，葛雷憑什麼理由不尊重之？葛雷所謂「尊重多元差異的生活方式」，跟華瑟「對特殊文化的平等尊重」一樣，似乎都隱含嚴重的自相矛盾。

13　儘管葛雷強調他不是道德相對主義者，但這是因為他把道德相對主義界定為「道德總是相對於某一套融貫的、整全的特殊意義脈絡」（J. Gray, 2000: 53-54）。然而，道德相對主義卻未必非得假設道德相對於「某一套融貫的、整全的特殊意義脈絡」。在葛雷論說中，道德的文化相對性乃建立於、相對於特殊的價值組合。

（二）高度抽象的文化特殊性

　　葛雷論說的最大特色在於：「文化」或「生活方式」本身即是價值衝突的載體，而不是和諧的整體。葛雷並未預設文化或生活方式的內在同質性，也不假設各種文化或生活方式之間缺乏互動，甚至也不排除流變的可能。

　　對葛雷來說，文化或生活方式存在於「經驗」和「實踐」。後者的特殊樣態有其各種成因，包括經濟、人口、環境、歷史、政治、意識型態等因素。但重點是：這些作用力共同形塑出了特殊的文化經驗或生活實踐，孕育出特殊的政治體制，並從中體現出特殊的價值排列組合（J. Gray, 2000: 55-56）。

　　以上分析也許太過抽象，不妨舉例說明之。假設：政體 R 是個非自由民主政體，但並未侵害最基本人權，故符合葛雷的合理性判準。葛雷並不否認政體 R 有其複雜成因，但他的論說重心是：吾人之所以應該容忍或尊重政體 R，乃是因為 R 體現出某種特殊的價值組合 V（如安全與權威高於自由、經濟成長重於分配正義）。按他的邏輯，尊重文化差異就必須尊重 V，尊重 V 就必須尊重 R[14]。

　　但我們不難想像，即使某天中國大陸實現了自由民主制度，也不會失去葛雷意義的文化特殊性。因為，中國式自由民主「安頓價值衝突的特殊方式」，總還是會與美國式或法國式有所不同。中國在時間點 t1 的政權 R1 有其價值／文化特殊性 V1，但在時間點 t2 的政權 R2 也有其價值／文化特殊性 V2。葛雷的文化特殊性論說並不是解釋性的，也不是規範性的，而是一種高度抽象

14　參見 J. Gray（1998a: ch. 7）論中國。

的價值閱讀。正因如此，它無法說明R1／V1會或不會、應該或不應該演變成R2/V2。

除了強調西方與非西方的文化差異，葛雷亦指出西方各國之間的文化差異，如美歐對一些重要價值的不同權衡。以葛雷的邏輯，即使是英國和美國，也都可以詮釋為兩種不可通約共量的價值／文化抉擇。他的論說固然凸顯出歐美差異、英美差異，但卻存而不論歐美、英美之間的家族親近性（ibid: ch. 3）。異中有同，同中有異，本不讓人意外。總統制或內閣制，事前或事後的憲法審查，成文或不成文憲法，警察的權限有多大，仇恨言論的管制辦法等，各國都有其特殊性。然而，葛雷只關照文化特殊性和差異性，卻視而不見自由民主範疇的存在。

（三）亞洲價值與東方主義

實則，葛雷的文化特殊性論說不必排除任何的政治可能，因為無論採取何種政治體制，葛雷式的文化特殊性都依然存在。但葛雷在談論現實政治時，卻似乎很想終結歷史。他的基本說法是：既然中國現在的政權R1有其價值／文化特殊性V1，大家就應該尊重V1，乃至尊重R1；誰要是主張中國朝V2/R2演變，就是不尊重V1/R1的文化帝國主義表現。

在政治上，葛雷是一位「東方主義者」。他主動呼應亞洲價值論，並高度讚揚中國大陸的專制統治（J. Gray, 1998a: ch. 7）[15]。中國「或可視為對於傳統自由主義啟蒙計畫的最激進的經驗否證，因其在採納西方科技時，豐富了對於西方價值依然懷有深刻

---

15 關於東方主義與西方主義，參見Said（1978）、Bonnett（2004）。另見Sen（1997）對亞洲價值論的批評。

敵意的非西方文化。」尤其是，中國並未採納「西方式的民主制度，或特別尊重『人權』的西方式市民社會。」中國、新加坡、日本及其他亞洲國家的經驗顯示：選擇「亞洲價值」的社會比起西方來說，可能「一樣好或更好」（J. Gray, 1995a: 127, 83）。如此坦率的東方主義政治表態，在華瑟那裡是看不到的。

五、相對主義無法證立國際容忍

華瑟和葛雷從「正義內在於文化」和「價值多元主義」發展出各具特色的文化論說，並試圖推論出「容忍文化差異，尊重特殊文化」的國際倫理。他們主張，吾人應尊重多元差異的特殊文化（或文化特殊性），及其所養成的特殊的道德和政治實踐。國際社會（尤指西方國家）之所以應該「容忍」非自由民主政體，其主要理由即在於此。

本章的主旨則在於說明：從「道德的文化相對性」論說，其實推導不出國際容忍倫理。此類論說亦無助於釐清複雜的政治和道德現實，甚至很容易淪為威權統治者的正當化說詞。

（一）道德相對主義的悖論

在倫理學界，道德相對主義的論辯已行之有年。其中一項頗具爭議的課題正是：從道德相對主義，能否推論出互相容忍或彼此尊重的政治倫理？部分論者（包括華瑟和葛雷）相信在道德相對主義和容忍倫理之間，存在親近性或甚至邏輯關係。然而，具說服力的論證至今尚未出現[16]。

16　參見Gowans（2004）論道德相對主義。另見Wong（1984）、B. Williams

　　華瑟和葛雷需要面對的悖論是：如果道德只能相對於特殊文化而存在，那麼，互相容忍、彼此尊重的道德，究竟是誰的道德？又相對於哪種或哪些特殊文化？按「道德的文化相對性」論說，容忍倫理必然相對於特殊文化。然而，「不容忍的文化」何以要接受「異文化」所看重的容忍？

　　在筆者看來，互相容忍、彼此尊重的政治倫理，首先需要肯認某種「互惠」原則，連同某種「地位平等」。除非今日所有（國族）文化都已接受此種「互惠」與「地位平等」，否則，如果吾人欲說服「不容忍的文化」改弦易轍，必得先界定出容忍倫理所蘊含的道德普遍主義要素。

　　再者，儘管「互惠」是跨越許多文化的共同道德關懷，但其本身仍不足以支持國際容忍倫理（一種特定的國際互惠）。後者是人類道德演化過程的產物，是通過對幾百年來殖民主義、帝國主義和國族主義殺戮的歷史反省，所逐漸凝聚出來的「新興倫理」。此種倫理，與其說是相對於哪些特殊文化，倒不如說是相對於人類的血腥殺戮史。正因如此，它帶有顯著的道德普遍主義要素。

　　華瑟和葛雷幾乎把所有的道德和政治差異，都歸結為文化差異，並聲稱文化差異需要容忍或尊重。華瑟主張「對特殊文化的平等尊重」，葛雷則呼籲「尊重多元差異的文化」。但問題在於：不少國族「文化」都帶有文化帝國主義的心態或欲望。它們或許有其他理由接受國際容忍，但這首先意味須放棄文化帝國主義；也還意味文化帝國主義作為一種特殊文化，不能也不應該獲得「充分尊重」或「平等尊重」。

　　（1985: ch. 9）、Putnam（1990: ch. 11）。

對文化帝國主義者來說，華瑟和葛雷的道德相對主義或者蘊含「尊重文化帝國主義者及其特殊文化」，或者可被如此詮釋。美國政府可據此宣稱：美國人之所以不尊重非自由民主政體，乃美國特殊文化所使然；尊重美國的文化特殊性，就必須尊重美國的軍事外交政策。局外人要是批評「美帝」，就是不合乎正義的「外在批評」，就是對美國文化的「凌駕」或「暴虐」。同理，中共在藏疆的高壓統治，也可被詮釋為漢族的特殊文化所使然，外界不應批評，而應平等尊重。

（二）尊重特殊文化或文化特殊性？

在華瑟和葛雷的論說中，「文化」彷彿變成了帶有宗教意味的範疇。由於宗教自由廣被視為一項最基本的自由，「這是我的宗教信仰」往往暗示論辯的終結。過去流行以「這是我的宗教信仰」來終結討論，現在則時興以「這是我的文化」來畫上句號。然而，在一個重要的環節上，華瑟和葛雷把「文化」比附成「宗教」的嘗試並不成功。

要言之，「人民有信仰宗教的自由」並不必然蘊含「對宗教信仰的平等尊重」或「尊重各種宗教信仰的內容」。張三也許不喜歡李四的宗教信仰，甚至斥為迷信，但卻不能侵害李四的信仰自由；尊重他人的宗教自由權，與是否尊重他人的宗教信仰內容或其特殊性，並非同一回事。此外，假使某些宗教鼓吹食人肉、追殺批評者、施放毒氣等，此類信仰非但不會獲得尊重，其主事者還會遭到法辦。再者，吾人注定不可能同時尊重各種宗教信仰的特殊內容，因其充滿了互斥的倫理主張；同時尊重A和B是可能的，但同時尊重「A和非A」或「B和非B」則不可能（P. Jones, 1998）。

　　同理，我們不可能同時尊重各種特殊文化或其文化特殊性，正因其充滿了互斥的倫理主張。邏輯上，華瑟所謂「對特殊文化的平等尊重」和葛雷所謂「尊重多元差異的文化」，實皆無法成立。要國際容忍，要反對文化帝國主義，就不可能充分或平等地尊重特殊文化或其文化特殊性。試想：文化帝國主義難道不是一種特殊文化？誰要是充分或平等地尊重此種特殊文化，還如何能為國際容忍辯護？

（三）文化羞辱、羞辱文化

　　與其奢談「尊重特殊文化」，更務實的思路或許在於：吾人首先應該「不羞辱」他國文化。更確切地說，我們或應避免以「文化」之名批評他國特定的政治／道德實踐；因為此類批評「一竿子打翻一條船」，特別容易激發出羞辱感，進而強化怨懟與仇恨（Levy, 2000）。

　　部分西方論者動輒把非西方社會的「落後」歸因於其劣等「文化」，並把自由民主歸因於優越的西方文化或族群性。此種準種族主義式的論說，不僅羞辱了其他「文化」，也還反映出對己身歷史與文化的無知。雅典奴隸制、美國黑奴、英國童工、德國納粹、西方的殖民主義與帝國主義等，在此種歷史終結論式的「文化本質主義」言說中，幾乎消失不見。

　　華瑟和葛雷皆強烈批判文化帝國主義及其偏見，但他們的批判武器，即「道德的文化相對性」論說，卻弔詭地衍生出類似弊病。為了避免羞辱與被羞辱，我們應該避免以「文化」之名批評他國特定的政治／道德實踐；但與此同時，也應該避免以「文化」之名肯定、讚揚或美化他國具爭議的政治／道德實踐，如迫害異議者、壓迫少數民族、箝制言論與宗教等。華瑟和葛雷的相

對主義論說，表面上蘊含對此類政治／道德實踐的「文化肯定」；但換個角度來看，卻未嘗不是另一種「文化羞辱」。

（四）為政治／道德進步保留空間

華瑟或是葛雷的相對主義論說，都難以說明人類歷史上的「道德進步」現象。一旦接受他們的論說，則吾人不但難以理解他們的「反帝」倫理從何而來，也無法解釋何以「最低限度的道德」底線（理解為跨文化的道德交集）呈現出不斷升高的趨勢。

在筆者看來，今日任何的國際容忍倫理及其理論化表現，都應該為文化更新與政治／道德進步保留空間，也都必須嚴肅看待兩個史實。第一，在近現代西方社會通往自由民主的道路上，充滿了暴力、戰爭及赤裸裸的壓迫和宰制；自由民主既不是西方文化的當然產物，「西方文化」也無法解釋何以西方後來會走向自由民主。搞奴隸制的西方是西方，搞種族滅絕的西方是西方，弱勢人民奮起抗爭的西方是西方，自由民主的西方也是西方。這正暗示：政治實踐的修正和政治道德的進步，未必會導致文化認同或文化特殊性的喪失。

第二，隨著資本主義現代性的擴張，訴諸自由、平等、民主、人權、正義、憲政、法治的政治／道德話語，和要求建立自由民主制度的呼聲，實已存在於多數非西方社會的內部。即使尚未建立自由民主，這也稱不上是專制的文化基因所使然。「文化」並非鐵板一塊，也無法「決定」一國的政治實踐、政治制度、政治道德、對正義的理解等。在政治／道德與文化之間，不存在簡單的表裡對應關係。

歷史地看，往往正是政治實踐的修正和政治道德的進步（或演變），帶動了文化的更新。吾人對於政治實踐、政治制度和政

治道德的修正，並不會輕易導致文化認同、文化特殊性（無論如何理解）的消失。為政治／道德進步保留空間，並不表示就必須接受目的論式的歷史終結史觀。恰好相反，歷史空間相當寬廣，不排除各種創新。

（五）關於道德普遍主義

　　華瑟和葛雷斥「道德普遍主義」為抽象的、空洞的、毫無意義的空中樓閣。為了凸顯政治／道德的文化相對性，他們一味強調文化特殊性與差異性，以至於遮蔽了道德普遍主義言說的進步作用。

　　華瑟的文化論說著眼於西方與非西方的文化差異，所以經常下意識地把西方當成高度同質的文化集團。但我們知道，德國、前東歐及不少其他國家的「西方之路」走得並不順利，這本是一種痛苦的政治／道德趨同化過程。但政治／道德的趨同化自有其重大意義，否則華瑟和葛雷亦無必要談論「最低限度的道德」。

　　華瑟欲取消道德普遍主義，但後者卻又經常在他的文本裡現身。例如，他批評德國以種族作為標準的歸化政策不合乎正義，但這項批評的假設是：德國應接受內在於西方文化的某種道德普遍主義，並據此修正其歸化政策（Walzer, 1983: 56-60; Carens, 1995）。在此，華瑟對德國歸化政策的「外在批評」，其實正是一種訴諸「道德進步」和「道德普遍主義」的批評。

　　帶有普遍主義聲稱（claims）的政治／道德範疇及話語之所以存在，乃至影響力日增，首先是基於一些類似的、共通的現代性經驗。此與西方帝國主義和資本主義的全球擴張，本有密不可分的關係，但卻不能簡單地視為西方帝國主義的私有財。把道德普遍主義話語奉送給帝國主義者，或奉送給西方文化（如華瑟和

葛雷），皆頗不明智。

馬克思出於他的共產主義信仰，堅信無產階級會拒絕布爾喬亞的平等主義話語，進而發展出清澈透明的共產意識。但19世紀英國工運和後起的歐洲社會民主運動，都訴諸平等主義（一種以「平等」為核心的道德普遍主義），並把階級壓迫主要歸因於政治不平等（G. Jones, 1983: ch. 3）。正因為此種道德普遍主義發揮了巨大的政治進步作用，也才使得一人一票的「自由民主」逐漸成為可能；也才迫使資產階級自由主義（一種捍衛少數人特權的自由主義）轉向更民主、更平等的自由主義（Dunn ed., 1993）。

從道德普遍主義的視野，從追求政治進步和道德進步的角度，吾人有理由支持互相容忍、彼此尊重的國際倫理嗎？實際上，西方強權的干預政策及其說詞，往往無助於國際和平，反而製造出更多仇恨和衝突。軍事干預，在絕大多數情況下是出於地緣政經利益；選擇對伊拉克而非沙烏地阿拉伯或巴基斯坦動武，無疑是正當性短缺的「選擇性正義」，也正顯示「推動自由民主和普遍人權」並非美國出兵的主要動機。美國在中東的各種干預，已使該地區的傳統主義逐漸走向原教旨主義（J. Gray, 2003）。

如果自由民主和普遍人權確實重要，而西方強權的軍事干預往往適得其反，則無論是從羅爾斯的假設性契約論（Rawls, 1999a）或從「原則的後果主義」（rule consequentialism）來看，吾人應有很好、很強的理由支持國際容忍。儘管筆者贊同國際容忍倫理的基本主張，但華瑟和葛雷的道德相對主義，並非其適切的論說基礎。

第十一章

勝利者的正義？
美國對日本的政體改造

一、東京審判與政體改造

　　1945年春，太平洋戰爭的勝負幾已確定，但美國為了迫使日本無條件投降，對東京及其他日本城市展開地毯式轟炸。同年8月，美軍在廣島和長崎投下原子彈，進而取得占領日本、審判日本領袖、對日本施行政體改造的權力。在這整個發展過程中，引起後人最多非議者，莫過於廣島和長崎的原爆（詳見第十二章）。但近年來，隨著日本國族復興運動的抬頭，由美國所主導的東京審判與政體改造的正當性問題，亦再次浮上檯面。

　　以靖國神社爭議為例。中韓政府之所以反對日本首相以官方身分參拜靖國神社，主要理由是靖國神社祀有東條英機等十四名A級戰犯。東條等人被判為A級戰犯，乃東京審判的結果；但部分日本右翼人士聲稱：東京審判本來就不是一場公正的審判，只不過是「勝利者的正義」而已。

　　再以日本的修憲爭議為例。近年來日本右翼所謂的「正常國

家」走向，意指日本應廢除或修正戰後憲法的第9條和平條款。戰後日本的和平憲法，本是美國泰山壓頂、強力植入的一部憲法；批評這部憲法使日本變得「不正常」，也同時暗示對美國政體改造行動的質疑。

在今日東北亞，東京審判的正當性課題，已因靖國神社爭議而高度政治化。在日本內外，關於和平憲法與再軍事化的爭議，連同日本右翼鷹派一再美化大東亞戰爭、否認戰爭罪行、推卸戰爭責任等徵候，亦指向美國政體改造行動的得失問題。然而，出於各種複雜的政治因素，東北亞各界對東京審判和政體改造的批評，卻往往流於片面，而未能適切地定位美國所扮演的角色。

東京審判只不過是「勝利者的正義」嗎？哪種勝利者的正義？時至今日，我們該從何種角度去反思東京審判，以及美國對日本的政體改造？基於對這些課題的關切，本章擬分析、商榷邁尼爾（Richard H. Minear）和華瑟的相關論說，並藉此開展出不同的思考方向。

邁尼爾和華瑟主張些什麼？邁尼爾在1971年出版的《勝利者的正義》中，從國際法和程序正義的角度質疑東京審判，並特別批評美國強加於日本領袖的「陰謀侵略」罪（Minear, 2001）。華瑟1977年《正義與非正義戰爭》則從義戰理論的視野，斥責美國以政體改造作為對日戰爭的終極目的，和美國為了達成此一目的所動用的非常手段（Walzer, 1992）。

邁尼爾和華瑟的前述著作，皆是在反越戰運動的脈絡下寫成，皆透露出對美國出兵越南之不滿。無論是邁尼爾對東京審判的批評，還是華瑟對美國政體改造政策的譴責，都不是為了替日本軍國主義辯護，而主要是出於對美國帝國主義行動的質疑。但本章將申論指出：邁尼爾對美國濫用法律的批評，輕忽了東京審

判的政治脈絡；華瑟的立論基礎在於「日軍不是納粹」，這低估了日本軍國主義的侵略規模及其戰爭中行為的殘暴性。或許正因如此，經由日本論者藤岡信勝的傳播，邁尼爾和華瑟的諸多論點竟被移花接木，遭歪曲為對日本軍國主義及其大東亞戰爭的肯定（McCormack, 1997）。此種歪曲固然不值一駁，但邁尼爾和華瑟的論說確實值得商榷。

通過對邁尼爾和華瑟的批評，筆者將提出以下兩個思路。第一，東京審判的問題不僅止於美國濫用法律以遂行政治目的（邁尼爾的觀點）；也不僅止於美國只處理了東條等少數 A 級戰犯，以其為代罪羔羊替日本天皇脫罪，並且輕忽了日軍在亞洲的罪行（部分中日韓論者的觀點）。畢竟，東京審判並非孤立的法律事件，而是美國東亞戰略之一環；若要徹底釐清東京審判的正當性課題，便須重新檢討美國對日本的政體改造行動。

第二，美國對日本的政體改造，其主要問題並不在於美國把日本軍國主義視為與德國納粹同一等級的罪惡（華瑟的觀點）。促使戰敗的日本與德國歸正，使其承擔起戰爭責任，應是正當的國際正義要求；原則上，如果對德國施行政體改造是正當的，對日本亦然。更關鍵的問題是：「政體改造」（此指通過戰爭，以軍事占領為手段，對戰敗國施行強制性的政治體制改造）未必是促使戰敗國歸正的必要或唯一方式，亦未必是最佳或較佳方式。美國的政體改造行動並不是以「促使日本歸正」作為主要動機，而是以扶植親美政權與獲得穩固軍事基地作為主要動機；此外，亦未能有效地趨近「促使日本歸正」的目標。由此觀之，美國對日本的政體改造，連同美國所主導的東京審判，的確是一種多方面受制於美國特殊利益，正當性短缺的「勝利者的正義」。

二、藤岡信勝的自由主義史觀

自2001年起，日本首相與官員頻頻參拜靖國神社。小泉純一郎並不是第一位參拜靖國神社的日本首相，但無疑是參拜次數最多、政治姿態最強硬的一位[1]。靖國神社曾是日本軍國主義的重要建制，1978年起更納入了東條英機等A級戰犯。因此，日本首相的「公式參拜」被賦予高度的政治意義[2]。

近年來隨著日本右翼國族復興運動之興起，「大東亞戰爭肯定論」亦水漲船高。日本右翼鷹派把「大東亞戰爭」詮釋成一場立意良善的戰爭，是為了驅逐西方帝國主義、解救東亞苦難人民、打造大東亞共榮圈的正義之戰。他們聲稱：把東條等人判為A級戰犯的東京審判，只是一種勝利者的正義；既然東條等人蒙受冤罪、冤死，其「英魂」理應祀於靖國神社，日本首相亦無不去參拜之理（高橋哲哉，2005；2007a）。

近二十餘年間，部分日本右翼所發動的漂白歷史、改寫史觀運動，可謂愈演愈烈。這批致力於否認戰爭罪行的學界、文化界和輿論界人士，各別看法雖未必相同，但大都主張日本應揚棄「自虐史觀」，不該為了大東亞戰爭而自責自虐。照其說法，承認

---

1 小泉上台以前，日本首相的靖國參拜只有零星數次，且由於保持低調，未引起太多注意。

2 靖國神社的前身「東京招魂社」成立於1869年，原是為了紀念戰死皇軍而設立的御用機構，後於1879年更名為靖國神社。二次戰後，在日本新憲法的政教分離原則下，靖國神社變成了民間宗教組織；不過，它所祀奉的英靈，原則上仍侷限於所有為天皇殉難的軍人。1978年10月17日，靖國神社納入了東條英機等十四位A級戰犯，其理由是：這幾位「昭和殉難者」為天皇犧牲了生命。

東京審判的公正性，承認美國懲罰日本有理，或承認日軍在大東亞戰爭中的罪行（如南京大屠殺、強迫婦女慰安、細菌戰等），皆無異於自虐[3]。為了自我肯定，為了重建日本的國族自尊，他們接連出版「淨化」讀物以重塑歷史記憶[4]。

在「自虐史觀」的批評者當中，又以東京大學教授藤岡信勝與電通大學名譽教授西尾幹二最為著名；他們共同加入「新歷史教科書會」，並擔任領導者的角色。此前，藤岡是「自由主義史觀」研究會的負責人，他倡議以「自由主義史觀」對抗自虐的「東京審判史觀」。藤岡出生於1943年，原在北海道大學任教，1980年代初轉任東京大學，並在1991-92年間造訪美國羅格斯大學人類學系。照藤岡自述，波灣戰爭時老布希政府向日本索取鉅額軍費，讓他深感羞辱。訪美期間，他剛好閱讀到華瑟《正義與非正義戰爭》和邁尼爾《勝利者的正義》，遂產生重大的思想轉折。返回日本後，藤岡就開始組織「自由主義史觀」研究會（McCormack, 1997; Jeans, 2005: 184-188）。

藤岡表示，他是受到邁尼爾和華瑟的啟發，才發起以「自由主義史觀」對抗「東京審判史觀」的修正主義運動。對他來說，「自由主義史觀」不僅質疑美國所主導的東京審判和政體改造，還代表對「大東亞戰爭」的全面肯定。作為對邁尼爾和華瑟的詮

3　參見Yoshida（2006）論南京大屠殺爭議。另見Hirofumi（2006）論慰安婦爭議。

4　其中又以「新歷史教科書會」會長西尾幹二（1999）最為著名。在台灣，較具知名度的是《台灣論》作者、「新歷史教科書會」會員小林善紀，參見陳光興、李朝津編（2005）。日本的歷史教科書爭議，參見Dore（1998）、Jeans（2005）、Lee（2001）、Yoshima（1998）。另見豬野健治（2005）論日本右翼發展史；Tsurumi（1987）、Fukui（1988）論戰後日本文化與政治。

釋，此說無法成立。但藤岡之借用邁尼爾和華瑟，顯有特殊的政治考量。

藤岡所欲批判的主要對象，是戰後初期美國強加於日本的那套二戰史觀，即所謂的東京審判史觀。按此史觀，日本是在一小撮軍國主義分子的挾持下，錯誤地發動了太平洋戰爭；東條等首謀難辭其咎，但日本天皇、一般軍人與平民百姓則不須承擔責任；美國通過東京審判懲罰了軍國主義首謀，且正當地占領、改造了日本。

「東京審判史觀」係針對1941年以後日軍與西方國家的戰事，故帶有強烈的西方中心色彩。它是否適用於1931-45年間日軍在亞洲的戰事，以及日本對台灣和韓國的殖民統治，向來不無疑問。美國最關切的是1941年後的「太平洋戰爭」，尤指日本須向美、英、荷蘭等西方國家認錯的那一部分；至於亞洲國家所指認的侵略與殖民，則並未獲得足夠重視。

在戰後日本，對「東京審判史觀」的質疑，主要來自兩股互相敵對的反體制力量。兩者皆試圖擺脫以「太平洋戰爭」作為焦點的二戰史觀，並把日本在亞洲的軍事擴張重新納入視野。一方面，部分極右派意圖美化「大東亞共榮圈」與「大東亞戰爭」。與此相對，日本進步派則質疑「只有一小撮首謀須為戰爭負責」的觀點，並積極挖掘日軍在亞洲的罪行，包括南京大屠殺、731部隊、慰安婦、工奴等[5]。

藤岡信勝對東京審判史觀的批評，本屬「大東亞戰爭肯定論」的傳統，但亦有創新。實則，「大東亞共榮圈」的陳年說

5　關於東京審判史觀，參見陳宜中、蔡孟翰（2005）。另見Seraphim（2006）論戰後日本的戰爭記憶政治。

詞，並無法挑戰美國背書的「東京審判史觀」。對藤岡來說，邁尼爾和華瑟的論點有利於大東亞戰爭肯定論的推廣。在日本的政治語境下，批判美國施於日本的東京審判、軍事占領與政體改造，跟肯認大東亞戰爭乃日本解救東亞的義舉，很容易就混為一談。

孫歌（2001：250）指出，在戰後初期的日本思想界，「進步知識人大多為了否定日本的軍國主義侵略，對於美國主持的東京審判和戰後的占領軍操縱，不得不採取相當容忍的態度。而進步知識人所採取的重要策略之一，就是通過批判日本天皇制來對抗極力維護天皇制的美國占領軍。」相對於此，「右翼勢力則建立了民族主義與侵略正當性的敘述邏輯，極力否認日本侵略罪行而試圖將其美化為『對抗西方』和『解放亞洲』的義舉。」日本進步人士所採取的主要策略，在於批評天皇制和日本在亞洲的罪行。但出於某些考量（如避免助長狹隘的國族主義情緒），他們刻意迴避了對東京審判、軍事占領與政體改造做出更根本的質疑。此一重要的政治論辯空間，遂被日本右翼給占據（Auer ed., 2006）。

三、邁尼爾論東京審判

1948 年 12 月 23 日，東條英機等七名 A 級戰犯被處以絞刑，這是東京審判的判決結果之一。東條臨刑前表示：「歸根究柢，這是一場政治審判，它只是勝利者的正義而已。」他的說法或許不足採信，但質疑東京審判者不在少數，包括參與審判的印度籍法官帕爾（Radhabinod Pal），以及美國聯邦最高法院大法官道格拉斯（William O. Douglas）。當東條的辯護律師提請上訴時，道

格拉斯拒絕受理的理由是：東京審判「完全是政治權力的工具」，而「不是一場自由獨立的審判」（Minear, 2001: 3, 66, 171）。

在1945-46年的紐倫堡大審中，納粹領袖被控犯下了三類罪行：反和平罪行；反人道罪行；以及戰爭中的罪行。反和平罪行，指陰謀發動侵略戰爭；反人道罪行，尤指納粹對猶太人的種族滅絕；戰爭中的罪行，指違反國際公約的戰爭中行為如虐殺、虐待戰俘、屠殺平民等。當美國決定審判日本領袖時，其典範是紐倫堡大審中的「反和平罪行」（ibid.: ch. 1）。

東京審判的被告是誰？目的何在？首先，東京審判並不處理B級和C級戰犯及其戰爭中罪行。從1945年10月到1951年4月，美國、英國、中國、澳大利亞等七個同盟國起訴了約五千七百名日本B級和C級戰犯，其中有九百多名被判處死刑；此與東京審判分開進行，被告的層級亦有所不同（共同編寫委員會，2005：192；高橋哲哉，2007b）。其次，東京審判的被告並非所有A級戰犯，而僅包括東條等被挑選出來的二十八人。儘管東條等人也被指控須為日軍的戰爭中罪行負責，但東京審判的目的在於確立其「陰謀侵略」的反和平罪名。1948年11月，被告席上有二十三名被判決為陰謀侵略者，並處以死刑或重刑。

邁尼爾在《勝利者的正義》中，從國際法、程序正義、戰前歷史等不同角度質疑東京審判。他最主要的批評焦點即是「陰謀侵略」罪名。何謂陰謀侵略？東條等二十三名被告，被判定自1928年1月1日起即互相串通，並開始執行他們「共同的計畫或陰謀」。照判決書的說法，被告大川周明（一位極右派宣傳家）在1928年以前，已開始鼓吹日本把東西伯利亞和南海列島納入勢力範圍，並預言日本終將與西方衝突。此後，大川的陰謀變成了一小撮人的共同陰謀；從1928年到1945年，這些陸續加入的共

同陰謀者，先與非擴張主義派系進行鬥爭，並順利掌握了國家機器，控制了日本國族的心智和物質資源。這一切都是為了實現既定的陰謀，並為此發動「實現陰謀目標的侵略戰爭」（Minear, 2001: 128, 24, 29-30）[6]。

邁尼爾認為，東京審判的公正與否，主要取決於「陰謀侵略」能否成立。對此，他提出幾方面質疑。其一，他援引庭上辯論指出：「陰謀」本是英美法系所獨有的法律範疇，不存在於羅馬法和歐陸法系，也不存在於審判時的國際法體系（ibid.: 40-42）。

其二，就算「陰謀」真是國際社會（在紐倫堡大審後）所公認的一種罪行，被告的日本領袖亦未必是陰謀者。邁尼爾不否認日本統治精英稱霸東亞的野心，但他認為「陰謀罪」太過牽強，因為日本既沒有納粹黨也沒有希特勒式的人物；較接近希特勒的也許是東條英機，但東條在戰爭結束前一年已失去權力，他的內閣亦曾設法與美國妥協。邁尼爾強調：「日本不是德國，東條不是希特勒，太平洋戰爭不是歐戰。」縱使陰謀罪可能適用於納粹，但並不適用於日本軍國主義者。在他看來，「整個東京審判的根本缺陷」即在於把日本視同德國，並冠之以「反文明的黑暗陰謀」的納粹式罪名（ibid.: 129-134）。

其三，東京審判把日本的戰爭責任歸給一小撮陰謀者，並把1928-45年間的一系列事件解讀為陰謀的展現。這整個說法顯然是相當簡化的、禁不起檢驗的偽歷史，又怎能當作入罪的法律證據（ibid.: ch. 5）？

6　參見Hata（1988）、Coox（1988）為《劍橋日本史》所撰寫的日本侵略戰爭史。另見Harootunian（2000）、Najita and Harootunian（1988）、Tsurumi（1986）論戰前和戰時日本的思想狀況。

　　邁尼爾表示：就當時的國際法而言，東條等人須為他們所下令的戰爭中罪行（如虐殺平民、虐囚）承擔法律負責，但不必直接為日本國的侵略行徑承擔個人責任。正因為美國早已決定把東條等人當做代罪羔羊，才會在「陰謀罪」上大做文章，但這是一種非法、玩法、法外的政治操作（ibid.: 42-47）。

　　其四，「陰謀侵略」之有罪，一是因為「陰謀」被認定有罪，另則是因為「侵略」被認定有罪。但邁尼爾指出：二次戰前的國際法體系並未把「侵略」明訂為罪，亦未清楚界定「侵略」和「自衛」的分野。彼時，強權國家（包括美國、英國和法國）不斷抵制「侵略」概念的明晰化；美國為了在美洲稱霸，英法為了維護海外殖民利益，都宣稱其擴張行徑屬於合法自衛，而不構成非法侵略（ibid.: 47-67）。

　　易言之，就當時西方強權的法律見解與道德標準而言，以「非法侵略」之名審判日本領袖，無異於一種偽善。邁尼爾從國際法和歷史的角度，強烈質疑西方國家的雙重標準：自己搞的侵略都算是合法自衛；敵人對自己的侵略則百分之百是非法侵略（ibid.: 149-155）。在反越戰運動的背景下，邁尼爾的論點帶有明顯的批判意涵。試想：如果東京審判是為了樹立反侵略的國際道德，吾人又該如何理解美國對越南的侵略？難道美國並未侵略越南，而只是自衛（ibid.: 150-151）？[7]

　　除了質疑「陰謀侵略」罪名的合法性，邁尼爾亦批評東京審判的其他面向。例如：日本天皇被免於究責；以「消極犯罪性」（即以「未阻止某事發生」為由）入人於罪；與納粹毒氣室齊名

7　在此，邁尼爾引用了杭士基對美國帝國主義行動的批評。參見 Chomsky（1970）論美國在東亞的一系列戰爭。

的那兩顆原子彈，連同蘇聯是否侵略日本的問題，皆未提出討論；判處死刑和絞刑的表決過程，和審判過程中的舉證程序和規定，皆十分粗糙（ibid.: 67-73, ch. 4）[8]。限於篇幅，本章不擬細究這些次要論點。

　　邁尼爾對東京審判的批評，著重於「陰謀侵略罪」的不合法性，並譴責美國濫用法律以遂行政治目的。相對於此，部分中日韓論者則認為東京審判的主要問題在於：對日本法西斯的清算不夠徹底；放過了日本天皇；未徹底追究日軍在亞洲的罪責。這兩類批評未必互斥，但個別來看都失之片面。再者，邁尼爾對「侵略」的看法，和他的德日對比，也都有待商榷。

四、華瑟論政體改造

　　自1941年起，在邱吉爾的指揮下，英軍對德國城市施行無差別轟炸，也就是不區分軍事目標和平民百姓的地毯式轟炸。從1941年到1945年，英軍炸死約三十萬德國人，其中絕大多數是平民。1945年春起，杜魯門為了迫使日本無條件投降，下令美軍對東京、橫濱等一百多個日本城市展開無差別轟炸，最後在廣島和長崎投下原子彈，共炸死約三十八萬日本平民（Walzer, 1992: 255）。

　　德軍和日軍所造成的死亡數字，皆以千萬計；然而，同盟國對德日平民的無差別轟炸是正當的嗎？對此，華瑟在《正義與非正義戰爭》中，提出了頗具影響力的看法。他認為美國以「政體

8　關於東京審判的其他文獻與研究，參見 Welch（2002）、Minear（2001: ix-xii）。

改造」作為對日戰爭的終極目的，並不合乎正義；美國並無正當理由要求日本無條件投降、無條件接受政體改造，更沒有道理動用無差別轟炸、原爆等非常手段。

華瑟主張，英軍從1941年初到1942年7月對德國城市的無差別轟炸，應屬「極度危急」下的合理手段。基於納粹獨特的「邪惡」性質，在眼看納粹「可能即將獲勝」的情況下，無差別轟炸作為逼不得已的戰爭手段可被容許，甚有必要。轟炸德國平民固然違反了區別原則，但在「極度危急」下，則並未背離所謂的比例原則。倘若文明社會絕不能容許納粹獲勝，則在納粹即將獲勝時動用某些非常手段（如無差別轟炸），應合於正義的出戰目的（即阻止「邪惡」勢力取勝）。

但在1942年7月前後，歐洲戰局已經逆轉。納粹在蘇聯戰線的失利和美國的介入，已使極度危急不復存在。因此，英軍此後的無差別轟炸便失去了正當性（ibid.: 259-262）。

照華瑟的陳述，唯有在極特殊的狀況下（面對「可能即將獲勝」的「邪惡勢力」），明知會造成大規模平民死傷的戰爭手段（如無差別轟炸）才可被容許。在任何其他狀況下，縱使非常手段（無差別轟炸、原子彈等）有助於削弱敵方戰力、減少己方損失、加快勝利的到來，皆仍屬於不正義的戰爭手段。華瑟認為，相較於納粹，日本軍國主義並非「無法度量的邪惡」，在二戰中亦不曾「可能即將獲勝」；因此，美軍在1945年對日本城市的無差別轟炸乃至廣島和長崎原爆，全然是不正當的（ibid.: 263-268）[9]。

1945年8月12日，杜魯門公開表示：「我們已經〔用原子彈〕

9　另見Rawls（1995; 1999a: 99-100, 95）的相關論點。

對付了珍珠港的偷襲者，對付了餓死、毆打、殺死美國戰俘的那些人。」「為了縮短戰爭所帶來的極大痛苦，我們已經使用了原子彈。」針對杜魯門的說詞，華瑟強調：如果日本為了縮短戰爭痛苦而對美國城市投下原子彈，杜魯門肯定會痛斥日本罪孽深重；但無論動用原子彈的是日本還是美國，都同樣是犯罪，並不因侵略者或自衛者的身分而異。杜魯門認定日本是侵略者，美國是自衛者，故主張美國為了求勝，為了縮短戰爭痛苦，可以無所不用其極；但此種心態及其相應手段，往往正是使得戰爭加倍痛苦的主因（ibid.: 264-266）。

杜魯門暗示，美國投下原子彈是出於正當的自衛目的。但華瑟分析指出，美國對日本平民的無差別轟炸乃至原子彈攻擊，與「自衛」關係不大，而主要是為了取得軍事占領和「政體改造」的權力。時至1945年春，勝負幾已確定；如果美國的戰爭目的是「自衛」，這個（正當）目的不需要靠無差別轟炸、原爆等非常手段來達成。但美國堅持要日本無條件投降，要日本無條件接受政體改造；由於日本不願意無條件投降，故打算固守本土，與可能登陸的美軍決戰。在此情況下，如果美國非強迫日本無條件投降，至少有兩個可能的軍事選項：一個是登陸日本，與日軍展開慘烈的地面戰；另一個是持續對日本城市實施無差別轟炸，甚至動用原子彈，直到日本同意無條件投降為止（ibid.: 266-267）[10]。但無論是哪個選項，皆須付出極慘痛的代價；因此，放棄無條件投降和政體改造政策，才是較佳或最佳的道德選擇。

10　華瑟此處的論證太過簡單。不少歷史研究顯示，美國當時的選項並非只有兩種。參見Coox（1998）、Selden（2007）、Koshiro（2005）論廣島原爆的背景，另見第十二章第二節的分析。

　　華瑟進一步主張：美國不但不應該為了強迫日本接受政體改造而動用原子彈，甚至根本沒有道理如此強迫日本。他認為，基於納粹的邪惡本性，同盟國對德國的無條件投降、軍事占領和政體改造政策應屬正當；但「日本的情況與德國足夠不同，以至於無條件投降根本不應該被要求（ibid.: 267）。」除非侵略國的政體極端到了納粹那種等級，否則，外界沒有充分正當的理由施以軍事占領和政體改造（ibid.: 113-114）；更合理的正義要求在於：迫使日本撤出東亞，迫使日本切實承擔起戰爭責任，並限制其再度發動戰爭的能力。華瑟強調：為了「征服」日本（不正義的戰爭目的），美國既不與行將投降的日本談判，還對日本平民發動無差別轟炸乃至原爆（不正義的戰爭手段），可謂犯下「一種雙重罪行」（ibid.: 268）。

　　對華瑟來說，美國對日政體改造政策的最大問題，是把日本軍國主義視為與納粹同一等級的罪惡。然而，吾人真的沒有理由把兩者相提並論嗎？華瑟的立論基礎是「日軍不如納粹邪惡」，但這仍有商榷餘地。

五、對邁尼爾和華瑟的商榷

（一）東京審判的政治性

　　當代論者對東京審判的批評，基本可分為兩大類：一類質疑美國施於日本的不正義；另一類關注東京審判對受害東亞人民的不夠正義。這兩類批評皆凸顯出東京審判作為「勝利者的正義」的重要維度，但仍有所不足。

　　邁尼爾對東京審判的批評屬於第一類。他從國際法的角度，

質疑「陰謀侵略」罪名的合法性。此項批評的主要目的，顯然不在於否認「反侵略」這個政治道德範疇的重要性，也不是要為日本軍國主義脫罪，而在於揭發以美國為首的西方勢力的玩法與偽善。然而，邁尼爾的理路卻有些明顯缺陷。

邁尼爾質疑「非法侵略」作為明晰的法律範疇的存在與否。如果「侵略」在當時國際社會並不明確違法，要是西方強權當時的「侵略」行徑比比皆是，那東京審判豈能不是一種偽正義？此乃邁尼爾的批評進路。但試想：如果東京審判的主要問題在於違反國際法，則日本「侵略」中國、美國「侵略」越南，可能都未必明確違法。若以1945年以前的國際法體系為據，日本甚至稱不上「非法侵略」了中國，或「非法殖民」了台灣與韓國。

邁尼爾認為，太平洋戰爭有其「帝國主義對帝國主義」的重要面向，故不完全是自衛對侵略、文明對野蠻、正義對不正義（Minear, 2001: 144-155）。此一看法不能算錯，但邁尼爾始終停留在法律層面，而未能對帝國主義做出更深刻的政治道德批判；這遂產生了一種「日本只不過是被美國黑吃黑」的言說效果[11]。邁尼爾並非日帝的同路人，但為了批判美帝，《勝利者的正義》幾乎「略去」了日帝對東亞的戰爭責任問題。這不能不說是邁尼爾的

---

11 從「帝國主義對帝國主義」的角度去檢討二戰歷史的文獻，早已汗牛充棟；帝國主義並非二戰唯一面向，但廣被視為一個重要面向。部分學者認為，相較於德國納粹，日本的軍事擴張有其更顯著的外部驅動因素。英國新左派論者安德森（Perry Anderson）即指出：日本比德國更缺乏能源和原料的客觀現實，加以1929年經濟大蕭條後帝國主義勢力競相瓜分地盤的外部壓力，使得日本的對外侵略看來「並非意外」。正如納粹興起跟英法的對德求償政策有關，西方勢力對日本的圍堵也是侵華戰爭乃至太平洋戰爭的重要背景。參見 P. Anderson（1993: 34-35）。另見 Iriye（1987; 1999）論日本的侵略戰爭。

嚴重失誤。

　　對東京審判的另一類批評，強調主導審判的美國為德不卒，並未切實地為受害東亞人民伸張正義。例如，由中日韓學者合著的《東亞三國的近現代史》（共同編寫委員會，2005：187）對東京審判提出了以下批評：「由於美國單獨占領日本，所以對審判有絕對的發言權。基於利用天皇的影響而順利實施占領的考慮，美國與天皇的親信及政治家合謀，以『東條等陸軍軍人對戰爭負責』為由，使昭和天皇免除了戰爭的罪責。官僚及財閥等人的責任也未被追究。」此外，「東京審判側重於日本對美英作戰的罪行，而沒有考慮日本把台灣、朝鮮變成殖民地的罪行。對『慰安婦』制度等性暴力問題也沒有從正面觸及。至於731細菌部隊及使用毒氣的化學戰的責任者，也以把技術資料交給美國為條件被免於追究責任。」

　　此類對東京審判的批評，包含了兩個重要面向：一個是美國為了順利占領日本，把戰爭罪責歸給東條等少數人，而未追究天皇及日本各界責任；另一個是東京審判側重西方、輕忽東亞，並未深究日本在東亞的罪行。這兩個面向都蘊含對美國的批評，但值得思索的是：美國真有可能把天皇入罪嗎？真有可能認真追究日本在東亞的罪行嗎？

　　儘管《東亞三國的近現代史》對東京審判多所批評，但也肯定了審判的正面意義：「如果沒有這樣的審判，諸如太平洋戰爭的開戰過程，日本軍隊實施的拷問、強姦及在南京進行的大屠殺、對俘虜的非人道的行為等等，是絕不可能被公諸於世的。從這一角度看，審判是有很大意義的（ibid.: 186）。」然而，正如《東亞三國的近現代史》所暗示，東京審判對東亞的受害人民來說，至多只能算是半個正義。吾人可以肯定這半個正義，但或許

應該追問：另外那半個正義為何不曾兌現？

　　提出這些問題的目的，不外乎是為了指出另一種可能的思路：東京審判之未能追究日本各界的戰爭罪責，亦未切實地為東亞受害人民伸張正義，並非出於偶然。雖然華瑟並未直接觸及東京審判，但他為吾人提供了更宏觀的政治視野，亦即：東京審判並非孤立的法律事件，而須理解為美國東亞戰略之一環。因此，若要釐清東京審判的正當性課題，便須重新檢討美國對日本的政體改造。

（二）日軍不如納粹邪惡？

　　無論是邁尼爾還是華瑟，都對日本和德國進行比較。他們的說法雖不盡相同，但皆暗示德國納粹罪孽深重，非日本法西斯所能及。從德日對比，他們主張日本不該受到與德國相似的待遇，亦即：陰謀侵略罪也許適用於納粹，但不適用於日本法西斯（邁尼爾）；對德國進行軍事占領和政體改造有理，對日本則否（華瑟）。

　　在筆者看來，華瑟從「日軍不如納粹邪惡」質疑美國對日本的政體改造，其實並不妥當[12]。原則上，如果對德國的政體改造是正當的，對日本亦然。關鍵並不在於日軍是否如納粹般邪惡，而在於吾人有沒有理由把兩者相提並論，視其為同一等級的罪犯。主張對德日施行差別待遇者，往往僅強調納粹獨特的邪惡性質，卻低估了日軍的侵略規模及其戰爭中行為的殘暴性；這使得他們的差別待遇主張，和由此衍生的其他論證，皆欠缺足夠的說服

12　鄂蘭（Hannah Arendt）重新詮釋康德「根本之邪惡」（radical evil）概念，並應用於納粹。這個說法影響深遠，參見Arendt（1989）。

力。

首先，我們應有必要把日軍戰爭中行為的野蠻性納入視野。
日軍不但對中國城市（尤其重慶）實施無差別轟炸，還進行了細
菌戰、人體細菌實驗、毒氣戰、化學戰，以及「燒光、殺光、搶
光」的三光作戰。此種「野蠻性」在日本思想家竹內好那裡獲得
了高度重視：「我在軍隊裡大量目睹了無意義的破壞性行為，它
是那種既非出於戰術上的必要，亦非可由戰場上的異常心理加以
解釋的、無目的的破壞。在我看來，那不是出於失掉了價值基準
的近代人的虛無主義心理，而是更樸素的野蠻人的心理。也許，
在我們內心深處，盤踞著那種野蠻人的本能（引自孫歌，2001：
246-247）。」[13]

竹內好以「野蠻」形容日軍，但「野蠻」卻鮮少被用來形容
納粹對猶太人的種族滅絕。此外，儘管納粹猛烈轟炸英國重工業
城市曼徹斯特和雪菲爾德，但英國、法國及其他歐洲國家的大多
數古蹟文物倖免於難。納粹的「理性」面貌甚至使部分論者相
信：納粹並不是非理性主義或反啟蒙運動的產物，而是啟蒙理性
的極致表現（Bauman, 1991）。此項說法是對是錯，非本章所能
深究，但恐怕沒有人會如此詮釋日軍。

然而，「日軍不如納粹邪惡」並不足以構成差別待遇的理
由。除了日軍戰爭中行為的野蠻性外，還應當指出：日軍在中國
及其他亞洲戰場所造成的死亡數字，據最保守估計也在兩千萬人
以上。如果堅持以「日軍不如納粹邪惡」或「納粹搞了種族滅
絕」作為理由，一則肯認紐倫堡大審和占領德國的正當性，另則
痛斥東京審判和占領日本，這個立場勢將招致「雙重標準」或

---

13 參見竹內好（2005）的中譯選集，另見丸川哲史、鈴木將久編（2006）。

「標準褊狹」的批評。

毋庸置疑，納粹屠殺了六百萬猶太人。然而，同盟國對納粹的反制作戰，其主要目的並不是拯救猶太人，而是制止、懲罰納粹的軍事擴張與侵略。儘管紐倫堡大審創造了「反人道罪行」範疇，但對於主導審判的同盟國來說，陰謀侵略的「反和平罪行」仍是納粹領袖的最主要罪狀[14]。同盟國並未以「大屠殺」或「種族滅絕」作為判準，對戰敗的德日實施差別待遇；反之，同盟國認定「侵略情事重大」才是德日須接受政體改造的共同理由。

對外大規模侵略，且在戰爭過程中犯下極嚴重罪行，無疑是德國納粹和日本法西斯的共同特色。但華瑟要我們繼續追問：對外侵略和對猶太人的種族滅絕，是否稱得上是納粹政體的必然產物，或內在於納粹政體的罪行（Walzer, 1992: 113）？對此，華瑟持肯定的看法。另一方面，他並不認為日本的戰爭建制屬於納粹那種極端政體，故強烈反對美國對日本的無條件投降和政體改造政策。

但無論是日本還是德國，其戰爭罪行皆與其當時的政治體制密切相關。總的來看，日軍的侵略規模、反人道罪行及其他戰爭中罪行，及其所造成的數千萬死亡數字等，皆可與納粹相提並論。試想：此等規模的罪行，難道仍不足以彰顯日本軍國主義體制之惡（Maruyama, 1963）？[15]

無論從罪行的嚴重性來看，還是以「罪行」和「政體」的關

---

14 著名的歐洲史家裘得（Tony Judt）指出，「大屠殺」或「浩劫」成為歐洲各國二戰歷史記憶的主題，其實是相當晚近的發展。根據他的歐洲史研究，在戰後初期，歐洲各界對「大屠殺」普遍抱持冷漠態度，對猶太人的同情可謂有限。參見Judt（2005: ch. 2）。

15 此為丸山真男（1984）對日本軍國主義的著名分析。

聯性作為判準，吾人都有相當好、相當強的理由，主張把日本與德國相提並論，視其為同一等級的國際罪犯。如果美國對日本的政體改造真有問題，其主要問題應不在於「日軍不如納粹邪惡」或「日軍沒搞種族滅絕」，而在於其他。

（三）政體改造的正當性課題

在戰後國際社會，狹義的「政體改造」意指「通過戰爭，以軍事占領為手段，對戰敗國施行強制性的政治體制改造」。德國、日本與伊拉克，正是此種狹義「政體改造」的三大實例（參見第十三章第四節）。

政體改造戰爭的正當性判準何在，向來具高度爭議。華瑟基本認為，「實現自由民主」、「落實普遍人權」等說詞，並不足以構成對威權政體發動「政體改造」戰爭的正當理由。除非某國的侵略和／或反人道罪行極為嚴重，除非這些罪行稱得上是該國政體的必然產物，否則，就算外界理當制止其侵略與反人道行徑，卻仍沒有充分正當的理由以戰爭手段遂行政體改造（Walzer, 1992: 111-117）。

華瑟指出，「政體改造」並非促使日本歸正的必要或唯一手段；日本軍國主義體制的改變，未必非得通過軍事占領和政體改造，而可以仰賴其他干預手段。在此，我們不妨追問：德國納粹體制的改變，又是否非得通過軍事占領和政體改造？華瑟所舉出的其他干預方式，難道僅適用於日本，對德國毫不可行？事實上，就算納粹極度邪惡，戰敗的德國也已經不是原來的納粹德國；同盟國戰勝了納粹，這本身就是促使德國政治轉型的關鍵因素。來自勝利者的軍事占領和政體改造，很可能未必是促使德國歸正的必要或唯一手段，亦未必是最佳或較佳手段。這其實正是

華瑟對日本的看法，也未嘗不可適用於德國（ibid.: 268, 115-116）。

在此，我們有必要區分政體改造作為「對戰敗國的懲罰」，與政體改造作為「促使戰敗國歸正」的手段。如果政體改造被視為一種懲罰，需要討論的課題將在於：相對於戰敗國的罪行，政體改造是否是合乎比例的懲罰？至於戰敗國是否從操舊業、能否歸正，則是次要問題。

華瑟同時引用了以上兩種對政體改造的不同理解。針對德國，他認為政體改造是合乎比例的懲罰；針對日本，他認為政體改造是與其罪行不成比例的過當懲罰。因此，他強調日本軍國主義體制的改變，乃至日本歸正，不必通過政體改造亦可達成。總的來說，華瑟把政體改造視為「對惡行極端重大的戰敗國的極端懲罰」（ibid.: 115）。

但如華瑟自己所指出，「政體改造」接近於一種「征服」，往往夾帶複雜的政治動機。故而，他主張唯有在極特殊的情況下（如納粹德國），政體改造作為「對戰敗國的懲罰」才可能具正當性。但我們仍不妨追問：何以國際社會非得容許「作為懲罰的征服」或「以征服作為懲罰」？畢竟，懲罰的方式有許多。

再以德國和日本為例。主導審判、軍事占領和政體改造的西方勢力，顯然是以「促使戰敗國歸正」作為最主要的正當化說詞。如果政體改造僅被界定為一種懲罰或報復，則其支持基礎恐將薄弱許多。如果政體改造行動充斥「促其歸正」以外的複雜動機，亦未能有效地促使戰敗國歸正，那麼在大多數人眼中，此種行動便有欠正當。

在筆者看來，政體改造的正當性問題，不宜從「對戰敗國的懲罰」去考量。如果吾人更適切地把政體改造界定為「促使戰敗

國歸正」的一種手段,則需要探討的課題將在於:第一,政體改造是否是促使惡行重大的戰敗國歸正的必要或唯一手段?是否是最佳或較佳手段?第二,就實際發生的政體改造行動而言,「促使戰敗國歸正」是否確實是主要動機?第三,政體改造行動的實際效果何在?在多大程度上趨近了「促使戰敗國歸正」的目標?以下,我們將運用這幾項正當性判準,進一步評估美國對日本的政體改造。

六、美國對日本的政體改造

從某些角度來看,美國對日本的政體改造不可謂不成功;如果政體改造的目標是扶植親美政權與獲得軍事基地,美國已頗為成功地達成目標[16]。但換個角度,如果政體改造的正當目的在於「促使日本歸正」,則美國似乎不算成功。日本右翼國族主義之所以難以擺脫恃強凌弱、歧視亞洲的不健全心態,與美國為了扶植親美政權而採取的一系列做法(如捍衛天皇制、重用前軍國主義分子、協助日本擺脫對東亞的戰爭責任)顯然有關。時至今日,日本憲法的第9條和平條款幾已名存實亡[17]。在「正常國家」的口號下,從前那套美化「大東亞戰爭」的說詞又捲土重來。

當然,美國並不需要為今天的右翼日本負全責,因為影響日本政治的因素有許多,沒有任何施為者能夠決定全局;更何況美

16　日本學家McCormack(2004)援引史料指出,美國早在1942年即已設想把日本變成美國在東亞的「滿洲國」。另見C. Johnson(2000)、Harootunian(2004)、Chomsky(2003)對美國帝國主義行動的批評。

17　關於日本和平憲法,參見Dore(1997)、Hook and McCormack(2001)、McCormack(2001: ch.5)、McCormack ed.(2005)。

國對日本的軍事占領和政體改造，已是發生在六十多年前的事。
但種種歷史跡象顯示，美國的政體改造政策對於戰後日本的政治
走向，實具有關鍵的作用力。

如華瑟所指出，「政體改造」可能並不是促使日本歸正的必
要或唯一手段。但在當時情況下，「政體改造」可能是最佳或較
佳手段嗎？由於這涉及複雜的經驗判斷，和對「其他的歷史可能
性」的評估，故吾人既無法證明、也無法排除「在當時情況下，
政體改造是較佳或最佳選項」的可能。因此，我們不妨先假定：
在1945年春，可以合理地相信「政體改造」的確是促使日本歸正
的較佳或最佳選項。

在此假定之下，我們不妨追問：「促使日本歸正」是否的確
是美國政體改造行動的主要動機？若其主要動機在於促使日本歸
正，則至少需包含下列三項要素：促使日本承擔起對受害東亞人
民的戰爭責任；對軍國主義體制及其政治社會基礎進行清算；限
制日本再次發動戰爭的軍事能力。

日本憲法的第9條和平條款，暗示美國確曾試圖限制日本的
軍事能力；但對美國來說，「限制日本軍力」從不意味「限制日
本境內軍力」。隨著韓戰爆發，美國很快地把日本變成高度軍事
化的反共基地[18]。軍事占領結束後，美國以保護者的姿態要求岸信
介簽下《美日安保條約》，以確立日本作為美國軍事基地的附庸
地位[19]。此後，美國也就逐漸鬆綁了對日本軍力的限制，使日本得
以擴充「自衛性」武力；至於何謂「自衛性」，則取決於美國定

18　參見Cumings（1990）論韓戰的起源；C. Johnson ed.（1999）論沖繩的美軍基
　　地問題。
19　《美日安保條約》的具體內容，參見Mendl（1995: 166-169）。

義（McCormack, 2001: ch. 5）[20]。至今，日本仍被美國規定不得發展核武；但美國為了讓日本分擔軍費、購買美國軍火，愈發鼓勵日本軍事擴充。

由此觀之，「限制日本軍力」並不屬於美國占領日本、對日本發動政體改造的主要動機。當「限制日本軍力」與美方的主要考量發生衝突時，需要讓位的自然是前者。相對於戰後日本憲法，德國基本法並沒有「和平」條款；不過，被列強共同占領的西德，也曾是西方陣營的冷戰前線和彈藥庫。扶植反共政權與軍事基地的主要動機，不僅顯現於美國對日本的政體改造，也同樣存在於同盟國對西德的政體改造。無論是在西德還是在日本，「限制戰敗國軍力」皆從屬於打造反共軍事基地的主要考量。

無論是在德國還是在日本，戰爭體制及其政治社會基礎也都並未受到適當的「清算」。為了順利占領這兩個戰敗國，使其成為反共前線，占領者與舊的統治精英達成了政治妥協，即以「免於追究責任」交換「對占領者的支持」。無論是東京審判還是紐倫堡大審，皆僅處理了幾位刻意挑選出來的首謀分子，並以陰謀侵略的「反和平罪行」為其定罪。除了所謂的首謀，和在次級審判中遭起訴、定罪的少數次級戰犯外，舊精英幾乎全被免除司法罪責，且在新政府中持續扮演要角[21]。

從德日罪行的嚴重程度來看，無論是東京審判還是紐倫堡大審，都輕忽了司法究責的重要性。誠然，對「加害責任者」的司

20　另見Mendl（1995）、Renwick（1995）論1990年代以前日本的安全與防衛政策。

21　當然，就清算程度而言，西德遠高於日本。但Judt（2005: ch.2）指出，絕大多數納粹德國的舊精英都逃過了司法究責。

法審判與懲罰，有其一定的困難度；層級愈高，確切的法律證據愈不可得；第一線劊子手易找，幕後指使者難尋。但清算與否，並不全然是司法罪責問題[22]。例如，如果東京審判把日本天皇與東條英機同時列為被告，並追究其法律責任，則即使最後仍找不到適當罪名將其定罪，這樣的「清算」仍有重要的政治意義。又如，如果日軍令人髮指的戰爭中罪行（包括南京大屠殺、731部隊、慰安婦等）的加害責任，能在審判過程中切實追究，那不僅是一種面向過去的清算，亦有助日本各界承擔起戰爭的政治責任、道德責任、賠償責任，以及刑罰以外的其他法律責任。

以研究日本財閥著稱的學者三島康雄（1976）指出：在美軍占領日本期間（1945-52年），美方曾實施「公職放逐令」與「財閥解體令」，以放逐與軍國主義有所牽連的部分公職人員，並試圖拆解曾為軍國主義服務的四大財閥（住友、安田、三菱、三井）。但韓戰一爆發，「圍堵共產主義」取代「防止軍國主義復甦」成為美國的首要考量；於是，戰前四大財閥又重新聚合了起來。由此看來，美國在清算戰爭建制及其政治社會基礎的問題上，雖著力有限，亦非全無作為。但對美國而言，地緣政治與軍事利益顯然更具重要性。

亦有學者指出，美國之所以支持日本右翼保守勢力所主導的「1955體制」，實與美國在東北亞的反共軍事部署有關：「在美國盟軍總部正式撤離日本之後，美國希望與日本簽訂《美日安保條約》來獲得日本軍事駐防權，而日本國內政黨也針對這項議題出現不同的聲音。絕大部分由公職放逐令歸位而富有軍國主義色彩

22　Arendt（2003）、Pendas（2006）等論者強調，司法罪責只是戰爭責任問題的一部分而已。

的自由黨與民主黨等右翼保守勢力支持與美國簽署《美日安保條約》，而具有自由主義色彩的社會黨則反對與美國簽署任何的駐防條約，這讓美國不得不支持保守主義的合流，而形成1955體制後自由民主黨的戰後長期一黨執政。」[23] 由此不難推知，「取得駐防日本的權利」是美方更主要的考量。

進一步言，美國之未能更系統性地清算軍國主義，恐怕很難完全從「韓戰爆發」或「只有與軍國主義色彩濃厚的保守派合作，才能取得軍事駐防權」來加以解釋。美國在清算戰爭建制的問題上，並非毫無作為；但這相對於扶植親美政權與獲得穩固軍事基地，顯然只是次要考量。

「促使戰敗國承擔起戰爭責任」應是對政體改造行動的底線要求。在某些情況下，就算司法罪責未能徹底追究，但如果戰敗國（如西德）承擔起一定的政治責任、道德責任、賠償責任及其他法律責任，這仍是差強人意的次佳結果[24]。然而，美國基於反共戰略考量，不但未能認真追究日本對東亞的罪責，還通過1951年《舊金山和約》協助日本擺脫對東亞的賠償責任及其他法律責任。蔣介石所謂的「以德報怨」即是日本在美國扶持下，擺脫侵華戰爭責任的明證[25]。

正因為美國輕忽了日本對東亞的戰爭責任，且重用未經改造的前軍國主義分子，日本自福澤諭吉以來對西方人自卑、對亞洲

---

23 引自蔡增家的評論，特此感謝。另見後藤基夫、內田健三、石川真澄（1982）論日本的保守派政治。

24 參見 Hein and Selden eds.（2000）論德日在戰爭責任問題上的差異。另見 Sereny（2001）論戰後德國克服戰爭創傷的經驗。

25 關於《舊金山和約》和1965年《日韓協定》，參見 Mendl（1995: 170-203）。另見共同編寫委員會（2005：188-193）論日本對東亞的賠償責任。

人自大的心理情結，幾乎不曾因美國的軍事占領和政體改造而動搖[26]。右翼日本之所以至今仍無法以更健康的心態，承擔起對受害東亞人民的政治責任和道德責任，與戰後初期美國的「所為」與「所不為」脫離不了關係。

2007年6月14日，日本國會議員在《華盛頓郵報》刊登廣告，宣稱日本政府對慰安婦毫無責任可言。至今，慰安婦等直接受害者，仍未獲得正式的道歉和賠償。不出幾年，所有直接受害者都將要走入歷史，但日本對東亞的戰爭責任問題卻不會輕易消解。主要問題已不在於法律與賠償責任是否了結，而在於：就連發動侵略戰爭的政治與道德責任，日本政界至今閃爍其詞。

綜上，如果政體改造的正當目的是「促使日本歸正」，則至少需以「促其承擔起戰爭責任」、「清算戰爭建制及其政治社會基礎」和「限制軍事能力」作為努力目標。這些正當目標的達成，可能未必非得靠軍事占領和政體改造不可；但如果美國的政體改造行動並未視其為重要目標，此種政體改造也就不具動機的正當性。實際上，美國對日本的政體改造行動，係以扶植親美政權與獲得穩固軍事基地作為主要動機；在此項主要動機的作用下，也並未有效地趨近「促使日本歸正」的目標。

如華瑟所指出，政體改造接近於一種「征服」。政體改造未必是促使惡行重大的戰敗國歸正的必要或唯一手段，亦未必是最佳或較佳手段。筆者認為，此項洞見不僅適用於日本，也適用於德國。差別僅僅在於：如果征服者在追求政經軍事私利時，還能較為有效地促成、或至少不妨礙戰敗國歸正，則來自外界的質疑自然會少些。

---

26 參見丸山真男（1997）論福澤諭吉。

第十二章

廣島和長崎原爆的義戰論辯

一、重估原爆的道德爭議

　　1945 年 8 月 6 日，美軍在廣島投下原子彈；兩天後，蘇聯向日本宣戰；8 月 9 日，美軍在長崎投下第二顆原子彈；8 月 12 日，日本天皇正式宣布投降（Coox, 1998）。廣島和長崎原爆，是迫使日本投降的正當手段嗎？杜魯門以減少美軍損失、及早迫使日本投降為由，動用了兩顆原子彈，炸死約二十萬日本平民。自廣島原爆的次日起，部分美國政界、輿論界與宗教界人士，即開始對杜魯門展開嚴厲的道德批評；他們譴責杜魯門把美國人的戰爭道德降低到了野蠻人的水平，並感到罪孽深重。

　　但杜魯門的辯護者所在多有。美國政府在太平洋戰爭期間，以國家安全之名囚禁了十二萬日裔美國公民；為此，美國國會在1988 年正式道歉，並立法賠償受害者（Elleman, 2006; Takaki, 1995）。然而，美國官方至今未對廣島和長崎原爆及其死難者表達正式歉意。支持這一官方立場且致力為杜魯門辯護的專家們，在美國（太平洋戰爭）史學界被稱為「傳統派」或「正統派」

（以下通稱「傳統派」）。

　　以最低的美軍損失、最迅速有效的方式迫使日本無條件投降，何錯之有？這是傳統派論者的出發點和結論。他們的歷史論證包括：不投原子彈，日本絕不會輕易投降，因而美軍必須登陸日本；但如果登陸，美軍勢將死傷慘重；正因為投原子彈是不得不然，杜魯門無錯之有。此乃美國史學界「傳統派」的論證進路（Walker, 2005）。

　　美國史學界的修正主義者（以下簡稱「修正派」）則從各種角度質疑傳統派的「必要性」論證。修正派的主要論點是：即使美軍登陸，傷亡數字（包括杜魯門所掌握的傷亡估計）也不會太高；要求日本「無條件投降」非屬必要；原爆決策另有其他動機如：警告蘇聯不得染指美國的囊中物日本、報復日本偷襲珍珠港、嚴懲低等種族日本（Kort, 2007; Walker, 2005）。

　　在日本，每逢8月總有紀念「終戰」的活動，尤其是對原爆死難者的紀念；但日本各界對於原爆的「意義」何在，至今莫衷一是（Seraphim, 2006）。2007年6月30日，日本外相久間章生表示「原子彈是結束戰爭的必要手段」，旋即引發軒然大波而辭職下台。但昭和天皇承認他在原爆之前並無降意，後因原爆才決定投降（Bix, 2000: 676; Jansen, 2000: 660-661）。

　　美國政治哲學家華瑟和羅爾斯，皆以最強烈的語氣，譴責原爆乃「戰爭恐怖主義」、「犯罪」（Walzer, 2004: 130; 1992: 268），或「極嚴重的錯誤」、「極大的邪惡」（Rawls, 1999a: 95; 1995: 570）。他們主張：明知會造成大規模平民死傷的戰爭手段，只有在「極度危急」的情況下方可動用，但就美日之間的太平洋戰爭來說，美國從不曾陷入此種境地。再從罪行輕重來看，日軍不可與納粹相提並論，故美國不該要求日本無條件投降。在他們看

來，美國以屠殺平民的原子彈迫使日本無條件投降，嚴重違反了
義戰道德的基本規定。

本章以華瑟和羅爾斯的論點作為主要探討對象，由此展開分
析，並引入「亞洲平民」的視角以反思既有辯論之不足。「亞洲
平民」係指在亞洲戰場（特別是中國戰場）因日本侵略戰爭而喪
生的亞洲平民。自1937年7月日軍侵華起，平均每月的平民死亡
數字，據最保守估計也在十萬到二十萬之間；時至1945年，每月
都至少有二十萬人死亡，其中絕大多數是亞洲平民（Newman,
1995: 138-139）。華瑟和羅爾斯認為，杜魯門出於「國家理由」
的原爆決策，有其嚴重的道德錯誤；筆者亦贊同此項看法。但他
們輕忽了亞洲戰場上持續發生的大規模人道災難，特別是數千萬
亞洲平民的死難。

本章擬從今日（相較於1945年）更受到世人看重的「制止極
嚴重的人道災難」的義戰義務，重新評估原爆的道德爭議。跟華
瑟和羅爾斯一樣，筆者並非以1945年的國際法或國際道德標準作
為立論基礎。若以彼時的法律或道德去評價二戰，很可能得出日
本和德國皆未非法侵略，亦未犯下反人道罪行等結論。故而，本
章擬從今日所知的二戰面貌，以及今日的國際道德標準（尤指華
瑟和羅爾斯的義戰論說），回頭評估既有論辯之不足。

時下關於原爆的道德爭議，多是針對杜魯門原爆決策的意圖
或動機而發。本章則不把焦點放在杜魯門的意圖或動機，而擬申
論指出：今日觀之，「不投原子彈」作為一種選擇，也有重大的
道德損失，因其相當於可預見地選擇了：在日軍已造成的上千萬
平民死難之外，至少還將有數十萬亞洲平民喪生。

二、美國史學界的原爆論爭

　　1945年8月9日，杜魯門通過廣播向美國民眾表示：「為了挽回數千美國青年的生命，為了縮短戰爭所帶來的極大痛苦，我們已經使用了原子彈。」當天，在慶賀「曼哈頓計畫」的另一場合，他再度表示「這個新武器可為我們挽回數千美國人的生命」（Walker, 2005: 323-324）。同年10月，杜魯門的核心幕僚葛洛夫茲（Leslie R. Groves）亦再次提及「上千」這一數字（Norris, 2002: 426）。

　　如果投原子彈是為了挽回「上千」美軍生命，這是否暗示二十萬日本平民的生命微不足道？在基督教信仰相當強勢的美國，杜魯門的說詞立刻引發了質疑；在抗議聲浪下，杜魯門和他的幕僚也開始不斷「上修」原子彈所挽回的美軍生命數字。美國（太平洋戰爭）史學界的「傳統派」論證遂應運而生：不投原子彈，日本將繼續頑抗，於是美軍非登陸不可；但如果美軍按預定計畫在11月1日登陸九州，勢將犧牲慘重。究竟會犧牲多少美軍？傳統派論者估計不一，但至少數十萬，甚至高達「五十萬到一百萬」（Giangreco, 1997; 2003）[1]。

　　傳統派的論證策略是以各種史料證明：一，如果登陸日本，美軍的死亡數字至少有幾十萬；二，日本領袖並無降意，強硬派始終占上風；三，杜魯門不但掌握而且相信以上情資，故不得不決定投下原子彈，以挽回數十萬美軍生命，及早結束戰爭[2]。傳統

---

[1]　另見Bernstein（1986; 1998）、Skates（1994）、Miles（1985）的相關批評。

[2]　著名的傳統派論者包括Ferrell（1994）、Maddox（1995）、Allen and Polmar（1995）、Newman（1995）、Giangreco（1997; 2003）、Weintraub（1995）、McCullough（1992）。在傳統派陣營中，Newman（1995）屬於極少數拒絕從

派企欲證明原爆乃迫於形勢的「不得不然」，並努力「上修」原子彈所挽回的美軍生命數字。但此種論證策略卻也暗示：如果杜魯門並非「別無選擇」，或如果原子彈所挽回的美軍生命是「數千」而非數十萬，原爆決策的正當性就要大打折扣。

美國史學界「修正派」的攻擊焦點也正在於此。修正派除了質疑傳統派高估美軍登陸的死亡數字，亦試圖證明杜魯門並非別無選擇，或投原子彈並非不得不然。1965年，修正派史家艾波維茲（Gar Alperovitz）出版《原子彈外交》一書；他論證杜魯門之動用原子彈，全然是出於警告蘇聯不得染指日本的「外交」目的，而非軍事必要；杜魯門絕非別無選擇，因為放棄無條件投降政策也是一種選擇（Alperovitz, 1965; 1995）。儘管其他修正派論者未必全盤接受艾波維茲的看法，但後者影響深遠，率先點出蘇聯因素，並開啟「投原子彈並非不得不然」的研究取向。此外，亦有修正派論者指出：杜魯門和多數美國人對日本人的種族歧視，才是原爆主因（Takaki, 1995）。

修正派論者一致質疑無條件投降政策的必要性。他們基本認為：正是杜魯門的無條件投降政策，才使日本強硬派占了上風；但即使如此，日本在原爆前已出現鴿派，並非不可能投降，甚至行將投降。修正派並舉出促日投降的其他選項，如放棄無條件投降政策、公開宣示將保留天皇、積極要求和談、等待蘇聯對日本形成更大壓力等，以論證「投原子彈並非必要」[3]。

「不得不然」為原爆決策辯護的論者。

3　著名的修正派論者包括Alperovitz（1965; 1995）、Takaki（1995）、Lifton and Mitchell（1995）、Minear（1995; 2001）。關於傳統派對修正派的批評，另見Ferrell ed.（2006）、Maddox ed.（2007）、Kort（2007）。

　　原爆是迫使日本投降的「必要」手段嗎？這是美國史學界原爆論爭的焦點。這一論爭表面上是針對「史實」，實則涉及大量的「反事實推論」，連同對原爆決策的正反道德評價[4]。傳統派認為杜魯門並未犯錯，因為他「不得不」決定投原子彈。修正派則認為杜魯門還有其他選項，如下修投降條件、和談、等待蘇聯介入等；他之所以「選擇」原子彈，實出於其他複雜動機如警告蘇聯、宣示戰後日本乃美國地盤、嚴懲膽敢挑釁美國的低等種族。

　　在幾已定型的傳統派與修正派論證外，也出現了「中派」的歷史研究和觀點（Hogan ed., 1996）。就杜魯門的動機來說，中派論者採取折衷看法，但較接近於傳統派。中派學者伯恩斯坦（Barton J. Bernstein）表示：及早結束戰爭，盡量減少美軍損失，應該就是杜魯門的主要動機；至於警告蘇聯的用意，只能算是次要或附加動機；就算蘇聯因素不存在，杜魯門仍可能動用原子彈。但據他估計，原子彈所「挽回」的美軍生命應不超過五萬（Bernstein, 1975; 1986; 1998; 1999）。另一位中派學者沃克（J. Samuel Walker）指出：投原子彈的確是「最快」結束戰爭的方式；再從「盡量減少美軍損失」的角度來看，即使僅能挽回「數千」而非數十萬美軍生命，也足以構成動用原子彈的重要動機（Walker, 1997: 73-74, 92-97）。

　　按中派觀點，無論是修正派「日本行將投降」之說，還是傳統派「杜魯門別無選擇」之說，皆頗成問題。在1945年8月，日本仍不會輕易投降，甚至準備頑抗；但杜魯門亦非別無選擇，因為日本已出現糧食和能源危機，海路即將遭全面封鎖，陸路交通即將被全面破壞，且全無空防能力，再加上蘇聯對日宣戰。即使

4　參見Hawthorn（1991）論「反事實推論」之於歷史與社會科學的不可或缺性。

杜魯門不動用原子彈，日本仍相當可能在11月1日美軍登陸九州之前，或最晚在年底以前投降。基於美軍的壓倒性優勢，就算不投原子彈，日本在「幾個月內」也不得不投降（Frank, 1999; Walker, 2005: 324-330）[5]。

綜上，原爆決策的真實動機何在？傳統派的答案是：及早結束戰爭，迫使日本無條件投降，並挽回「數十萬」美軍生命。修正派的答案包括：警告蘇聯不得染指日本；獨自占領、宰制戰後日本；嚴懲挑釁美國的低等種族。中派的答案是：盡快結束戰爭，迫使日本無條件投降；盡可能減少美軍生命損失（約在數千到五萬之間）；外加次要動機如警告蘇聯等。在此問題上，華瑟和羅爾斯的看法較接近中派。

修正派「日本在原爆前夕已行將投降」和傳統派「杜魯門不得不投原子彈」這兩種說法，皆有可議之處。昭和天皇的自白，明確否認了他在原爆之前已有降意；日本學界的二戰史研究，大多也不支持日本在原爆前夕已行將投降（Hasegawa, 2005; Hasegawa ed., 2007; Koshiro, 2005; Asada, 1998）。但沖繩之戰後，日本在絕對的軍事劣勢下，已形同強弩之末。故中派論者「即使不投原子彈，日本仍相當可能在11月1日前或年底前投降」之說，或有一定可信度。退一步言，即使此項「反事實推論」沒有完全可靠的證明，傳統派「杜魯門別無選擇」之說也仍有嚴重缺失。

如果杜魯門得到「日本已研發出原子彈，且準備動用」的可信情資，故決定先發制人，先摧毀日本的原子彈基地，那將更接近所謂的「不得不然」[6]。但傳統派係從「兩個半月後登陸日本的代

5　Newman（1995: 33-56）亦表達類似見解，他算是傳統派論者中的異數。

6　另見Powers（2000）論納粹德國的原子彈計畫。

價」論證「投原子彈的必要性」，這正暗示投原子彈並非不得不然。傳統派把杜魯門視為完全被形勢所逼的被動決策者，但這明顯低估了美國對日本的軍事優勢，以及美國決策者的能動性。如果杜魯門在諸多選項之中「選擇」了原子彈，這大概正是他心中的最佳或較佳選項，而非「別無選擇」。

關鍵問題在於：杜魯門的「原子彈選擇」是對的嗎？還是錯的？倘若他的主要考量正在於「盡快結束戰爭，迫使日本無條件投降」和「盡可能減少美軍損失」，此足以使原爆成為正當的戰爭手段嗎？在筆者看來，若欲釐清原爆的道德爭議，便須直面這個問題，而不宜在「原子彈是否必要」的假問題上大做文章。

在此，我們不妨把傳統派論證所蘊含的道德評價「翻譯」如下：杜魯門想要盡快結束戰爭，迫使日本無條件投降，並挽回數十萬美軍生命，而這些「國家理由」應足以正當化他的原子彈選擇。傳統派論證還暗示：「假如」原子彈可挽回「數十萬」美軍生命，後者應可凌駕「不蓄意殺害二十萬日本平民」的義戰義務（Landesman, 2003）。

華瑟和羅爾斯皆嚴厲駁斥傳統派論證所蘊含的此類「計算」。對他們來說，除非美國真已陷入「極度危急」，否則絕無正當理由動用無差別轟炸、原爆等非常手段。以下，我們將先考察幾項主要的義戰判準，進而分析華瑟和羅爾斯的原爆論點。

三、義戰道德的幾項判準

義戰道德論說源遠流長，本是西方中世紀以降基督教（尤指天主教）影響下的產物。義戰道德既代表基督教對政治權力的妥協，也代表基督教「匡限」戰爭行為的努力（J. Johnson, 1975）。

從絕對的和平主義視野，如果殺人是不對的，任何戰爭都是不對的（R. Holmes, 1989; R. Miller, 1991）。但義戰道德與此不同，因其先假設了「在人間現實下，戰爭難以完全避免」，進而提出一套規範性判準，以區別正義與不正義的戰爭（J. Johnson, 1981; 1984; Elshtain ed., 1992; Regan, 1996）。

在20世紀的兩次世界大戰以前，義戰道德實已沉寂了幾百年。時下不少論者把1648年的《西伐利亞和約》，視為現代歐洲主權國家體系的濫觴或里程碑；在此種體系下，各國雖有互不干涉內政的義務，但出於國家理由（如擴張領土、爭奪殖民地）對外發動戰爭，卻幾乎不受道德限制[7]。義戰道德要求戰爭須有「正義的出戰目的」（just cause），但在二戰結束以前，或戰後殖民地獨立潮發生以前，由於西方帝國主義競相爭奪殖民地，「侵略」與「自衛」的界線始終模糊不清。

義戰道德亦要求戰爭中的行為或手段須合乎特定規範，如不得蓄意殺害平民、不得動用過當的戰爭手段。19世紀中葉以降，國際法體系逐漸加強了此類規範，包括不得先動用生化武器、禁止虐殺等；但總的來說，義戰行為規範之「復興」，也始於慘絕人寰的二戰結束以後[8]。納粹的毒氣室、無差別轟炸、廣島和長崎原爆，二戰中以四、五千萬計的平民死亡，以及令人髮指的強姦、虐殺和虐囚行徑，再加上美軍在韓戰和越戰中的狂轟濫炸等，在在使人關切「戰爭中行為」的規範[9]。

7　參見Tilly ed.（1975）、Tilly（1990）論現代主權國家體系。

8　參見May（2007）論國際法體系對戰爭中罪行的規範。

9　另見Selden and So eds.（2004）論20世紀美國和日本在亞太的戰爭與國家恐怖主義行徑。

　　華瑟在《正義與非正義戰爭》中，通過對歷史事件及其道德
爭議的詮釋，勾勒出義戰道德的當代內涵及其規範力道（Walzer,
1992）[10]。羅爾斯在《萬民法》中，則從一種假設性的契約論進
路，把義戰道德建構為國際社會成員應共同遵守、公開肯認的國
際正義原則（Rawls, 1999a）。儘管華瑟和羅爾斯的理路大異其
趣，他們所論證出的義戰原則卻有高度親近性。以下，我們將以
其義戰論說作為基礎，引入義戰道德的幾項主要判準。

（一）正義的出戰目的、對的意圖

　　照羅爾斯的陳述，沒有任何侵略戰爭是合乎正義的；唯有當
一國遭到侵略，該國才有自衛的權利，才得正當地出戰自衛
（ibid.: 89-92）。華瑟的看法與此接近，但他把「先制攻擊」也納
入正當自衛的範疇；他認為（例如）在得知鄰國明天即將發動攻
擊時，先摧毀其攻擊能力，應稱得上是正當自衛（Walzer, 1992:
80-85）。華瑟和大多數當代義戰論者，皆反對小布希所謂的「預
防性戰爭」（Walzer, 2004: 146-148; 1992: 76-80）。

　　除了遭到侵略時的自衛或集體自衛，另一種可能具正當性的
出戰目的是：出兵停止極嚴重的人道災難。照華瑟和羅爾斯的說
法，當極嚴重的人道災難（如種族滅絕、大屠殺、大規模的平民
死難）發生，而無法以非軍事手段制止時，「人道干預」得成為
正義的最後手段，以捍衛國際社會最低限度的道德底線，或最起
碼的人權底線（Walzer, 1992: 107; 1994: 16; 1997: 21）。在此，
「人權」指的是生命權、免於奴役、屠殺或虐殺等最低限度的人

10　另見Walzer（1970; 1983; 1987; 1989; 1994; 1997; 2004），以及Orend（2000）
　　論華瑟的義戰思想。

權要求，而非聯合國人權條約和宣言所列舉的更完整人權（Rawls, 1999a: 65, 79, 81-85; Walzer, 1987: 23-25; 1994: ch. 1, ch. 4; 2004: ch. 5）[11]。

「義戰」須基於正義的出戰目的。所謂的just cause，指的並不是出戰者的自我合理化說詞（如「我出兵是為了人道干預」、「我是為了自衛而先攻擊鄰國」等），而是要求判斷自衛、人道干預等正當的出戰目的（如遭到侵略、發生極嚴重的人道災難等）是否客觀存在。

此外，義戰道德還要求「對的意圖」（right intention），亦即：意圖去達成正義的戰爭目的（如自衛、制止極嚴重的人道災難），而不意圖宰制、征服、復仇、獲取私利等。「對的意圖」指的並不是表面層次的正當化說詞，而是指出戰者的真實意圖或動機。譬如說，如果出戰自衛者的真實意圖不夠純正，還包括自衛以外的複雜動機如復仇、征服、宰制等，則其戰爭目的就不僅止於自衛，甚至可能嚴重偏離正當的自衛目的。正因如此，義戰道德既要求正義的出戰目的，亦要求對的意圖（Norman, 1995: ch. 5; R. Holmes, 1989: ch. 5）。

但在現實世界中，出戰者的真實意圖往往不夠純正，甚至相當複雜。以人道軍事干預為例，設若甲國因內戰而爆發大規模的族群殺戮，但制止這一極嚴重人道災難的代價相當高；在此情況下，儘管人道干預是正義的出戰目的，亦是重要的義戰道德義

11　關於人道軍事干預所引發的諸多爭議，參見第四章第四節，以及第十三章第二、三節。另見Chesterman（2001）、Doyle（2001）、C. Gray（2000）、Krisch（2002）、Moseley and Norman eds.（2002）、Schnabel and Thakur eds.（2000）、Elshtain（2001）。

務，但幾乎乏人問津。然而，乙國卻願意前往甲國進行人道干
預，因為此舉有利可圖，日後可擴大對甲國的政經影響力。乙國
的真實意圖不夠純正，因其主要動機不在於制止災難，而在於謀
求政經私利。但如果乙國確實制止了甲國的人道災難，履行了制
止災難的義戰義務，那麼，此種「意圖不對」的人道干預是否正
當（Walzer, 1992: 102-107; 2004: ch. 5）？

　　華瑟以此為例，表示他更看重義戰目的之達成、義戰義務之
承擔，而不認為出戰意圖具有絕對的道德重要性（Walzer, 1992:
106-107; 2004: 75-81）。「對的意圖」乃義戰道德所規定的重要判
準；若非如此，美國史學界也不會為了杜魯門的真實意圖或動機
何在，不斷爭論至今。可以說，正因為華瑟低估了「對的意圖」
此項義戰判準的重要性，他全盤接受所謂的「選擇性正義」，視
其為不可抗力的國際現實（參見第四章第四節）。但儘管如此，
華瑟頗為正確地指出：「意圖對錯」並非義戰道德的全部；義戰
目的之達成與否，和義戰義務之承擔與否，也是義戰道德的重要
判準[12]。

（二）區別原則與比例原則

　　義戰道德除了要求出戰目的須正當、出戰意圖須純正，也要
求戰爭中的行為（所動用的戰爭手段、對待平民與戰俘的方式
等）須合乎正義。在義戰道德藉以規範戰爭中行為的原則之中，
要求區辨敵方軍人和平民，且盡可能不傷及平民的「區別原則」

---

[12] 在當代義戰理論家之中，較不受天主教傳統影響的論者如華瑟和羅爾斯，一
　　般更看重「正義的出戰目的」，而較不堅持「對的出戰意圖」。Walzer（1992）
　　和Rawls（1999a）皆未深究「對的意圖」此項義戰判準。

堪稱最為基本（參見第四章第二節）。當前國際法體系對戰爭中
罪行（如虐待戰俘、虐殺平民、強姦婦女等）的界定，對生化武
器、大規模毀滅性武器、低區別性武器的規定等，皆源出於「區
別原則」及其道德考量（May, 2007）。

　　天主教傳統至今反對墮胎，而出於類似的宗教理由，義戰道
德從一開始即強烈反對「意圖殺害無辜」的戰爭手段。儘管義戰
道德日後逐漸脫離了宗教脈絡，但「不意圖殺害無辜」仍是其基
本堅持。義戰論者所謂的「雙重效應」學說，即是天主教在接受
戰爭作為此岸現實之時，為堅持「不意圖殺害無辜」所做出的一
種道德區分（Walzer, 1992: 151-159）。

　　「雙重效應」係指：任何行動都有兩種後果，即意圖的後果
與非意圖的後果。舉例來說，如果軍人張三以機關槍掃射平民
（一種戰爭中罪行），那些平民之死就是「意圖的後果」；如果軍
人李四未意圖殺害平民，但為了執行炸毀敵方軍工廠的任務，連
帶地炸死了軍工廠內的平民，這可能稱得上是「非意圖的後
果」。雙重效應學說強烈譴責張三「意圖殺害平民」，但對「未意
圖殺害平民」的李四則比較寬容。儘管張三和李四都殺死了平
民，但因意圖不同，得到的道德評價亦不同（Norman, 1995: 83-
93）[13]。

　　時至今日，包括生化武器、核武及其他大規模毀滅性武器，
連同極易造成平民死傷的低區別性武器等，基本皆已被劃入「意
圖殺害平民」的範疇；無論其使用者（如杜魯門）是否宣稱「我
並未意圖殺害平民」，此類說詞大都不會被採信。但在晚近一些
案例中（如北約對南斯拉夫的大轟炸、美英聯軍對伊拉克的大轟

13　另見 J. Bennett（1980）對雙重效應學說的批評。

炸等），部分論者仍相當願意接受轟炸方「我並未意圖殺害平民」的說法。美英聯軍在2003年對伊拉克進行大轟炸時，宣稱所使用的都是外科手術式的精準彈，只針對軍事目標而不針對平民。然而，卻仍有數萬到數十萬（各種估計不一）伊拉克平民被炸死或擊斃。美方拒絕統計伊國平民的死亡數字，因為後者絕大多數都是死於美軍行動。伊國平民之死，一概被美國軍方界定、宣傳為「非意圖的後果」或所謂的「附加損害」（collateral damage）。這正是「雙重效應」學說的一種應用，並衍生出激烈的道德爭議（R. Holmes, 1989: ch. 6; Norman, 1995: ch. 3, ch. 5）。

　　照華瑟的詮釋，除非軍事行動者認真對待「盡可能不傷及平民」的義戰責任，否則，所謂「非意圖的後果」或「附加損害」仍不足以正當化平民死傷（Walzer, 1992: 155-156）。再以軍人李四為例：如果李四確知敵方軍工廠內有許多平民員工，卻未將「盡可能不傷及平民」視為己責，甚至選擇在軍工廠內平民最多的時刻丟炸彈；那麼，就算李四並未意圖殺害平民，他的行動仍有嚴重的道德錯誤，因其違反了「盡可能不傷及平民」的區別原則，和要求「在同樣有效的手段中，選擇人道代價最低者」的比例原則。

　　與正義的出戰目的、對的意圖、區別原則密切相關者，還有所謂的「比例原則」。在義戰道德理論中，比例原則有兩種。一種適用於出戰的正當性課題：它要求出戰者在出戰之前，慎重評估出戰的好處（尤指正義的戰爭目的之達成）是否大於壞處（戰爭殺戮和平民死難的規模，及其他負面後果等）[14]。另一種比例原則適用於戰爭中的行為：它要求戰爭手段不得過當，不得踰越正

14　另見第十三章第四、五節的分析。

義的出戰目的；在同樣有效的手段中，須選擇人道代價最低者；倘若某種戰爭手段的人道代價過高，須慎重考慮是否動用，等等[15]。本章第五節將探討後一種比例原則，但因兩種比例原則具內在關聯性，故仍會觸及前一種。

舉例而言，某國發生極嚴重的人道災難，但前去人道干預之師卻動用無差別轟炸，結果炸死了更多平民。此種戰爭手段既違反了區別原則，也違反了要求戰爭手段須合於（正當）出戰目的的「比例原則」，甚至不禁讓人懷疑出兵的真實意圖何在，又是否已偏離正當的戰爭目的（參見第四章第四節）。再如，某國因遭到侵略而出戰自衛，且即將獲勝，但出於復仇、痛宰侵略國之動機，卻動用大規模毀滅性武器殺害數十萬平民；此種過當手段很可能違反了比例原則，也踰越了正義的出戰目的（自衛）。

「比例原則」要求出戰者在動用某種戰爭手段前，負責任地慎重評估其人道代價及其他可預見的後果，並合理地相信此種手段並未踰越正當的出戰目的。此項原則詮釋不易，將留待第五節進行分析。

四、華瑟和羅爾斯論原爆

二戰是人類有史以來最血腥的戰爭之一，據估有六千萬到八千萬人喪生，其中平民遠多於軍人。義戰道德所楬櫫的「區別原則」及其「盡可能不傷及平民」的責任倫理，在二戰中蕩然無

---

15 「比例原則」該如何詮釋，向來眾說紛紜。本章所採取的詮釋方式，主要參考了 Walzer（1992: 119-120, 192, 318, 129-130, 153-156）、Rawls（1999a: 94-105）、Norman（1995: ch.3, ch. 5）、May（2007: ch. 10）。

存。始作俑者是發動侵略戰爭的德國和日本，其所造成的平民死亡數字皆以千萬計。單單蘇聯戰場，就有一千萬到兩千萬平民喪生；在中國戰場，至少有一千萬以上平民直接因日軍的戰爭中罪行而死[16]。

　　德軍和日軍的行徑令人髮指，但同盟國又該動用非常手段嗎？1941年以降，對無差別轟炸本有疑慮的邱吉爾，下令英軍對德國城市展開無差別轟炸；在納粹投降前，英軍的無差別轟炸共炸死約三十萬德國平民。由於此種轟炸的主要目的即在於通過無差別的殺戮，瓦解敵方的戰爭意志，故廣被認定為一種「戰爭恐怖主義」（Walzer, 2004: 130）。1945年春起，杜魯門為了迫使日本投降，也下令美軍對日本城市施行無差別轟炸，並在8月投下兩顆原子彈（Walzer, 1992: 255; 2004: ch. 10）。

　　華瑟和羅爾斯從其義戰道德視野，強烈譴責原爆決策乃極嚴重的道德錯誤。他們最主要的論點是：只有在納粹那種邪惡勢力可能即將獲勝的「極度危急」下，盟軍才得正當地動用無差別轟炸；但這完全不適用於日本，因為日軍不同於納粹，且從無可能獲勝（參見第四章第二節與第十一章第四節）。

　　按華瑟和羅爾斯，「極度危急」係指納粹那種反人道「邪惡」勢力（而非一般侵略國）可能即將獲勝的緊急狀態。由於他們堅持「極度危急」僅限於此，他們距離主張「任何情況下都不得意圖殺害平民」的絕對主義者（Anscombe, 1961），看似只有一步之遙（Walzer, 1992: 262; Rawls, 1999a: 96, 99; 1995: 568-569）。

　　羅爾斯表示，美國在太平洋戰爭期間，從未陷入「極度危

16　參見Gruhl（2007）、Newman（2005: 138-139）、Selden（2006; 2007）論亞洲戰場上的死難。

急」，故絕無正當理由對日本城市進行無差別轟炸。美國在即將獲勝之際，堅持不與日本和談，反而投下兩顆原子彈；這對羅爾斯來說，實乃「極嚴重的錯誤」，幾近於「邪惡」。羅氏在他的學術生涯中，幾乎從未針對其他政治事件發言，遑論如此直接而嚴厲的道德譴責（Rawls, 1999a: 95; 1995: 570）。

在杜魯門原爆決策的意圖或動機問題上，羅爾斯的看法較接近美國史學界的中派，亦即：雖可能有其他動機，但主要動機仍在於減少美軍損失、及早結束戰爭（Rawls, 1995: 569-570; 1999a: 100）。對此，羅氏語重心長地表示：政治家不同於只想著下次選舉的政客；在任何戰爭中，美國政治家都須遵守國際戰爭道德（Rawls, 1999a: 97-98; 1995: 567-568）。在日本是否即將投降的問題上，羅氏較接近美國史學界的修正派；但他的論說重點是：無論如何，當時（1945年8月）美國都不該堅持不與日本和談（Rawls, 1999a: 101; 1995: 571）。

相較於羅爾斯，華瑟的說法要更複雜些。華瑟強調，為了論證的目的，他選擇直接面對傳統派的最強論證，亦即：由於日軍拒降頑抗，杜魯門不得不在「登陸日本」和「投原子彈」之間做出決斷（Walzer, 1992: 266-267）。華瑟進而申論：即使傳統派的軍事判斷為真，杜魯門也未必非得在「登陸日本」和「投原子彈」之間擇一，因為他還可以「選擇」放棄無條件投降政策。無論是「登陸日本」還是「投原子彈」，都將付出極慘重的生命代價；因此，放棄無條件投降政策、軍事占領和政體改造計畫，才是較佳或最佳的選擇（ibid.: 267）。

華瑟的論證當可理解為對「比例原則」的一項詮釋。前文提及，比例原則有兩種，但具有內在關聯性。就出戰的正義而言，比例原則要求出戰者在出戰之前，負責任地慎重評估出戰的好處

（尤指正義的戰爭目的之達成）是否大於壞處（尤指戰爭殺戮和平民死難的規模）。就戰爭中手段的正義來說，比例原則要求戰爭手段不得踰越正義的出戰目的；在同樣有效的手段中，須選擇人道代價最低者；倘若某種手段的人道代價過高，則須更慎重考慮是否動用。設若「要求日本無條件投降」是正義的出戰目的，但只有兩種軍事選項可達成此一目的，且都須付出極高的人道代價；那麼，前述兩種比例原則都將要求重估出戰目的。在華瑟看來，下修戰爭目的以挽回數十萬（日本或美國）生命，正是兩種「比例原則」作為尊重生命的責任倫理所要求的；或至少，這是對比例原則的一項合理詮釋。

華瑟進一步表示：上述對原爆的道德批評，係建立在傳統派的軍事判斷為真，和美國有正當理由要求日本無條件投降的假設之上。然而，美國真有正當理由要求日本無條件投降嗎？華瑟認為，基於納粹的邪惡本性，盟軍有正當理由要求德國無條件投降，並施以軍事占領和政體改造，但對日本則否（參見第十一章第四節）。

在第十一章第五節中，筆者已對華瑟的政體改造論說，及其「日軍不如納粹邪惡，故應差別待遇」等說法，進行了細部商榷。故本章不擬重複前文觀點，而將直接分析原爆的道德爭議。

五、比例原則與戰爭手段

華瑟和羅爾斯的原爆批判，係建立於義戰道德及其當代詮釋。但在廣島和長崎原爆問題上，他們對「比例原則」的詮釋仍值得商榷。以下，筆者先就比例原則的詮釋與應用，提出一些基礎性考察。

　　在義戰道德的當代詮釋之中，有種絕對主義的立場是：出戰者在任何情況下都不得「意圖殺害平民」。照其說法，原爆的大錯正在於「意圖殺害平民」，且動用了蓄意屠殺平民的戰爭手段；但無差別轟炸、大規模毀滅性武器等戰爭手段，在任何情況下都不正當，都不可能合於任何正當的戰爭目的。「比例原則」不得用來正當化這類戰爭手段，因為後者已為「不意圖殺害平民」的義戰義務所排除（Anscombe, 1961）[17]。

　　絕對主義者高度看重「不意圖殺害平民」的義務，並據此強調：沒有任何戰爭目的可以正當化無差別轟炸、原爆、大規模毀滅性武器等戰爭手段。誠然，這是對義戰道德的一種可能詮釋。但義戰道德亦未排除以下詮釋的可能：「不意圖殺害平民」的義務極為重要，但並非絕對；在極例外的情況下，仍得把蓄意殺害平民的戰爭手段列為「比例原則」的評估對象。

　　按華瑟和羅爾斯，在納粹邪惡勢力可能即將獲勝的「極度危急」下，英軍對德國城市的無差別轟炸（一種蓄意殺害平民的戰爭手段）應是正當的，或至少可被容許。在此，雖然無差別轟炸違逆了「區別原則」和「不意圖殺害平民」的義務，但華瑟和羅爾斯從「比例原則」肯認其正當性。要言之，如果正義的戰爭目的（尤指抵抗可能即將獲勝的納粹邪惡勢力）極為重要，則未必不可壓過「區別原則」和「不意圖殺害平民」的義務。但華瑟和羅爾斯堅持：「唯有」在納粹邪惡勢力可能即將獲勝的那種「極危」情況下，才得正當地動用無差別轟炸等蓄意殺害平民的戰爭手段；除此之外，亦即在任何其他情況下，都不得動用此類手段。

17　另見 J. Bennett（1980）、Norman（1995）的相關分析。

　　然而，一旦承認「不意圖殺害平民」的義務並非絕對，則其相對的道德分量有多大，便出現了爭論空間。極端的愛國主義者可能會說：自衛國看重其軍民生命乃理所當然，何以不得對侵略國平民進行恐怖攻擊，以減少己方生命損失、盡快結束戰爭？何以「唯有」在華瑟和羅爾斯所界定的「極危」下，才得動用此類戰爭手段？如果敵方先屠殺我方平民，我方為何不得殺害敵方平民？事實上，出於愛國主義、國家至上主義、國族浪漫主義、或國際現實主義而拒絕義戰道德者，至今所在多有。

　　但即使是接受義戰道德的論者，亦未必完全同意華瑟和羅爾斯對「比例原則」的特定詮釋。比例原則須理解為一種責任倫理：它要求出戰者根據其正義的戰爭目的，負責任地慎重評估某種戰爭手段的可預見後果，並據此決定該或不該動用此種手段[18]。儘管義戰道德高度看重「不意圖殺害平民」的道德義務，但亦未完全排除「特殊例外」的可能性（除非吾人接受前述之絕對主義）。當「不意圖殺害平民」、「盡可能不傷及平民」與其他重要的義務或責任發生衝突時，究竟孰輕孰重、如何取捨，往往正是爭議焦點。

　　比方說，設若「極度危急」並不存在，但出戰自衛者已慎重評估了各種軍事選項及其可預見後果，且合理地相信「殺害敵方二十萬平民可挽回我方數十萬生命」。那麼，「挽回我方數十萬生命」作為一種道德責任和一種可預見後果，是否足以凌駕「不意圖殺害平民」的道德義務？是否足以正當化「蓄意殺害敵方二十萬平民」的戰爭手段？對此，華瑟和羅爾斯的回答是「絕不」。但如果「絕不」的代價是「我方數十萬生命」，這個選擇是否也

18　另見 M. Weber（1958）論政治家的責任倫理。

有道德損失？直覺上，吾人可能會覺得「絕不」也有道德損失，因為「我方數十萬生命」並不是毫無道德分量的。

　　美國史學界傳統派之所以不斷「上修」原子彈所挽回的美軍生命數字，從杜魯門口中的「數千」一路修正到「數十萬」乃至「一百萬」，似乎也與前述的道德直覺有關。如果原子彈所挽回的美軍生命在「數千」之譜，那除了極端狹隘的愛國主義者外，不少人在為杜魯門辯護時，多少還是會覺得這件事比較難以辯護。傳統派論者在強調原子彈挽回了「數十萬」美軍生命時（暫且不論其真假），無異於默認了「數十萬」美國或日本、我方或敵方生命皆具道德分量。

　　但如華瑟所指出，就算傳統派的軍事判斷為真，杜魯門也未必非得在「犧牲數十萬美軍生命」（登陸日本）與「殺害二十萬日本平民」（投原子彈）之間擇一，因為他仍可「選擇」放棄無條件投降政策。就此而言，傳統派的立場終究在於：美國要求日本無條件投降的「國家理由」，足以合理化殺害二十萬日本平民的兩顆原子彈（Landesman, 2003）。

　　筆者並不同意國家理由派「投原子彈乃不得不然」的辯詞。國家理由派係從看似迫切的國家理由，去合理化蓄意殺害數十萬平民的戰爭手段。在最基本的價值立場上，筆者贊同華瑟和羅爾斯對此類論調的道德譴責（Walzer, 1992: ch. 12; 2004: ch. 10; Selden and So eds., 2004）。然而，他們的其他論點卻仍有斟酌餘地。

　　試想：如果納粹已無可能獲勝，但在已屠殺了上千萬蘇聯平民和猶太人後仍繼續其惡行，同盟國仍「絕對」不該考慮動用無差別轟炸嗎？華瑟和羅爾斯的答案是「絕不應該，因為極度危急已不存在」。但如果無差別轟炸真能及早止戰，及時停止歐洲戰

場上極嚴重的人道災難,並挽回數十萬受害國平民的生命呢?在此值得強調,從華瑟和羅爾斯的義戰視野,「制止極嚴重的人道災難」無疑是一項極重要的義戰義務。

在道德直覺上,以屠殺敵國平民的手段挽回己方平民生命,的確在某些地方嚴重不對,因為蓄意殺害平民是不對的。但當「不蓄意殺害平民」與「制止極嚴重的人道災難」這兩種義戰義務發生衝突時,前者必然具優位性嗎?如果「不蓄意殺害敵國平民」意味「我方在上千萬平民死亡後,至少還將有數十萬或更多平民喪生」,後者是否構成義戰道德所承認的重大道德損失?從華瑟和羅爾斯的人道干預論說來看(另見第十三章第二節和第四章第三節),此等「震撼人類道德良知」的人道災難若不制止,無疑是極嚴重的道德損失。

但在廣島和長崎原爆問題上,華瑟和羅爾斯明顯低估了「制止日軍所造成的極嚴重人道災難」這一義戰目的和義戰義務的道德分量。故而,他們對比例原則的詮釋顯得片面;彷彿在比例原則的道德天平上,「不意圖殺害平民」的義務重於泰山,而「制止極嚴重的人道災難」的義戰目的和責任則不具緊要性。

六、亞洲平民的道德分量

(一)極嚴重的人道災難

二戰的死亡總數高達六千萬到八千萬人,其中軍人的死亡數字較易統計,在兩千萬到兩千五百萬之間。平民的死亡數字較難準確估計,總數約在四千萬到六千萬之間;半數以上因戰爭殺戮而死,亦有上千萬因戰爭所導致的饑荒或疫病而死。在歐洲戰場

上,近六百萬猶太人遭納粹種族滅絕,另有一千萬到兩千萬蘇聯平民喪生;在中國戰場上,死亡總數在兩千萬到三千多萬之間,大多數是平民。據古魯爾(Werner Gruhl)(2007)估計,單單因日軍「戰爭中罪行」而喪生的中國平民,即高達12,392,000人。中國學家塞爾登(Mark Selden)(2006; 2007)表示:儘管各種統計不一,但中國的死亡數字可能超過蘇聯。

不難看出,各種死亡數字統計相差甚多,誤差範圍甚大,甚達幾百萬到上千萬人。然而,即使以最保守的數字為據,日軍在亞洲戰場(尤其是中國戰場)所造成的平民死難,其規模遠超過日本平民的死難(五十多萬,其中近四十萬因美軍的無差別轟炸和原爆而喪生)。這個不成比例的數字對照,並無法證明原爆是正當的,但它揭露出亞洲戰場上「人道災難」的空前規模及嚴重性。

自1937年7月日軍侵華起,亞洲平民的月均死亡數字,按保守估計也在十萬到二十萬之間。及至戰爭末期,人道災難更進一步升級,每月都至少有二十萬人喪生,其中絕大多數是遭日軍虐殺或因飢餓而死的亞洲平民。據紐曼(Robert P. Newman)(1995: 138-139)評估,進入1945年後,戰爭每延長一個月,就再增加二十五萬亡者;其中只有極少數是西方人,絕大部分是亞洲平民。

如此規模的人道災難,不但是持續發生的現在進行式、未完成式,且在戰爭後期逐漸升級。此外,我們亦有必要把日軍「戰爭中罪行」的殘暴性納入視野。華瑟和羅爾斯以「日軍不如納粹邪惡」為由,主張對德日施行差別待遇。然而,日軍的侵略規模並不亞於納粹;日軍所造成的兩三千萬平民死難,與納粹可謂齊鼓相當。的確,納粹搞出了毒氣室,對猶太人進行種族滅絕,此

類「邪惡」非日軍所能及；但日軍的野蠻行徑毫不遜色，甚至多方面超過納粹（參見第十一章第五節）。

2003年11月17日，日本老兵近藤一在東京高等法院作證時表示：「我們被教育說：中國人是連人類都不如的人種，殺中國人如同殺豬殺雞一樣，是沒有罪的。殺他們是為了天皇，為了日本國家。1941年9月，我們對山西省北部的抗日根據地討伐掃蕩，根據情報進入一個據稱有八路軍的村落，但八路軍逃了，於是，我們搶奪村裡的金錢、物資、衣物，搜尋隱藏的女性，然後對其輪姦，輪姦後將其殺害，這是通例。」「包括我在內的日本兵在中國犯下了不可饒恕的罪行，想起那些被強姦、輪姦，然後被殺掉、被侮辱的女性們，晚上我就睡不著覺（引自共同編寫委員會，2005：139）。」此類「戰爭中罪行」在亞洲戰場上幾乎無日無之。那種把日本當成「一般」或「常規」侵略國的說法，因此很難站得住腳。

日軍的侵略規模、肆無忌憚的戰爭中罪行，及其所造成的極嚴重人道災難，使吾人有很好、很強的理由，視其為與納粹同一等級的國際罪犯（參見第十一章第五節）。亞洲戰場上的大規模人道災難，並非僅因戰爭所導致的饑荒或疫病而起，而主要是日軍野蠻殘暴的戰爭中罪行所造成。從義戰道德的視野，「不意圖殺害平民」、「盡可能不傷及平民」乃極重要的義戰義務；如果僅因日軍「戰爭中罪行」而死的中國平民即高達12,392,000人，這無疑是華瑟所謂「震撼人類道德良知」的極嚴重人道災難。

（二）制止極嚴重的人道災難

對華瑟和羅爾斯而言，正義的出戰目的基本只有兩種：遭到侵略時的自衛或集體自衛；和制止極嚴重的人道災難。按他們的

陳述，「制止極嚴重的人道災難」乃國際社會成員的重要道德義務；當極嚴重的人道災難發生，且無法以非軍事手段制止時，人道干預（指軍事行動）得成為正當的最後手段。

但究竟誰有義務出兵？如果答案是「國際社會」，誰又有「權利」代表國際社會出兵？時至今日，國際法學界仍為此爭論不休。例如，北約未經安理會授權即逕自轟炸南斯拉夫；但當盧安達發生更大規模的人道災難（族群殺戮）時，卻乏人問津。這兩個案例皆引發諸多爭議，至今未歇（參見第四章第四節和第十三章第二節）。

在當代學界，「自衛」和「人道干預」通常被分開來討論。被認為需要人道干預的國家，多是出於內政因素而發生所謂的人道災難；在這類情況下，人道干預無涉自衛，因為出兵干預者並非遭到侵略的自衛者。然而，對受害於日本侵略戰爭的中國來說，「自衛」和「制止極嚴重的人道災難」實乃抗日戰爭的一體兩面。

不同於科索沃和盧安達等近例，二戰期間亞洲戰場上的人道災難有以下兩項特色。第一，如果說盧安達或科索沃的族群殺戮構成極嚴重的人道災難，那在二戰亞洲戰場上，人道災難的規模是盧安達的數十倍、科索沃的數千倍。從災難的規模和嚴重性而論，「制止日軍所造成的人道災難」比起「制止科索沃的幾千人死難」顯然更具道德迫切性。

第二，亞洲戰場上的人道災難，主要是日軍的戰爭中罪行所造成，屬於侵略戰爭中的人道災難。要制止此種人道災難，唯有及早打敗侵略國日本一途；而負有這一責任或義務者，其實就是杜魯門、蔣介石等同盟國政治領袖。

按華瑟和羅爾斯，義戰道德要求「不意圖殺害平民」、「盡可

能不傷及平民」，也要求承擔起「制止極嚴重的人道災難」的義戰義務。正因為「制止極嚴重的人道災難」乃義戰道德所規定的義戰目的和義戰義務，責任者須從「比例原則」將其實現方式及其可預見後果納入考量（Walzer, 1992: 155-156）。比例原則要求責任者根據其正義的戰爭目的，慎重評估各種戰爭手段的人道代價及其他可預見後果。

　　照美國史學界中派論者的看法，即使杜魯門否決了原子彈選項，日本仍相當可能在11月1日美軍登陸九州之前，或最晚在1945年年底以前投降。如果此說可信，杜魯門並非「不得不」在1945年8月動用原子彈，而可以通過其他辦法，迫使日本「在可預見的未來幾個月內」投降。然而，從「制止極嚴重的人道災難」的義戰義務來看，「不投原子彈」作為一種選擇，也有重大的道德損失。因其相當於可預見地選擇了：在日軍已造成的上千萬平民死難外，至少還將有數十萬亞洲平民喪生。

　　此種道德損失不僅止於「在上千萬之外，還將有數十萬亞洲平民喪生」，還在於這些生命損失是「責任者須為之負責的可預見後果」（Norman, 1995: ch. 3, ch. 5）。從因果關係來講，拒降頑抗的日本領袖，須為這些亡者承擔起最大的道德責難。但從比例原則作為一種責任倫理的角度，盟軍領袖對其「選擇」的「可預見後果」，也負有道德責任和政治責任。

　　以上所言是個「反事實推論」，亦即：如果杜魯門當時得知亞洲戰場上的極嚴重人道災難，但決定不動用原子彈，這個選擇也有重大的道德損失。顯而易見，亞洲平民的死難並非杜魯門的考量重點；甚至，日軍究竟在亞洲戰場上造成了多大規模的人道災難，彼時可能亦無精確的情資。但今日，即使我們以最保守的人道災難數字為據，也已經不能繼續視而不見，或存而不論亞洲

平民的死難規模及其道德分量。

（三）悲劇性的道德選擇

　　回頭來看，我們或許可以說：正是日軍極嚴重的戰爭中罪行，導致了一種悲劇性的道德情境。在此，「道德悲劇」意指：在某些客觀環境下，無論吾人做出哪種選擇，都有重大的道德損失。

　　無論是「不意圖殺害平民」還是「制止極嚴重的人道災難」，都是義戰道德所規定的重要義務；而且，兩者皆源出於對生命的尊重。但不幸的是，當兩者在難以抗逆的客觀情況下發生衝突時，無論偏重何者，都須付出慘重的人道代價。「道德悲劇」一詞暗示：在某些客觀條件下，很可能並沒有完美無缺的道德選擇；因為無論選擇何者，都有嚴重的道德代價，也都將遭到嚴厲的道德責難（ibid.: ch. 6）。

　　從道德悲劇的視野，「不投原子彈」是值得尊敬的道德選擇，但仍有重大的道德損失。投下兩顆原子彈，等於直接殺害二十萬日本平民；如果兩顆仍不足以迫使日本投降，亦可能繼續動用此類非常手段。因此，如果責任者選擇不投原子彈，而決定以人道代價較低，或低很多的其他方式，迫使日本「在可預見的未來幾個月內」投降，這並非不合理的選擇，甚至是值得敬佩的選擇[19]。但即使如此，此項選擇仍須付出相當高的道德代價。

　　絕對主義者幾乎一致認為：「不意圖殺害平民」的義戰義務，要重於「制止極嚴重的人道災難」的義戰義務。其理由在於：如果我方動用無差別轟炸或原爆等戰爭手段，我方就是直接

19　另見 Selden and Selden eds.（1989）論原爆的平民死難。

剝奪無數平民生命的謀殺者。相對於此，即使「不投原子彈」意味戰爭無法立刻結束，或即使我方可預見「在已死的上千萬之外，還將有數十萬亞洲平民喪生」，但畢竟我方不是這些平民的謀殺者；日軍才是他們的直接謀殺者，或令其喪生的頭號罪犯。按此見解，「不投原子彈」所須承擔的道德責難，要遠低於「以原子彈屠殺平民」。

　　然而，即使是高度看重「不意圖殺害平民」此項義務的絕對主義者，亦難以否認：可預見地選擇「在日軍已造成的上千萬平民死難外，還將有數十萬亞洲平民喪生」，並不是一種道德圓滿，因為亞洲平民的生命絕非毫無道德分量可言。「不投原子彈」並不是完美無缺的道德選擇，而也是道德代價慘重的一種選擇。

　　進而言之，設若責任者合理地相信「儘管日本相當可能在1945年年底以前投降，但對此並無把握」，且為了及時停止極嚴重的人道災難，為了挽回數十萬或甚至更多亞洲平民的生命，而最終決定動用原子彈；那麼，即使此項決定必遭到嚴厲的道德譴責，但它或許稱不上是絕對的「邪惡」。

　　當然，美國史學界的研究顯示：杜魯門原爆決策的真實動機，並不在於及時制止亞洲戰場上極嚴重的人道災難。就此而言，他的意圖並不純正，並不合乎義戰道德對「對的意圖」之要求。但「意圖對錯」並非義戰道德的全部；義戰目的之達成與否，和義戰義務之承擔與否，也是義戰道德的重要判準。縱使杜魯門的「意圖不對」，但如果原子彈確實制止了亞洲戰場上極嚴重的人道災難，那從義戰道德的角度，投原子彈縱有大錯，但真是絕對的「邪惡」嗎？

　　反過來說，即使杜魯門是為了及時停止亞洲戰場上的人道災難（而非僅為了挽回上千美軍生命）而動用兩顆原子彈，他也仍

須為此「屠殺平民」的決定及其可預見後果承擔道德責難。為了制止死難規模已達千萬之譜，且繼續升級的人道災難而動用原子彈，或許稱不上是絕對的「邪惡」。但它仍有大錯，錯在違逆了「不意圖殺害平民」、「盡可能不傷及平民」的義戰義務。

綜上，從日軍所造成的人道災難的空前規模及嚴重性，從「制止極嚴重的人道災難」作為義戰目的和義戰義務的重要性來看，吾人實不宜斷言「不投原子彈是完美無缺的道德選擇」或「投原子彈是絕對的邪惡」。有別於華瑟和羅爾斯，筆者認為：當「不意圖殺害日本平民」和「制止亞洲戰場上極嚴重的人道災難」這兩項義務發生衝突時，「投」或「不投」原子彈都有重大的道德損失，都是悲劇性的道德選擇。

因此，在投或不投的爭議之上，吾人更應積極避免此類道德情境的再發生。也許唯有以史為鑒，盡最大努力去改造國際秩序、開創正義的和平（just peace），才終能制止「須決定投或不投原子彈」的悲劇重演。

第十三章

義戰道德與利比亞戰爭

一、利比亞戰爭的道德爭議

　　2010年12月以降，人民起義的浪潮一度席捲中東和北非。2011年2月，利比亞東部出現武裝內戰團體，格達費誓言平定內亂。聯合國安理會以保護利比亞平民為由，在2月26日、3月17日先後通過第1970號、第1973號決議。第1970號對利比亞施加武器禁運，凍結格達費家族及政府高官的財產，並授權國際刑事法庭調查格達費的反人道罪行。第1973號進一步授權聯合國會員國「採取一切必要手段」以保護利比亞平民，包括設置禁航區，但排除外國軍隊以任何形式進駐利比亞領土。此案一通過，以法、英、美作為主力的北約空軍和海軍，立刻對利國政府軍展開轟炸；2011年8月底，反抗軍在北約空中武力的支持下，攻占了利比亞首都；10月底，格達費遭擊斃，內戰告一段落。迄今，利比亞政局尚不明朗，各部落衝突頻仍，該國民主化的前景仍是未知數。

　　在國際輿論界，對利比亞戰爭的批評並不罕見。部分論者質

疑美英法把第1973號決議當成了空白支票：該決議授權執行禁航令，但北約卻直接介入利比亞內戰，擺明了就是支持反抗軍到底。又如，第1973號引用了「保護責任」（responsibility to protect）原則，但該原則能用來支持戰爭行動嗎（Gardner, 2011）？在國際法層面的爭議外，利比亞戰爭又是合乎正義的「義戰」嗎？

　　近二、三十年來，義戰道德話語的影響力與日俱增。義戰道德規定了一組基本的規範性判準，以區分正義與不正義的戰爭。出戰正義（*jus ad bellum*）的判準包括：正義的目的、對的意圖、正當的權威、最後手段、合理的成功機會、比例原則等。戰爭中手段的正義（*jus in bello*）則規定：區分軍人和平民，不意圖殺害平民，盡可能降低平民死傷，不使用過當的戰爭手段等。這些判準該如何界定，又該如何詮釋及運用等，皆在義戰論辯的探討範圍（Walzer, 1992; Rawls, 1999a; Norman, 1995; Regan, 1996; R. Holmes, 1989; R. Miller, 1991; May, 2007; Elshtain ed., 1992; Rodin, 2002; J. Johnson, 1981）。

　　本章以利比亞戰爭為題，評估這場戰爭是否具有正義的出戰目的。正義的出戰目的是否存在，是義戰的首要判準；如果正義的出戰目的不存，原則上即無義戰可言。但正義的出戰目的究竟該如何界定，往往正是爭議焦點。

　　美英法等國領袖一則以保護平民、制止人道災難作為發動利比亞戰爭的理由，另則明白表示軍事行動是為了推翻格達費，以促進利比亞的民主化（Obama, Cameron and Sarkozy, 2011）。故而，利比亞戰爭同時涉及「人道干預」和「政體改造」課題。就北約的利比亞行動而言，人道干預是否構成正義的出戰目的？作為政體改造的利比亞戰爭，又是否具有正義的出戰目的？此為本

章所欲探討的兩項主題。

北約以保護平民作為出戰的主要理由，並認定人道干預屬於正義的戰爭目的。對此，主戰人士大都表示肯定，但反對人道干預者也不在少數；亦有論者雖不反對人道干預原則，但質疑利比亞戰爭濫用了人道干預（Bello, 2011; Chomsky, 2011）。本章擬提出另一論證，亦即：利比亞戰爭稱不上是人道干預，因其未能滿足人道干預原則的基本規定。

利比亞戰爭還涉及政體改造的義戰爭議。為政體改造而戰，指向一種具高度軍事強制性的、以民主化作為成功指標的政體改造。本章將援引華瑟和羅爾斯的相關論點，對其做出部分修正，藉以評估作為政體改造的利比亞戰爭。

二、人道干預原則及其應用

人道（軍事）干預，尤指以制止令人髮指的人道災難（種族滅絕、大屠殺、嚴重的濫殺或虐殺情事）作為目標的軍事行動。人道干預原則的主旨在於：當一國境內發生極嚴重的人道災難，而非軍事的干預手段已無法奏效時，外界得採取軍事行動制止之。今日，人道干預原則的道德正當性已獲得廣泛肯認，但各界對該原則的詮釋和運用仍存在諸多歧見。

（一）法律與道德之間

二戰後的聯合國建制及其相關的國際法體制，對「自衛」與「侵略」採取了比以往更明晰的界定方式。大體上，唯有遭到侵略時的自衛與集體自衛，才構成明確合法的戰爭目的。但時至今日，隨著人權意識與話語的逐漸高漲，「人道干預」是否也屬於

合法的戰爭目的？這一問題至今仍具爭議。

　　反對一切人道干預的聯合國會員國所在多有（Chesterman, 2001; N. Wheeler, 2000; C. Gray, 2000）。然而，1990年代以降，特別是1997年安南（Kofi Annan）擔任聯合國祕書長以後，以制止內戰、構建和平、維護最基本人權作為立意的聯合國維和行動、人道援助等，已獲得長足的發展（Doyle and Sambanis, 2006）。此類行動與「人道（軍事）干預」之不同在於：前者大都取得當事國同意，且經過安理會授權；「人道干預」則指外界為了制止人道災難，強行以戰爭手段進行干預，無論是否取得安理會授權（Heinze, 2011）。

　　2001年，聯合國「干預與國家主權國際委員會」提出一份〈保護責任〉報告。「保護責任」的概念，得益於蘇丹學者法蘭西斯鄧（Francis Deng）「作為責任的主權」（sovereignty as responsibility）論說：國家主權的首要責任在於保護人民；保護一國人民的首要責任者即是該國政府（Deng et al., 1996）。按〈保護責任〉報告，如果一國政府未善盡保護之責，國際社會將有責任介入以保護該國人民（ICISS, 2001）。該報告的修改後版本，在2005年聯合國世界高峰會議中，得到了安理會的認可（Bannon, 2006）；並在聯合國祕書長潘基文的2009年報告中，再次獲得肯認。

　　「保護責任」原則修正了主權至上、主權高於人權的舊觀念和舊原則；正因如此，它強化、合理化了1990年代以降聯合國愈發積極於維和、人道援助的趨勢。該原則的積極性還在於：它主張多管齊下，通過人道援助、發展援助、仲裁、協商、調停、扶貧、促進族群和諧、矯治經濟不平等、維和、選舉監督等各種措施，以避免、預防人道災難之發生，以協助案主國政府落實保護

責任（Bellamy, 2010）。此外，保護責任原則亦吸納了義戰道德元素，主張當極嚴重的人權侵害發生時，國際社會得以人道（軍事）干預作為最後手段（ICISS, 2001: vii）。

保護責任與人道干預的關係何在，至今頗具爭議（Hehir, 2010; Bellamy, 2009; Heinze, 2009; Pattison, 2010）。基本上，保護責任原則已在聯合國體制內取得一席之地，且經常引為人道援助、國際仲裁、維和等聯合國行動的依據。但人道干預則不然；至少有一百多個國家總是拒絕人道干預（Heinze, 2011: 14; Hehir, 2010）。可以說，保護責任原則最具爭議的部分，就是涉及戰爭的人道干預原則（Bellamy, 2009; J. Johnson, 2006）[1]。

在西方學界和輿論界，人道干預原則（作為一項政治道德原則）在聯合國採納保護責任原則之前，即已得到廣泛的肯認。1990年代以降，以捍衛最基本人權、制止極嚴重的人道災難作為立意的人道干預，漸被肯認為一項正義的出戰目的。1990年代初，波士尼亞爆發族群殺戮，死亡人數在二十萬之譜；1994年，盧安達發生圖西族與胡圖族之間的大屠殺，死亡數字達七、八十萬人；彼時，西方政府因其在波士尼亞的「晚行動」，和在盧安達的「不行動」，遭到輿論痛加撻伐。

1　在人道（軍事）干預問題上，保護責任原則的確切主張何在，至今仍具爭議。部分學者指出，聯合國諸多有關保護責任的文件，對人道干預的表述並不一致；例如，〈2005年高峰會議成果〉即與2001年〈保護責任〉有所差異。表面上，兩者都接受義戰道德的基本規定，肯認軍事干預是因應嚴重情況的最後手段；但〈2005年高峰會議成果〉為人道干預所設下的門檻，明顯比2001年〈保護責任〉要高（Heinze, 2011: 11-14; Hehir, 2010: 118-119; Bellamy, 2009: 117-118）。亦有學者指出，在達佛（Darfur）案例中，保護責任原則曾被引為「保護責任主要落於該國政府」的依據（Stahn, 2007: 116-117）。

1999年北約在科索沃的人道干預，廣受各界關注，亦引發激烈論爭。在聯合國會員國當中，有超過一百個國家反對科索沃戰爭；究其反對理由，除了北約未得到安理會授權外，顯然還包含對人道干預的反對或保留（Krisch, 2002; Schnabel and Thakur eds., 2000）。但對於提倡人道干預的人士來說，科索沃戰爭可謂遲來的正義；他們多主張道德高於法律，視人道干預為一項道德義務，無論聯合國安理會是否授權（Doyle, 2001; Power, 2002; Power and Allison eds., 2000; Ignatieff, 2000; S. Holmes, 2007: ch. 7）。

（二）人道干預原則

「人道干預」係出於人道主義目的之強制性軍事干預，而不包括非軍事性的、非關戰爭的人道主義介入。自1970年代起，關於人道干預的討論陸續出現（Lillich ed., 1973; Bull ed., 1984）。華瑟在《正義與非正義戰爭》中，曾舉出一個人道干預的實例：1971年印度軍隊介入孟加拉（東巴基斯坦）的獨立戰爭，制止了巴基斯坦軍隊在孟加拉的殺戮（Walzer, 1992: 105-106）。此外，越南軍隊在1978-79年出兵高棉（柬埔寨），制止了紅高棉政權的殺戮（Walzer, 2004: 69-70; Chomsky, 2011）。這兩項人道干預皆未獲得聯合國安理會的授權，但制止了進行中的大規模人道災難。

華瑟以孟加拉為例，申論當「震撼人類道德良知」的人道災難發生時，國際社會應有制止的義務。儘管印度出兵有其地緣政治利益的動機，亦未獲得安理會授權，但華瑟認為：在極嚴重的人道災難面前，軍事干預者的意圖是否完全純正，又是否獲得安理會授權等，應屬相對次要的道德考量；更重要的是，國際社會有迫切的道德義務去制止此等人道災難（Walzer, 1992: 107-108; 2004: ch. 5; 2007: ch. 14）。

　　就人道干預的高級理論來說，最具哲學深度的理論表現莫過於羅爾斯的《萬民法》（Rawls, 1999a）。羅爾斯從假設性契約論的哲學架構，欲建立一套能為國際社會成員所共同接受、公開認可的國際正義原則。在戰爭課題上，他對義戰道德進行闡發，並把正義的出戰目的侷限於：遭到侵略時的自衛與集體自衛；以及人道干預（參見第四章第三節）。本章不擬重複羅爾斯的論說細節，而將直接援引他對人道干預原則的界定。

　　羅爾斯主張，世界諸民應接受以維護最基本、最緊要的人權，作為和平相處的道德底線之一（按：另一道德底線是不侵略）。在此，緊要人權係指生命權、免於奴役的自由、一定程度的良心自由等（ibid.: 65, 79-81）。羅氏的說法具有相當程度的代表性，因為人道干預的理論家們，大都訴諸最起碼的人權底線，而非全面的人權要求（K. Roth, 2004; Ignatieff, 2001; Walzer, 1994）。

　　照羅爾斯的陳述，如果緊要人權在一國境內未受到侵害，該國亦未對外侵略，外界即不得進行干預；但如果緊要人權遭到侵害，則即使該國並未對外侵略，亦無權免於干預。然而，干預的手段有許多。對羅爾斯來說，合乎正義的人道（軍事）干預至少須滿足兩項要件：侵害緊要人權之情事已極嚴重或太過分；非軍事手段已無法奏效（Rawls, 1999a: 80-81, 93-94）。

　　我們不妨追問：在何種情況下，人道干預才得成為正義的出戰目的？儘管羅爾斯並未直接回答這個問題，但一項合理的詮釋是：唯有當侵害緊要人權之情事已極嚴重，也就是發生極嚴重的人道災難時，或其已是明顯而立即的危險時，人道干預才得成為正義的出戰目的（K. Roth, 2004）。

　　人道（軍事）干預原則的道德力量，主要即在於對極嚴重或

太過分的人道災難的忍無可忍。人道干預以軍事手段所欲制止的，是非軍事手段已無法制止的一種大惡，即對緊要人權的嚴重侵害，或令人髮指的人道災難。可以說，這正是人道干預原則的核心關懷，及其道德力量之所繫。

（三）詮釋和應用

一旦落實到現實世界，任何政治道德原則皆面臨詮釋和應用的難題。例如，究竟何等規模、何種性質的人道災難，才算是極嚴重或太過分的？難道非得等到已經死了上百萬或數十萬人，出兵才是正當的？「種族滅絕」與其他的平民殺戮，性質有何不同？虐殺十人，比槍殺千人更嚴重嗎？在此類問題上，人們的判斷往往並不一致（Power and Allison eds., 2000; J. Roth ed., 2005; Moseley and Norman eds., 2002; May, 2005）。

以科索沃戰爭為例。在北約轟炸以前，南斯拉夫（塞爾維亞人）和科索沃（阿爾巴尼亞人）雙方，共殺害了兩、三千人。後來北約的空中砲火，加上各懷鬼胎的南斯拉夫和科索沃激進分子，則直接或間接造成約一萬人死亡，外加八十萬流離失所的難民；此等人道災難比轟炸前要嚴重得多（Schnabel and Thakur eds., 2000: 19; Elshtain, 2001; Krisch, 2002）。科索沃戰爭之所以引發諸多爭議，這是主因之一。

但與本章更相關的是科索沃戰爭的另一面向，即人道干預行動的發動門檻。二、三千人的死難，誠值得高度重視；但人道干預原則的立意在於：國際社會有道德義務去制止極嚴重的人道災難，並得在逼不得已時採取軍事行動。聲稱科索沃戰爭是人道干預，無異於大幅降低了人道干預的正當性門檻。在此情況下，理論家或可改寫人道干預原則，將其適用對象從極嚴重的人道災

難，擴充到更頻繁發生的侵害人權事件；或者，也可考慮在人道干預原則之外另起爐灶，直接論證（例如）凡聯合國兩公約所列出的某項人權遭到某些侵害，國際社會皆得發動戰爭。但如此一改，就不是吾人所知的人道干預原則了。

　　儘管科索沃戰爭充滿爭議，但人道干預原則並未被改寫或置換；無論是支持還是反對科索沃戰爭的論者，幾乎都視其為「人道干預」的重要範例。然而，在當今國際社會，二、三千人的死難並不罕見。人道干預原則是作為「例外」而提出的，是為了制止極嚴重的人道災難。如果人道干預從例外變成了常態，其初衷也就不復存在，其道德論證亦須重新建構。

　　在科索沃戰爭前後，還出現了某種「及時制止希特勒」的說詞；它通過把米洛塞維奇形容為希特勒再世，聲稱如果不及時發動戰爭，勢將出現更嚴重的族群殺戮。對此說法，有兩種可能的質疑。一種是後果主義式的質疑：如果「及時制止希特勒」或「若不及時制止，災難將更慘重」是出戰的正當理由，人道干預原則恐將不斷遭到濫用。但從另一種、也更貼近義戰道德的視野來看，如果出戰者意圖純正，且合理地相信米洛塞維奇（或哈珊、格達費等）是希特勒第二，這的確可能構成及時出戰的正當理由。只不過，這需要足夠充分的舉證，而不能只是便宜的出戰藉口；如果極嚴重的人道災難並非明顯而立即的危險，「希特勒」的比附將不足採信。

　　在現實世界裡，人道干預原則就和其他道德原則一樣，都可能遭到濫用。科索沃戰爭是或不是對人道干預原則的濫用，本章不擬做出定論（cf. Chomsky, 1999）。但基於前述分析，我們不妨把科索沃戰爭看做一個尤具爭議的、處於「邊界」地帶的人道干預事例。

　　儘管各界對於人道干預原則的詮釋和應用存在歧見,但此項原則的立意和基本輪廓仍相對明晰。人間之惡有大惡小惡,有輕重之別;如果刻意混淆此間區別,勢將使人道干預原則的立意盡失。在今日國際社會,仍不時發生幾百人甚至上千人的死難;這誠然不可欲,但如果這足以構成出戰的正當理由,人道干預原則的道德力量也就折損大半了。

三、利比亞戰爭不是人道干預

　　本章所欲論證的一項觀點是:利比亞戰爭不是人道干預,因其不合乎人道干預原則的基本規定。以下,將先考察利比亞戰爭的發生背景,進而分析利戰何以不是人道干預,並從義戰道德視野說明其意涵。

(一)利戰的發生背景

　　在國際人權組織近年來的評比中,利比亞始終屬於人權表現低落的國家。但從2003年直到2011年2月以前,美英等西方國家跟格達費政權交往密切,形同政治蜜月。自2003年聯合國解除對利比亞的武器禁運後,格達費對1988年泛美航空爆炸案的受害者家屬進行賠償,放棄發展核武及其他大規模毀滅性武器,與基地等恐怖組織劃清界限,並多方面配合美國反恐。在美國的「邪惡軸心」名單上,找不到利比亞的名字;格達費「已改邪歸正」的暗示,接連在西方媒體出現,包括(例如)布萊爾與格達費熱情擁抱的照片。

　　格達費向西方公司讓利,讓其分享利比亞的石油和國防利益,並捐款給倫敦政經學院等西方機構。季登斯(Anthony

Giddens）、巴柏（Benjamin Barber）、約瑟夫奈（Joseph Nye）、福山（Francis Fukuyama）等學界名流，都曾是格達費的座上賓。2007年季登斯在《衛報》表示：「就一黨專政的國家來說，利比亞不特別具壓迫性。格達費似乎受到民眾真正的歡迎。」英國在布朗執政末期，與格達費的和解如火如荼。據英國媒體報導，布朗交易的內容是：蘇格蘭地方政府以就醫為由，釋放泛美爆炸案的主犯；格達費則向英國釋出石油、貿易、情報、武器等利益（Baumann, 2011）。

格達費與美英之間亦曾有緊密的情報合作。利比亞反抗軍的軍事領袖貝爾哈吉（Abdel Hakim Belhaj）曾被美英懷疑與基地組織有所聯繫，格達費將其情資交予美方。2011年8月利國反抗軍攻進首都後，「人權觀察」組織的研究人員在利國政府大樓找到一批文件，並交給《華爾街日報》等媒體發表。這批資料顯示：中情局與格達費的情報部門往來密切，美方甚至把恐怖主義嫌犯送到利比亞祕密偵訊。

前述種種究竟意味什麼？筆者不擬強加解讀。美國曾扶植賓拉登，曾大力支持哈珊，也曾與格達費交好；晚近與格達費反目成仇，亦是強權政治下常見的一種現實。然而，基於2003年以降西方與格達費的長期蜜月，北約在2011年3月的戰爭決定仍顯得突兀。美英法的戰爭決策過程和實際動機，只有等到更多的文獻資料出現後，才能進行有根據的評判。

2011年2月26日，聯合國安理會無異議通過第1970號決議。其理由是格達費以暴力對付平民；其具體內容則包括：武器禁運，凍結財產，並要求國際刑事法庭介入調查。俄羅斯堅持此案不是戰爭授權，並在此前提下表示同意。禁航區的提議未獲共識，故不在第1970號的制裁項目之列。

　　3月17日的第1973號決議，係由法國、黎巴嫩和英國提案，在巴西、德國、印度、中國和俄羅斯的棄權下通過。此案的具體規定是禁航，另授權會員國「採取一切必要手段」以保護利比亞平民，但排除外國軍隊進入利比亞領土。然而，「一切必要手段」所指為何？它是否等於取消了第1970號的武器禁運？實際上，在利比亞的內戰過程中，北約顧問和武器（若非軍隊）通過各種管道進入了利比亞。

　　此外，「一切必要手段」還包括哪些軍事手段？設置禁航區，本身即是一種軍事行動，因其涉及摧毀格達費發動空中攻擊的能力；但禁航不等於更全面的戰爭行動，不等於全面轟炸格達費的軍事據點和其他武力。由於北約的軍事行動踰越了禁航令，形同直接介入利比亞內戰，這遂引發另一法理爭議：北約協同反抗軍推翻格達費的戰爭行動，是否違反了第1973號決議[2]？以上種種，皆涉及本章所無法深究的國際法爭議。

（二）利戰是人道干預嗎？

　　北約領袖宣稱，為了保護利比亞的平民，格達費必須下台（Obama, Cameron and Sarkozy, 2011）。在國際輿論界，這往往被分成兩個部分加以解讀（Gerson, 2011）。首先，利比亞戰爭是為了推翻格達費，扶植新的民選政府；此點不需要揣測，因為它是北約領袖的公開主張。

　　但北約領袖係以保護平民、制止人道災難作為出戰說詞，這

2　紐約大學國際合作中心在〈利比亞戰爭：2011年2月到8月的外交史〉報告中指出：第1973號決議是安理會有史以來，第一次引用保護責任原則作為同意動武（指禁航）的法理依據（O'Brien and Sinclair, 2011: 5）。

部分又該如何解讀？有種見解是說：北約的利戰目標就是政體改造，尤其是推翻格達費；但2003年伊戰的教訓是，只談政體改造不利於戰爭行銷。照此說法，保護平民也者，只是包裝政體改造戰爭的糖衣（Keeler, 2011）。

此類質疑，質疑的是出戰者的真實意圖或動機（Geras, 2011）。義戰道德要求「對的意圖」，要求出戰者的真實意圖須合於正義的出戰目的；但在國際政治的現實下，行動者的真實意圖何在，短期內往往判斷不易。故而，本章不擬從真實意圖去評估利比亞戰爭，而將先「假設」保護平民、制止人道災難的確是北約的真實意圖。

但北約領袖的保護平民說詞，有兩個明顯的破綻。第一，人道干預原則的確是為了保護平民而設，但不簡單等同於保護平民；人道干預原則所欲制止者，是非軍事手段已無能為力的極嚴重的人道災難。第二，為了保護平民而發動政體改造戰爭的說詞，也刻意迴避了政體改造（作為出戰目的）的正當性問題。實則，無論是人道干預還是政體改造，都無法僅從「保護平民」的泛泛說詞得到證立（Walzer, 2011）。

前文指出，科索沃戰爭是一個尤具爭議的、處於「邊界」地帶的人道干預案例。相對於此，在北約發動利比亞戰爭的前夕，因內戰而死的利比亞平民只有幾百人，甚至連這個數字都不到。「人權觀察」、「國際特赦」和「國際危機團體」等具一定公信力的NGO組織，在2011年6月各自發表的調查報告中指出：2、3月間，格達費政權刻意縱容強暴婦女的證據幾乎找不到；以空對地武器對付平民的證據也找不到；「種族滅絕」的證據則是零（International Crisis Group, 2011; Cockburn, 2011）。此外，「國際危機團體」在其專家報告中指出：利比亞反抗軍與突尼西亞、埃

及的和平示威者不同，從一開始就是以武裝的內戰團體出現（International Crisis Group, 2011: 4）。

這幾個NGO組織對格達費政權的壓迫性，及其低落的人權表現，向來持批判的態度。他們的調查報告容或有修正的空間，但其報告發布後，迄今未出現有力的回應；反而是，基於這些NGO組織的公信力，聯合國已不提格達費的「種族滅絕」、從空中攻擊平民、唆使強暴婦女等。實際上，自格達費遭擊斃後，西方主流媒體更關切的是利比亞的部落鬥爭，臨時政府管制武器外流的能力，和利比亞民主化的可能性；至於格達費在2011年2、3月間造成了多大死傷，儼然已變成不值得追究的問題。

但如果前述NGO調查報告的偏差有限，利比亞戰爭甚至稱不上是人道干預的「邊界」案例，而根本就「不是」人道干預。試想：在並未發生極嚴重的人道災難（或任何接近於此）的情況下，利比亞戰爭稱得上是人道干預嗎？如果答案是「可以」，人道干預原則也就失去了意義。按吾人所知的人道干預原則，唯有在發生極嚴重的人道災難時，或當其已是明顯而立即的危險時，人道干預才得成為正義的出戰目的。

在利比亞戰爭的道德爭議中，也出現「及時制止希特勒」和「如未及時出戰，災難會更慘重」等說法。格達費在2011年2、3月間宣稱：如果反抗軍繼續其武裝內戰活動，他將鎮壓到底，不排除重演六四天安門事件。此類恐嚇說詞，正是安理會無異議通過第1970號決議的背景，也是第1973號未遭否決的要因（ibid.: 4）。但格達費的威嚇言詞本身，並不足以充當「種族滅絕」已箭在弦上的明證。此外，格達費在2003年後與西方的長期蜜月，也反映出他的妥協性格，和他對西方強權意願與利益的看重。

按人道干預原則的規定，唯有當極嚴重的人道災難發生時，

人道干預才得成為正義的出戰目的；此外，如果極嚴重的人道災難行將發生，已是明顯而立即的危險，人道干預亦可能構成正義的出戰目的。舉例來說，如果格達費握有核武，且有可信情資顯示他行將以核武對付平民；那麼，即連先發制人的人道干預行動，都可能具有正義的戰爭目的[3]。但問題正在於：在戰爭前夕的利比亞，並未發生極嚴重的人道災難，或任何接近於此的情況；再者，極嚴重的人道災難行將發生，已是明顯而立即的危險的證據，亦付之闕如。

因此，與其說北約濫用了人道干預，倒不如說：由於利比亞戰爭明顯不合乎人道干預原則的基本規定，它根本就不是人道干預。

（三）「非人道干預」的意涵

從義戰道德的視野，利比亞戰爭是或不是人道干預，其重要性何在？要言之，說利比亞戰爭不是人道干預，也就等於是說：人道干預原則所界定出的正義的出戰目的，並不適用於利比亞戰爭。

義戰道德的首要要求是：正義的出戰目的必須存在。即使具有正義的出戰目的，戰爭行動仍未必完全合乎正義；正義之戰還須滿足其他的義戰判準，包括對的意圖、正當的權威、比例原則、最後手段、合理的成功機會，連同適用於戰爭中手段的各項規定。但如果正義的戰爭目的不存，則其他判準的滿足與否，或者變得無從談起，或者不足以改變其「無理出戰」的基本屬性。例如，聲稱為了經濟利益而發動的戰爭滿足了比例原則，或有

3　另見Doyle（2008）關於先制攻擊的論辯。

「合理的成功機會」，必是很荒謬的（Hurka, 2005; Norman, 1995; McMahan, 2005）。

在前文的論證過程中，始終「假設」了人道干預是北約真實的主要意圖。那麼，我們該如何理解一場「真實意圖是人道干預，但不合乎人道干預原則」的戰爭？部分近代早期的義戰論者認為，如果戰爭發動者出於「不可抗力的無知或錯誤」而誤以為正義的出戰目的存在，那就應該同情或甚至原諒之（McMahan, 2005: 19）。但即使值得原諒，這仍未改變戰爭正義與否的屬性；出於「不可抗力的無知或錯誤」的戰爭意圖，也許是值得原諒的「好的意圖」，但並不是義戰道德所要求的「對的意圖」（ibid.: 5）。不具正義目的之戰爭，並不會因其發動者的意圖是錯誤但良善的，就變成了具正義目的之戰爭。

據此，如果北約「真是」出於不可抗力的無知或錯誤，而聲稱利比亞戰爭是人道干預，這或具道德上的可原諒性。但無論可否原諒，或即使值得原諒，利比亞戰爭依然不是人道干預。正因如此，拿人道干預原則去正當化利比亞戰爭，實乃一種範疇錯置。

四、政體改造的義戰判準

北約領袖以保護平民、制止人道災難作為發動利比亞戰爭的主要理由；但從一開始，他們也明確表示要推翻格達費政權，即以「政體改造」作為戰爭的終極目標。政體改造戰爭的道德門檻何在，向來具高度爭議；著名的義戰理論家華瑟和羅爾斯對政體改造戰爭多所質疑，並拒絕把政體改造視為一種「正義的」出戰目的。但西方政府以伸張普世人權、促進民主作為出戰說詞的傾

向，在冷戰結束後未曾稍減，甚至進一步抬頭。1990年代以降，美國輿論界興起了一波「帝國熱」；部分論者積極鼓吹美國應承擔起帝國的文明化使命，包括以戰爭促進和平（Maier, 2006）[4]。某種「民主和平說詞」也水漲船高；按其說法，美國得對非民主政權發動政體改造戰爭，以促民主和平（Ferguson, 2011）。此外，「邪惡軸心」、「流氓國家」等用來提倡政體改造戰爭的話語，亦大行其道（Chomsky, Clark and Said, 1999）。

（一）何謂政體改造？

　　戰爭脈絡下的「政體改造」有其特定所指，不同於一般的政體轉型。今日，為政體改造而戰，意味以軍事力量強行改造某國的政治體制，或以武力促成其政治體制的改變；在此，政治體制的改造也者，往往意指「民主化」或多黨選舉機制的建立。通過戰爭把民主體制改造成威權體制，雖然也是一種可能的政體改造，但今日已不具道德正當性。正因如此，今日為政體改造而戰，通常指向一種「具高度軍事強制性的、以民主化作為成功指標的政體改造」。這是本章為政體改造戰爭所下的基本定義，也是近年來國際媒體指涉regime change時的主要含意。

　　為了論證的目的，本章還將界定出一種「狹義的政體改造」：通過戰爭，以軍事占領作為手段，對戰敗國施行強制性的、民主化的政治體制改造。二戰後的西德和日本，連同伊戰後的伊拉克，經常引為此種「狹義的政體改造」的三大實例。此

4　關於這一波「帝國熱」及其相關議題，除了Maier（2006）的分析外，另見C. Johnson（2000）、Mann（2003）、Harootunian（2004）、Chomsky（2003）、Dabashi（2008）、Latham（1997）、Bello（2005）的考察與批評。

外，美國在911事件後打垮塔利班，並以美軍與多國維和部隊支持今日的阿富汗政府，亦是一例。

以下，將先以「狹義的政體改造」作為基準，以西德、日本、伊拉克作為現實指涉，探討政體改造戰爭的關鍵道德爭議，亦即：在何種情況下，政體改造得成為正當的（或至少具部分道德正當性的）戰爭目的？

（二）政體改造戰爭的正當性

在2003年伊戰前後，政體改造課題曾引發高度爭議。小布希政府宣稱要對伊拉克施行政體改造，而這意味要通過軍事占領，推動強制性的民主化轉型。按前述定義，伊戰不僅是具高度軍事強制性的、以民主化作為成功指標的政體改造戰爭，也同時是以軍事占領作為手段的「狹義的政體改造」戰爭。

小布希政府發動伊戰的兩大檯面理由是：第一，伊拉克境內藏有大規模毀滅性武器，哈珊又與基地組織等恐怖主義團體勾結，極可能動用這些武器對付美國及其盟友。第二，為了根絕伊斯蘭恐怖主義，中東必須民主化，而伊拉克正是中東民主化的第一站（Heinze, 2006; S. Holmes, 2007: ch. 10）。第一個理由（後證實為空穴來風）的題中之意，是必須推翻哈珊政權；第二個理由則指向以軍事占領作為手段，以民主化作為目標的強制性政體改造。當時，主戰輿論常以西德和日本為例，聲稱同盟國對德日的政體改造相當成功，稱其成功經驗得以在伊拉克複製。

近年來，某種「民主和平說詞」不但廣見於西方媒體，亦常見於西方政府的出戰檄文。此類說詞明示或暗示：為了促進世界和平，為了擴大所謂的民主和平區，美國有權利甚至有義務對非民主國（尤指前科累累的「邪惡」或「流氓」政權）發動政體改

造戰爭（Fukuyama, 2006; Geis, Brock and Müller eds., 2006; Barkawi and Laffey eds., 2001）。從學理上講，此種大眾化的「民主和平說詞」，並不是對康德學界所開展出的「民主和平論」的合理詮釋。但今日，這類說詞已變成了政體改造戰爭的常用藉口；照其邏輯，無論某國是否正犯下極嚴重的侵略罪行或戰爭中罪行，或正發生令人髮指的人道災難，只要該國尚不民主或侵害人權（此指聯合國兩公約的各項人權），就足以使政體改造戰爭成為正當[5]。

　　同盟國對德日的軍事占領和政體改造，其主要理由是德日在二戰中皆犯下極嚴重的侵略罪行，而不是建立在德日不民主（民主和平說詞）、侵害人權（伸張人權說詞）或有前科（流氓國家說詞）（Judt, 2005: ch. 2）。哈珊政權曾犯下不少罪行，包括侵略科威特、對庫德族的殺戮等；其中後者的一部分，是在美國最支持哈珊的兩伊戰爭期間所犯下（K. Roth, 2004）。但無論如何，即使加總計算哈珊的「流氓」罪行，都仍無法跟德日相提並論；畢

5　康德曾經臆測，「永久和平」有賴於世界各國的「共和化」。在當代國際學界，這項命題逐漸發展成為兩個有待解釋的經驗假說：一個是關於民主國之間的相對和平；另一個是關於民主國與非民主國的關係。當代著名的民主和平論者多伊（Michael Doyle）（1997）研究指出：民主國對其他民主國相對友善，但經常對非民主國發動戰爭，而這既需要解釋，亦值得因應。為了因應多伊所指出的這個問題，羅爾斯在《萬民法》中指陳美國出於政經私利或帝國利益所發動的戰爭，並不合乎國際正義。在羅爾斯看來，美國的外交政策必須改弦易轍，必須戒除這類不合理的戰爭行動，否則「民主和平」很難達成。羅爾斯是堅持義戰道德視野的民主和平論者，但他反對庸俗化的「民主和平說詞」（Rawls, 1999a）。關於康德的和平說，參見Bohman and Lutz-Bachmann eds.（1997）、Kleingeld ed.（2006）、Tuck（1999）。關於當代的民主和平論辯，另見Barkawi and Laffey eds.（2001）、Brown, Lynn-Jones and Miller eds.（1996）、Geis, Brock and Müller eds.（2006）、Henderson（2002）。

竟，德日在二戰中都直接或間接造成了數千萬人的死亡。

在2003年伊戰前夕，哈珊並未對外侵略，亦未犯下嚴重的反人道罪行。毫無疑問，哈珊政權是壓迫性的、不民主的；但其主要的侵略罪行和反人道罪行，皆發生在1990年代初以前。一般來說，「溯及既往」並非發動戰爭的正當理由；最具道德正當性的義戰，幾乎都是針對「現行犯」。此間爭議高度複雜，涉及本章所無法展開的另一課題：在何種條件下，戰爭得成為矯治「歷史不正義」的正當手段？但即使存而不論此間爭議，至為明顯的事實仍在於：跟二戰中罪行極重大的德日相比，哈珊政權只是小巫。

我們不妨追問：究竟何等規模和／或何種性質的罪行，才足以使政體改造成為正當的（或至少具部分道德正當性的）戰爭目的？正如科索沃戰爭大幅降低了人道干預的門檻，「民主和平說詞」、「伸張人權說詞」連同「流氓國家說詞」也大幅降低了政體改造戰爭的門檻。以這些說詞為伊戰（乃至利戰）辯護，意味只要是「不民主」、「侵害人權」和／或「有前科」的政權，都得成為政體改造戰爭的對象。然而，從義戰道德的視野，吾人必須對此類言說提出質疑。

華瑟在《正義與非正義戰爭》中表示：二戰末期以降，同盟國施於德日的無條件投降、軍事占領、強制性政體改造等政策，皆意在「征服」。華瑟認為，基於納粹的邪惡性，同盟國對西德的軍事占領與政體改造，在道德上或可接受（Walzer, 1992: 113-116）；但相對於此，美國施於日本的無條件投降、原爆、軍事占領、政體改造等，則毫無正當性（ibid.: 267-268）。羅爾斯亦多方面呼應華瑟，主張對德日施行差別待遇（Rawls, 1995: 570-571; 1999a: 95, 101）。

在第十一章和第十二章中，筆者已對華瑟和羅爾斯的前述論

點提出多方面商榷，此處不擬贅述。但異中有同，筆者和他們一樣，認為政體改造戰爭（此指通過戰爭，以軍事占領作為手段，對戰敗國施行強制性的、民主化的政治體制改造）唯有在極特殊的情況下，才可能具道德上的可接受性。從義戰道德的視野，此項觀點或可表述為：唯有在罪行（侵略罪行、戰爭中罪行、反人道罪行）例外嚴重的情況下，政體改造才得成為道德上可允許的出戰目的。此外，如果政體改造（此指狹義的政體改造）並非促使戰敗國歸正的必要或唯一方式，吾人仍有理由對軍事占領、直接操縱內政等手段持保留態度。

在此值得強調，以上論點係對「狹義的政體改造」而發。對此類政體改造戰爭持保留態度，並不代表不支持威權或極權體制的自由化和民主化轉型。實際上，當罪行重大的戰敗國戰敗後，其內部的政治轉型通常在所難免；故軍事占領、直接操縱內政等非常手段，應侷限於極特殊的現實狀況。

那麼，吾人何以不把政體改造的正當性門檻降低？何以要把正當的政體改造戰爭，限定於極特殊、極嚴重的狀況？何以唯有在此類條件下，政體改造才得成為道德上可接受的戰爭目的？支持這一判準的義戰理由何在？

首先，義戰道德要求「對的意圖」，但在強權政治的現實下，政體改造戰爭通常帶有極大的宰制和自利成分。第二，義戰道德所規定的最後手段原則，要求吾人對戰爭持慎重的態度，非逼不得已即不動用。若把政體改造戰爭的道德門檻降低，則意味以戰爭改造他國的政治體制，將更接近於一種常態甚至優先手段。

第三，義戰道德所規定的（出戰脈絡下的）比例原則（連同「合理的成功機會」），要求出戰者負責任地慎重評估，並承擔起戰爭的可預見後果。政體改造戰爭的「成功」代價通常相當高，

從德日到伊拉克、阿富汗皆是如此；在伊、阿，民主化的成功與否，至今還仍是未知數。故而，從比例原則作為一種責任倫理的角度，把政體改造戰爭的道德門檻降低，將意味更多不負責任的、不合乎（出戰脈絡下的）比例原則的戰爭之頻繁發生。

五、非正義的政體改造戰爭

顯而易見，利比亞戰爭與前述「狹義的政體改造」戰爭有所差異。但前文的基本論點，稍經修正後，大體仍適用於作為政體改造的利比亞戰爭。

（一）從伊戰到利戰

前文對政體改造戰爭及其道德爭議的探討，係以西德、日本、伊拉克的政體改造模式作為參照。但就利比亞而言，安理會第1973號決議排除外國軍隊進入利國領土。不同於西德、日本和伊拉克的先例，軍事占領不在北約的利比亞戰爭計畫內。因此，利戰雖是具高度軍事強制性的、以民主化作為成功指標的政體改造戰爭，但卻不是「狹義的政體改造」戰爭。

利戰跟伊戰的差異，至少有以下兩項。第一，儘管北約的武器和軍事顧問進入了利比亞，但北約軍隊則否；此與美英聯軍的地面部隊大舉入侵伊拉克，可謂相當不同。如果利比亞局勢不穩，多國維和部隊可能進入利比亞，以協助戰後重建或民主過渡之名；但如果只是少數的維和部隊，將不足以構成實質的軍事占領。

第二，如果不存在實質的軍事占領，則美國或北約對未來利比亞的民主過渡，就不具備在伊拉克或阿富汗的那種壓倒性作

用。儘管美國或北約仍將通過種種方式，設法誘導或威逼利比亞
走上民主之路，或至少維持民主選舉的表象，但這仍不同於伊拉
克或阿富汗，也不同於戰後日本的政體改造。軍事占領之不存，
多少降低了政體改造的強制性；這也等於是給了戰後利比亞的各
股政治勢力，以更多的自主操作與衝突空間。

易言之，利比亞戰爭不屬於「狹義的政體改造」戰爭，但仍
是一種具高度軍事強制性的、以民主化作為成功指標的政體改造
戰爭。儘管北約未進行軍事占領，但從利戰的前因後果來看：利
國東部的一小群內戰團體，原本不成氣候；其能在 2011 年 8 月底
攻占首都，打垮格達費舊部，最主要就是靠北約的武力支持和供
給。就此而言，這不像是內戰，更像是北約與格達費的戰爭，反
抗軍似乎只是北約所雇用的地面代理人。

前文對政體改造戰爭的探討，係以「狹義的政體改造」作為
基準。前文提出，唯有在罪行極為嚴重的情況下，政體改造（指
狹義的政體改造）才得成為道德上可接受的戰爭目的。略經修正
後，此項論點仍適用於利比亞戰爭。

其一，如果格達費的罪行（侵略罪行、戰爭中罪行、反人道
罪行等）已逼近二戰中的德日，即連「狹義的政體改造」都可能
具正當性，都可能構成道德上可接受的戰爭目的。

其二，如果格達費的罪行不及二戰中的德日，但從今日的人
權標準看來，實已極為嚴重；那麼，不但「反侵略」或「人道干
預」得成為正義的戰爭目的，即連「政體改造」亦可能成為道德
上可接受的戰爭目的。

但問題正在於：在利戰前夕，極嚴重的罪行（侵略罪行、戰
爭中罪行、反人道罪行等）或任何接近於此的情況，事實上並不
存在；其行將發生或已是明顯而立即的危險的證據，也不存在。

就此而言，作為政體改造的利比亞戰爭，顯然是一場非正義的政體改造戰爭。

（二）比例原則與政體改造

本章對利戰道德爭議的探討，僅著重於分析「正義的出戰目的」是否存在，故前文並未細究義戰道德的其他判準。但以下，我們將引入（出戰脈絡下的）比例原則的核心定義，以補充說明何以政體改造不宜動輒上綱。

為了論證的目的，我們先假設利比亞戰爭具有正義的出戰目的（即政體改造）；這滿足了義戰道德的首要要求，即出戰須基於正義的戰爭目的。但即使具有正義的出戰目的，也仍不表示戰爭行動就完全合乎正義，因其還須滿足其他的義戰判準。就出戰正義來說，其他判準還包括：對的意圖、正當的權威、比例原則、最後手段、合理的成功機會等。其中的最後三項，又可理解為廣義的比例原則（含最後手段、合理的成功機會）。

在義戰道德的諸項判準之中，涉及出戰正義的比例原則（含最後手段、合理的成功機會）可能是引發最多爭議的條目。比例原則作為一種責任倫理，要求出戰者在出戰之前，先慎重評估戰爭（相對於其他選項）的可能代價和可預見後果，衡量出戰的好處（尤指正義的戰爭目的之實現）是否大於壞處（包括戰爭殺戮和平民死難的規模，及其他負面效應），判斷是否有合理的成功機會，和戰爭是否已是最後手段。這其中的每一點，都有爭論的空間（Norman, 1995; Hurka, 2005）。

但就利比亞戰爭來說，我們或可存而不論細節爭議，而僅提出一個與比例原則直接相關的重要問題如下。假設政體改造是正義的戰爭目的，比例原則將要求出戰者慎重評估：在格達費垮台

後，利比亞民主化的成功機會有多高？會不會重蹈阿富汗和伊拉克的覆轍？如果出戰者可以合理地相信民主化的成功機會頗高或過半，並做好相關準備，就至少合乎了（出戰脈絡下的）比例原則的基本要求。

比例原則是一種責任倫理，而不是一種後果主義倫理；儘管比例原則要求慎重評估可預見的後果及代價，但並未假設出戰者真能準確地預知後果。比方說，如果小布希政府在慎重評估過後，合理地相信戰後伊拉克民主化的成功機會頗高，但事後卻發現成功不易且代價極高，這仍屬於比例原則可容許的誤差。然而，根據霍姆斯（Stephen Holmes）對伊戰及其文獻的研究，小布希政府是否做過慎重評估，本身就是一大疑問。錢尼、倫斯斐等伊戰主導者，彷彿以為只要推翻了哈珊，民主化必水到渠成。於是，必要的相關準備（包括哈珊垮台後維持秩序的警力等）付之闕如，根本不在戰爭計畫之內（S. Holmes, 2007: ch. 8, ch. 9; Fukuyama, 2006）。今日，即連美國主流媒體都不諱言，伊拉克民主仍危機四伏，裂解的可能性始終存在；此與霍姆斯所指出的前述因素，可謂密切相關。阿富汗的情況亦相去不遠。

那麼，利比亞又如何？利比亞族群關係的複雜性並不亞於伊、阿（Brancati and Snyder, 2011; International Crisis Group, 2011: ii）。即使北約對利比亞進行軍事占領，情況恐怕也未必比伊、阿更好。但利比亞不涉及軍事占領，而主要是北約大力支持特定的內戰團體。然而，由北約所扶植的內戰團體，真能帶領利比亞走向民主嗎？

比例原則作為一種責任倫理，要求出戰者慎重評估正義的戰爭目的能否成功實現。「慎重評估」既不是下賭注，也不是先打了再說，更不是先打了以後再辯稱「情況再怎麼糟糕，都比格達

費執政要好」。美國（和北約）已有伊拉克和阿富汗的前車之鑑，卻顯然未能汲取其教訓（Fukuyama, 2006; Barber, 2003）。或者說，其汲取的教訓僅僅在於：軍事占領的代價太高，能免則免。

第一次或許是悲劇，但第二次、第三次就更接近於鬧劇。伊、阿的政體改造至今不算成功，不已充分說明了政體改造戰爭的複雜性？從比例原則的角度，利比亞戰爭不能不說是一場「魯莽的」（reckless）政體改造戰爭。霍姆斯正是用這個形容詞去評價伊拉克戰爭（S. Holmes, 2007）。

前述的分析和判斷，係建立在利比亞戰爭具有正義的出戰目的（即政體改造）的「假設」之上。如果正義的出戰目的不存，比例原則幾乎派不上用場。但即使政體改造真是利比亞戰爭所具有的正義目的，這場戰爭仍稱不上是正義之戰，因其未能滿足比例原則的起碼要求，亦即：出戰者須先負責任地、合理地相信，戰爭行動有頗高的或至少過半的成功機會，讓現代民主制度得以在利比亞實現。

回頭來說，作為政體改造的利比亞戰爭，真的具有正義的出戰目的嗎？今日，不少論者訴諸「民主和平說詞」、「伸張人權說詞」和／或「流氓國家說詞」，亟欲把政體改造戰爭的發動門檻不斷降低。但從比例原則的視野，我們不難發現：從伊拉克戰爭到利比亞戰爭，出戰者往往就連戰後民主化的成功機會，都未能先慎重評估。正因如此，吾人更應該對政體改造戰爭持保留態度，反對其動輒上綱。

本章以利比亞戰爭為例，析論人道干預與政體改造的義戰判準。在筆者看來，利比亞戰爭並不符合人道干預原則的基本規定，也未能滿足政體改造戰爭的正當性要件。由於利比亞戰爭並非人道干預，亦非正當的政體改造，故不具有正義的出戰目的。

參考書目

一、中文及日文部分

卜洛克（Block, Lawrence），2005，《繁花將盡》，尤傳莉譯。台北：臉譜文化公司。

三島康雄，1976，〈総合商社戦後における研究史〉，安岡重明（編），《日本の財閥》。東京：日本經濟新聞社。

丸山真男，1984，《現代政治的思想與行動：兼論日本軍國主義》，林明德譯。台北：聯經出版公司。

丸山真男，1997，《日本近代思想家福澤諭吉》，區建英譯。北京：世界知識出版社。

丸川哲史、鈴木將久（編），2006，《アジアへの/からのまなざし》（竹內好選集），I & II。東京：日本經濟評論社。

司法院大法官，2006，〈釋字第617號〉，《大法官會議解釋彙編（增訂八版）》。台北：三民書局。

共同編寫委員會，2005，《東亞三國的近現代史》。北京：社會科學文獻出版社。

江宜樺，2003，〈擺盪在啟蒙與後現代之間〉，《政治與社會哲學評論》6: 239-247。

竹內好，2005，《近代的超克》，李冬木、趙京華、孫歌譯。北京：三聯書店。

西尾幹二，1999，《國民の歷史》。東京：產經新聞。

何懷宏（編），2001，《西方公民不服從的傳統》。長春：吉林人民出版社。

林子儀，2006，〈釋字第617號解釋部分不同意見書〉，《大法官會議解釋彙編（增訂八版）》。台北：三民書局。

後藤基夫、內田健三、石川真澄，1982，《戰後保守政治の軌跡：吉田內閣から
　　鈴木內閣まで》。東京：岩波書店。

孫歌，2001，《亞洲意味著什麼：文化間的「日本」》。台北：巨流。

高橋哲哉，2005，《靖国問題》。東京：筑摩書房。

高橋哲哉，2007a，〈靖國問題和歷史認識〉，孫軍悅譯，《文化研究》4: 178-187。

高橋哲哉，2007b，〈BC級戰犯和「法」的暴力〉，王前、孫軍悅譯，《文化研
　　究》4: 188-199。

許玉秀，2006，〈釋字第617號解釋不同意見書〉，《大法官會議解釋彙編（增訂
　　八版）》。台北：三民書局。

陳之嶽，2008，〈州長買春風暴〉，《亞洲週刊》22（12）: 28-29。

陳光興、李朝津（編），2005，《反思《台灣論》：台日批判圈的內部對話》。台
　　北：唐山出版社。

陳宜中、蔡孟翰，2005，〈國族復興運動在日本〉，《二十一世紀》89: 128-132。

陳新民，1988，〈論「社會基本權利」〉，《人文及社會科學集刊》1（1）:199-225。

猪野健治，2005，《日本の右翼》。東京：筑摩書房。

黃文雄等，2007，〈人權委員反對娼嫖皆罰聲明稿〉，彩虹夜總會網頁，http://
　　blog.yam.com/gofyycat/article/12875899，2013/1/21。

廖元豪，2007，〈Virginia v. Black與種族仇恨言論之管制──批判種族論的評論
　　觀點〉，焦興鎧（編），《美國最高法院重要判決之研究》。台北：中央研究
　　院歐美研究所，頁105-150。

蔡英文，1997，〈多元與統一：多元主義與自由主義的一項政治議題〉，《人文及
　　社會科學集刊》9（3）: 45-84。

蔡英文，2002a，〈中譯本導論〉，刊於蔡英文（2002b），頁i-xx。

蔡英文，2002b，《自由主義的兩種面貌》，中譯自 J. Gray（2000）。

鄭光明，2008，〈麥肯能與藍騰的平等論證〉，《歐美研究》38（1）: 103-160。

錢永祥，1995，〈社會整合與羅爾斯自由主義的政治性格〉，錢永祥、戴華
　　（編），《哲學與公共規範》。台北：中央研究院中山人文社會科學研究所，
　　頁115-133。

戴華，1995，〈羅爾斯與理性直覺主義：對「政治性正義觀」的一項後設研
　　究〉，錢永祥、戴華（編），《哲學與公共規範》。台北：中央研究院中山人
　　文社會科學研究所，頁77-114。

謝世民，2006，〈猥褻言論、從娼賣淫與自由主義〉，《政治與社會哲學評論》16:
1-41。

二、英文部分

Ackerman, Peter and Jack DuVall. 2000. *A Force More Powerful: A Century of Nonviolent Conflict*. New York: St. Martin's Press.

Adams, Ralph and Philip Poirier. 1987. *The Conscription Controversy in Great Britain, 1900-18*. Ohio: Ohio State University Press.

Alexander, Larry. (ed.) 2000a. *Freedom of Speech Volume I: Foundations*. Dartmouth: Ashgate.

Alexander, Larry. (ed.) 2000b. *Freedom of Speech Volume II: Doctrine*. Dartmouth: Ashgate.

Allen, Thomas and Norman Polmar. 1995. *Code-Name Downfall*. New York: Simon and Schuster.

Almodovar, Norma. 2006. "Porn Stars, Radical Feminists, Cops, and Outlaw Whores." In *Prostitution and Pornography: Philosophical Debate About the Sex Industry*, ed. Jessica Spector. Stanford: Stanford University Press, 149-174.

Alperovitz, Gar. 1965. *Atomic Diplomacy: Hiroshima and Potsdam*. New York: Simon and Schuster.

Alperovitz, Gar. 1995. *The Decision to Use the Atomic Bomb and the Architecture of an American Myth*. New York: Random House.

Anderson, Elizabeth. 1993. *Value in Ethics and Economics*. Cambridge: Harvard University Press.

Anderson, Perry. 1993. "The Prussia of the East?" In *Japan in the World*, eds. Masao Miyoshi and Harry Harootunian. Durham: Duke University Press, 31-39.

Anderson, Scott. 2002. "Prostitution and Sexual Autonomy: Making Sense of the Prohibition of Prostitution." *Ethics* 112(4): 748-780.

Anscombe, Elizabeth. 1961. "War and Murder." In *Nuclear Weapons: A Catholic Response*, ed. Walter Stein. London: Burns & Oates, 43-62.

Arendt, Hannah. 1972. *Crises of the Republic: Lying in Politics, Civil Disobedience on*

Violence, Thoughts on Politics, and Revolution. New York: Harcourt Brace Jovanovich.

Arendt, Hannah. 1989. *The Human Condition*. Chicago: University of Chicago Press.

Arendt, Hannah. 2003. *Responsibility and Judgment*. New York: Schocken Books.

Aristotle. 1990. *The Work of Aristotle, Vol.2*, ed. Mortimer J. Adler. Chicago: University of Chicago Press.

Aristotle. 1996. *The Politics and The Constitution of Athens*, ed. Stephen Everson. Cambridge: Cambridge University Press.

Asada, Sadao. 1998. "The Shock of the Atomic Bomb and Japan's Decision to Surrender: A Reconsideration." *Pacific Historical Review* 67(4): 477-512.

Auer, James. (ed.) 2006. *Who Was Responsible? From Marco Polo Bridge to Pearl Harbor*. Tokyo: Yomiuri Shimbun.

Baldwin, Margaret. 2006. "Split at the Root: Prostitution and Feminist Discourses of Law Reform." In *Prostitution and Pornography: Philosophical Debate About the Sex Industry*, ed. Jessica Spector. Stanford: Stanford University Press, 106-145.

Bannon, Alicia. 2006. "The Responsibility to Protect: The UN World Summit and the Question of Unilateralism." *Yale Law Journal* 115(5): 143-170.

Barber, Benjamin. 2003. *Fear's Empire*. New York: W.W. Norton & Company.

Barendt, Eric. 2005. *Freedom of Speech*. 2nd edition. Oxford: Clarendon Press.

Barkawi, Tarak and Mark Laffey. (eds.) 2001. *Democracy, Liberalism, and War: Rethinking the Democratic Peace Debate*. London: Lunne Rienner Publishers.

Barret, Michèle and Mary McIntosh. 1982. *The Anti-Social Family*. London: Verso.

Barry, Brian. 1973. *The Liberal Theory of Justice*. Oxford: Clarendon Press.

Barry, Brian. 1995. "John Rawls and the Search for Stability." *Ethics* 105(4): 874-915.

Barry, Brian. 2001. *Culture and Equality*. Cambridge: Polity.

Barry, Kathleen. 1979. *Female Sexual Slavery*. New York: New York University Press.

Barry, Kathleen. 1995. *The Prostitution of Sexuality*. New York: New York University Press.

Barry, Norman. 1990. *Welfare*. Milton Keynes: Open University Press.

Bartley, Paula. 2000. *Prostitution: Prevention and Reform in England, 1860-1914*. New York: Routledge.

Bartley, Paula. 2002. *Emmeline Pankhurst*. New York: Routledge.

Bauman, Zygmunt. 1991. *Modernity and the Holocaust*. Cambridge: Polity.

Baumann, Hannes. 2011. "More Than a 'Personal Error of Judgment': Seif Gaddafi and the London School of Economics." In http://www.jadaliyya.com/pages/index/916/more-than-a-personal-error-of-judgment_seif_gaddaf. Latest update 24 January 2013.

BBC News. 2007. "EU Agrees New Racial Hatred Law." 19 April. In http://newsvote.bbc.co.uk/mpapps/pagetools/print/news.bbc.co.uk/2/hi/europe/6573005.stm. Latest update 13 January 2013.

Beetham, David. (ed.) 1995. *Politics and Human Rights*. Oxford: Blackwell.

Beitz, Charles. 2000. "Rawls's Law of Peoples." *Ethics* 110(4): 669-696.

Bellamy, Alex. 2009. "Realizing the Responsibility to Protect." *International Studies Perspectives* 10(2): 111-128.

Bellamy, Alex. 2010. "The Responsibility to Protect — Five Years On." *Ethics & International Affairs* 24(2): 143-169.

Bello, Walden. 2005. *Dilemmas of Domination: The Unmaking of the American Empire*. London: Zen Books.

Bello, Walden. 2011. "The Crisis of Humanitarian Intervention." Foreign Polity in Focus. In http://www.fpif.org/articles/the_crisis_of_humanitarian_Intervention. Latest update 24 January 2013.

Bennett, Jonathan. 1980. "Morality and Consequences." In *The Tanner Lectures on Human Values*, ed. St. M. McMurr. Salt Lake City: University of Utah Press, 45-116.

Bennett, Scott. 2003. *Radical Pacifism: The War Resisters League and Gandhian Nonviolence in America, 1915-1963*. New York: Syracuse University Press.

Berge, Ronald, Patricia Searles and Charles Cottle. 1991. *Feminism and Pornography*. New York: Praeger.

Berlin, Isaiah. 1969. *Four Essays on Liberty*. Oxford: Oxford University Press.

Bernstein, Barton. 1975. "Roosevelt, Truman, and the Atomic Bomb, 1941-1945: A Reinterpretation." *Political Science Quarterly* 90(1): 23-69.

Bernstein, Barton. 1986. "A Postwar Myth: 500,000 U.S. Lives Saved." *Bulletin of the*

Atomic Scientist 42: 38-40.

Bernstein, Barton. 1998. "Truman and the A-Bomb: Targeting Noncombatants, Using the Bomb, and His Defending the 'Decision'." *Journal of Military History* 62: 547-570.

Bernstein, Barton. 1999. "Reconsidering Truman's Claim of 'Half a Million American Lives' Saved by the Atomic Bomb." *Journal of Strategic Studies* 22: 54-95.

Bix, Herbert. 2000. *Hirohito and the Making of Modern Japan*. New York: HarperCollins Publishers.

Bobbio, Norberto. 1996. *The Age of Rights*, trans. Allan Cameron. Cambridge: Polity.

Bohman, James and Matthias Lutz-Bachmann. (eds.) 1997. *Perpetual Peace: Essays on Kant's Cosmopolitan Ideal*. Cambridge: The MIT Press.

Bollinger, Lee. 1986. *The Tolerant Society: Freedom of Speech and Extremist Speech in America*. Oxford: Oxford University Press.

Bonnett, Alastair. 2004.*The Idea of the West*. Basingstoke: Palgrave Macmillan.

Brancati, Dawn and Jack Snyder. 2011. "The Libyan Rebels and Electoral Democracy." *Foreign Affairs*. In http://www.foreignaffairs.com/articles/68241/dawn-brancati-and-jack-l-snyder/the-libyan-rebels-and-electoral-democracy. Latest update 24 January 2013.

Brison, Susan. 1998. "The Autonomy Defense of Free Speech." *Ethics* 108(2): 312-339.

Brock, Peter. 1968. *Pacifism in the United States*. New Jersey: Princeton University Press.

Brock, Peter. 1972. *Pacifism in Europe to 1914*. New Jersey: Princeton University Press.

Brock, Peter. 1991. *Freedom from Violence*. Toronto & Buffalo & London: University of Toronto Press.

Brock, Peter. (ed.) 2002. *Liberty and Conscience*. Oxford: Oxford University Press.

Brown, Michael, Sean Lynn-Jones and Steven Miller. (eds.) 1996. *Debating the Democratic Peace*. Cambridge: The MIT Press.

Brownmiller, Susan. 1976. *Against Our Will: Men, Women and Rape*. Harmondsworth: Penguin.

Brownmiller, Susan. 1999. *In Our Time: Memoir of a Revolution*. New York: Dial Press.

Buchanan, Allen. 2000. "Rawls's Law of Peoples: Rules for a Vanished Westphalian

World." *Ethics* 110(4): 697-721.

Bull, Hedley. (ed.) 1984. *Intervention in World Politics*. Oxford: Clarendon Press.

Bulmer, Martin and Anthony Rees. (eds.) 1996. *Citizenship Today: The Contemporary Relevance of T.H. Marshall*. London: UCL Press.

Burley, Justine. (ed.) 2004. *Dworkin and His Critics*. Oxford: Blackwell.

Caney, Simon. 2002. "Cosmopolitanism and the Law of Peoples." *Journal of Political Philosophy* 10(1): 95-123.

Carens, Joseph. 1995. "Complex Justice, Cultural Difference, and Political Community." In *Pluralism, Justice, and Equality*, eds. David Miller and Michael Walzer. Oxford: Oxford University Press, 45-66.

Carter, Vednita and Evelina Giobbe. 2006. "Duet: Prostitution, Racism and Feminist Discourse." In *Prostitution and Pornography: Philosophical Debate About the Sex Industry*, ed. Jessica Spector. Stanford: Stanford University Press, 17-39.

Ceadel, Martin. 1980. *Pacifism in Britain 1914-1945*. Oxford: Clarendon Press.

Ceadel, Martin. 1996. *The Origins of War Prevention*. Oxford: Clarendon Press.

Chafee, Zechariah. 1996. *Free Speech in the United States*. New York: William S. Hein & Co.

Chancer, Lynn. 1998. *Reconcilable Differences: Confronting Beauty, Pornography, and the Future of Feminism*. Berkeley: University of California Press.

Chatfield, Charles. (ed.) 1992. *The American Peace Movement*. New York: Twayne Publishers.

Chesterman, Simon. 2001. *Just War or Just Peace? Humanitarian Intervention and International Law*. Oxford: Oxford University Press.

Childress, James. 1972. *Civil Disobedience and Political Obligation: Study in Christian Social Ethics*. New Haven and London: Yale University Press.

Chomsky, Noam. 1970. *At War with Asia*. Edinburgh: AK Press.

Chomsky, Noam. 1999. *The New Military Humanism: Lessons from Kosovo*. Monroe, ME: Common Courage Press.

Chomsky, Noam. 2003. *Hegemony or Survival*. New York: Metropolitan Books.

Chomsky, Noam. 2011. "On Libya and the Unfolding Crises." In http://www.chomsky. info/interviews/20110330.htm. Latest update 24 January 2013.

Chomsky, Noam, Ramsey Clark and Edward Said. 1999. *Acts of Aggression: Policing "Rogue" States*. New York: Seven Stories Press.

Claeys, Gregory. 1987. *Machinery, Money and the Millennium*. Cambridge: Polity Press.

Claeys, Gregory. 1989. *Thomas Paine: Social and Political Thought*. London: Unwin Hyman.

Clor, Harry. 1996. *Public Morality and Liberal Society*. Notre Dame and London: University of Notre Dame Press.

Cockburn, Patrick. 2011. "Amnesty Questions Claim that Gaddafi Ordered Rape as Weapon of War." *The Independent*. In http://www.independent.co.uk/news/world/africa/amnesty-questions-claim-that-gaddafi-ordered-rape-as-weapon-of-war-2302037.html. Latest update 24 January 2013.

Cohen, Carl. 1971. *Civil Disobedience: Conscience, Tactics, and the Law*. New York: Columbia University Press.

Cohen, Eliot. 1985. *Citizens and Soldiers: The Dilemmas of Military Service*. Ithaca and London: Cornell University Press.

Cohen, Joshua. 1993a. "Moral Pluralism and Political Consensus." In *The Idea of Democracy*, eds. David Copp, Jean Hampton and John E. Roemer. Cambridge: Cambridge University Press, 270-290.

Cohen, Joshua. 1993b. "Freedom of Expression." *Philosophy & Public Affairs* 22（3）: 207-263.

Cohen, Joshua. 1994. "A More Democratic Liberalism." *Michigan Law Review* 92(6): 1503-1546.

Cohen, Joshua. 2006. "Freedom, Equality, Pornography." In *Prostitution and Pornography: Philosophical Debate About the Sex Industry*, ed. Jessica Spector. Stanford: Stanford University Press, 258-295.

Cohen, Joshua. (ed.) 1996. *For Love of Country*. Boston: Beacon Press.

Connelly, Mark. 1980. *The Response to Prostitution in the Progressive Era*. Chapel Hill: The University of North Carolina Press.

Conway, David. 1974. "Law, Liberty, and Indecency." *Philosophy* 49(188): 135-148.

Coox, Alvin. 1988. "The Pacific War." In *The Cambridge History of Japan, Vol.6, The Twentieth Century*, ed. Peter Duss. Cambridge: Cambridge University Press, 315-

382.

Copp, David. 1996. "Pluralism and Stability in Liberal Theory." *Journal of Political Philosophy* 4(3): 191-206.

Corbin, Alain. 1990. *Women for Hire: Prostitution and Sexuality in France After 1850.* Cambridge: Harvard University Press.

Cornell, Drucilla. (ed.) 2000. *Feminism and Pornography.* Oxford: Oxford University Press.

Cranston, Maurice. 1973. *What are Human Rights?* New York: Taplinger.

Cumings, Bruce. 1990. *The Origins of the Korean War, Vol.1 & Vol.2.* Princeton: Princeton University Press.

Dabashi, Hamid. 2008. "The American Empire: Triumph of Triumphalism." In http://www.legalleft.org/wp-content/uploads/2008/04/08dabashi.pdf. Latest update 24 January 2013.

Dahl, Robert. 1985. *A Preface to Economic Democracy.* California: University of California Press.

Daly, Mary. 1978. *Gyn/Ecology: The Metaethics of Radical Feminism.* Boston: Beacon Press.

Davidson, Julia. 2005. *Children in the Global Sex Trade.* Cambridge: Polity.

Decker, John. 1979. *Prostitution: Regulation and Control.* New York: Fred B. Rothman & Co.

Deng, Francis, Sadikiel Kimaro, Terrence Lyons and Donald Rothchild. 1996. *Sovereignty as Responsibility: Conflict Management in Africa.* Washington DC: The Brookings Institution.

Dershowitz, Alan. 2002. *Shouting Fire: Civil Liberties in a Turbulent Age.* Boston: Little, Brown and Company.

Devlin, Patrick. 1965. *The Enforcement of Morals.* Oxford: Oxford University Press.

Diana, Lewis. 1985. *The Prostitute and Her Clients.* Illinois: Charles C. Thomas Publisher Ltd.

Dines, Gail, Robert Jensen and Ann Russo. 1998. *Pornography: The Production and Consumption of Inequality.* New York: Routledge.

Dollimore, Jonathan. 1991. *Sexual Dissidence: Augustine to Wilde, Freud to Foucault.*

Oxford: Clarendon Press.

Donnelly, Jack. 1985. *The Concept of Human Rights*. London: Croom Helm.

Donnelly, Jack. 1989. *Universal Human Rights in Theory and Practice*. Ithaca: Cornell University Press.

Dore, Ronald. 1997. *Japan, Internationalism and the UN*. New York: Routledge.

Dore, Ronald. 1998. "Textbook Censorship in Japan: the Ienaga Case." In *Education and Schooling in Japan since 1945*, ed. E.R. Beauchamp. New York: Garland Publishing, 56-64.

Doyle, Michael. 1997. *Ways of War and Peace*. New York: W.W. Norton & Company.

Doyle, Michael. 2001. "The New Interventionism." In *Global Justice*, ed. Thomas Pogge. Oxford: Blackwell, 219-241.

Doyle, Michael. 2008. *Striking First: Preemption and Prevention in International Conflict*. Princeton: Princeton University Press.

Doyle, Michael and Nicholas Sambanis. 2006. *Making War & Building Peace: United Nations Peace Operations*. Princeton: Princeton University Press.

Duggan, Lisa and Nan Hunter. 1995. *Sex Wars: Sexual Dissent and Political Culture*. New York: Routledge.

Dunn, John. 1969. *The Political Thought of John Locke*. Cambridge: Cambridge University Press.

Dunn, John. 1980. *Political Obligation in Its Historical Context*. Cambridge: Cambridge University Press.

Dunn, John. 1984. *Locke*. Oxford: Oxford University Press.

Dunn, John. 1996. *The History of Political Theory*. Cambridge: Cambridge University Press.

Dunn, John.（ed.）1993. *Democracy: The Unfinished Journey*. Oxford: Oxford University Press.

Dworkin, Andrea. 1974. *Woman Hating*. New York: Dutton.

Dworkin, Andrea. 1981. *Pornography: Men Possessing Women*. New York: Perigee Books.

Dworkin, Andrea. 1983. *Right-Wing Women*. New York: Perigee Books.

Dworkin, Andrea. 1987. *Intercourse*. New York: Free Press.

Dworkin, Andrea. 1995. "Autobiography." *Contemporary Authors Autobiography Series* 21. New York: Gale Research Inc.

Dworkin, Andrea. 1997. *Life and Death*. New York: Free Press.

Dworkin, Andrea. 2002. *Heartbreak: The Political Memoir of a Feminist Militant*. New York: Basic Books.

Dworkin, Ronald. 1975. "The Original Position." In *Reading Rawls: Critical Studies on Rawls' A Theory of Justice*, ed. Norman Daniels, 1989. Stanford: Stanford University Press, 16-53.

Dworkin, Ronald. 1977. *Taking Rights Seriously*. Cambridge: Harvard University Press.

Dworkin, Ronald. 1985. *A Matter of Principle*. Cambridge: Harvard University Press.

Dworkin, Ronald. 1996. *Freedom's Law*. Cambridge: Harvard University Press.

Dworkin, Ronald. 2000. *Sovereign Virtue: The Theory and Practice of Equality*. Cambridge: Harvard University Press.

Dworkin, Ronald. 2006a. "The Right to Ridicule." *The New York Review of Books* 53(5). 23 March.

Dworkin, Ronald. 2006b. *Is Democracy Possible Here? Principles for a New Political Debate*. Princeton and London: Princeton University Press.

Dworkin, Ronald. 2006c. *Justice in Robes*. Cambridge: Harvard University Press.

Easton, Susan. 1994. *The Problem of Pornography: Regulation and the Right to Free Speech*. New York: Routledge.

Elleman, Bruce. 2006. *Japanese-American Civilian Prisoner Exchanges and Detention Camps, 1941-45*. New York: Routledge.

Elshtain, Jean. (ed.) 1992. *Just War Theory*. New York: New York University Press.

Elshtain, Jean. 2001. "Just War and Humanitarian Intervention." *Ideas* 8(2): 1-21.

Ericsson, Lars. 1980. "Charges against Prostitution: An Attempt at a Philosophical Assessment." *Ethics* 90(3): 335-366.

Estland, David. 1996. "The Survival of Egalitarian Justice in John Rawls's Political Liberalism." *Journal of Political Philosophy* 4(1): 68-78.

Esping-Andersen, Gøsta. 1990. *The Three Worlds of Welfare Capitalism*. New Jersey: Princeton University Press.

European Parliament. 2004. "A Summary of the Prostitution Regulations in the EU Member States." In http://www.europarl.europa.eu/hearings/20040119/femm/document1_en.pdf. Latest update 21 January 2013.

Fabre, Cecile. 2000. *Social Rights under the Constitution: Government and the Decent Life*. Oxford: Clarendon Press.

Feinberg, Joel. 1973. *Social Philosophy*. New Jersey: Prentice-Hall.

Ferguson, Niall. 2011. "In Gaddafi's Wake." *Newsweek* 5: 10-11.

Ferrell, Robert. 1994. *Harry S. Truman: A Life*. Columbia: University of Missouri Press.

Ferrell, Robert. (ed.) 2006. *Harry S. Truman and the Cold War Revisionists*. Columbia: University of Missouri Press.

Finnis, John. 1998. *Aquinas: Moral, Political, and Legal Theory*. Oxford: Oxford University Press.

Firestone, Shulamith. 1974. *The Dialectic of Sex: The Case for Feminist Revolution*. New York: Morrow.

Fish, Stanley. 1994. *There's No Such Thing as Free Speech*. Oxford: Oxford University Press.

Fiss, Owen. 1992. "Freedom and Feminism." *Georgetown Law Review* 80(6): 2041-2062.

Fiss, Owen. 1996. *The Irony of Free Speech*. Cambridge: Harvard University Press.

Flew, Antony. 1989. *Equality in Liberty and Justice*. London: Routledge.

Frank, Richard. 1999. *Downfall: The End of the Imperial Japanese Empire*. New York: Random House.

Frankfurt, Henry. 1988. *The Importance of What We Care About: Philosophical Essays*. Cambridge: Cambridge University Press.

Frankfurt, Henry. 1998. "Necessity and Desire." In *Necessary Goods: Our Responsibilities to Meet Others' Needs*, ed. Gillian Brock. Oxford: Rowman & Littlefield, 19-31.

Fried, Charles. 1978. *Right and Wrong*. Cambridge: Harvard University Press.

Friedman, Andrea. 2000. *Prurient Interests: Gender, Democracy and Obscenity in New York City, 1909-1945*. New York: Columbia University Press.

Friedman, Milton and Rose Friedman. 1980. *Free to Choose: A Personal Statement*. London: Secker & Warburg.

Fukui, Haruhiro. 1988. "Postwar Politics, 1945-1973." In *The Cambridge History of Japan, Vol.6, The Twentieth Century*, ed. Peter Duss. Cambridge: Cambridge University Press, 154-213.

Fukuyama, Francis. 2006. *America at the Crossroads: Democracy, Power, and the Neoconservative Legacy*. New Haven and London: Yale University Press.

Garber, Mark. 1991. *Transforming Free Speech: The Ambiguous Legacy of Civil Libertarianism*. Berkeley and Los Angeles: University of California Press.

Gardner, Hall. 2011. "American Ambivalence and the 'Responsibility to Protect' in Libya: Veering toward 'Boot on the Ground'?" *Cicero Foundation Great Debate Paper*. In http://www.cicerofoundation.org/lectures/Hall_Gardner_Right_to_Protect_in_Libya.pdf. Lastest update 24 January 2013.

Gastil, Raymond. 1976. "The Moral Right of the Majority to Restrict Obscenity and Pornography Through Law." *Ethics* 86(3): 231-240.

Geis, Anna, Lothar Brock and Harald Müller. (eds.) 2006. *Democratic Wars*. New York: Palgrave Macmillan.

Geras, Norman. 2011. "Libya and Right Intention." In http://normblog.typepad.com-/normblog/2011/03/libya-and-rightintention.html. Latest update 24 January 2013.

Gerson, Allan. 2011. "Libya: Deal with the Devil We Don't Know?" In http://www.huffingtonpost.com/allan-gerson/humanitarianintervention_1_b_836181.html. Latest update 24 January 2013.

Geuss, Raymond. 2001. *Public Goods, Private Goods*. New Jersey: Princeton University Press.

Gewirth, Alan. 1982. *Human Rights: Essays in Justification and Applications*. Chicago: University of Chicago Press.

Gewirth, Alan. 1996. *The Community of Rights*. Chicago: University of Chicago Press.

Giangreco, Dennis. 1997. "Causality Projections for the U.S. Invasions of Japan, 1945-1946: Planning and Policy Implications." *Journal of Military History* 61: 521-582.

Giangreco, Dennis. 2003. "'A Score of Bloody Okinawas and Iwo Jimas': President Truman and Causality Estimates for the Invasion of Japan." *Pacific Historical Review* 72: 93-132.

Goodin, Robert. 1998. "Vulnerablilities and Responsibilities." In *Necessary Goods:*

Our Responsibilities to Meet Others' Needs, ed. Gillian Brock. Oxford: Rowman & Littlefield, 73-94.

Gowans, Chris. 2004. "Moral Relativism." *Stanford Encyclopedia of Philosophy*. In http://plato.stanford.edu/entries/moral-relativism/. Latest update 21 January 2013.

Gray, Christine. 2000. *International Law and the Use of Force*. Oxford: Oxford University Press.

Gray, John. 1983. *Mill on Liberty: A Defence*. London: Routledge.

Gray, John. 1984. *Hayek on Liberty*. Oxford: Blackwell.

Gray, John. 1989. *Liberalisms: Essays in Political Philosophy*. London: Routledge.

Gray, John. 1992. *The Moral Foundations of Market Institutions*. London: IEA Health and Welfare Unit.

Gray, John. 1993a. *Post-Liberalism: Studies in Political Thought*. London: Routledge.

Gray, John. 1993b. *Beyond the New Right*. London: Routledge.

Gray, John. 1994. *Hayek on Liberty*. Oxford: Blackwell.

Gray, John. 1995a. *Enlightenment's Wake: Politics and Culture at the Close of the Modern Age*. London: Routledge.

Gray, John. 1995b. *Isaiah Berlin*. London: HarperCollins.

Gray, John. 1995c. *Liberalism*. 2nd edition. Buckingham: Open University Press.

Gray, John. 1997. *Endgames: Questions in Late Modern Political Thought*. Cambridge: Polity.

Gray, John. 1998a. *False Dawn: The Delusions of Global Capitalism*. London: Granta Books.

Gray, John. 1998b. *Voltaire*. London: Phoenix.

Gray, John. 2000. *Two Faces of Liberalism*. Cambridge: Polity Press.

Gray, John. 2002. *Straw Dogs*. London: Granta Books.

Gray, John. 2003. *Al Qaeda and What It Means to be Modern*. London: Farber and Farber.

Gray, John. 2004. *Heresies: Against Progress and Other Illusions*. London: Granta Books.

Greenawalt, Kent. 1989a. "Free Speech Justifications." In *Freedom of Speech Volume I: Foundations*, ed. Larry Alexander. Dartmouth: Ashgate, 245-281.

Greenawalt, Kent. 1989b. *Speech, Crime, and the Uses of Language*. Oxford: Oxford University Press.

Greenawalt, Kent. 1991. "Justifying Nonviolent Disobedience." In *Civil Disobedience in Focus*, ed. Hugo Bedau. London and New York: Routledge, 170-188.

Greenawalt, Kent. 1994. "On Public Reason." *Chicago-Kent Law Review* 69(3): 669-689.

Griffin, James. 2000. "Welfare Rights." *The Journal of Ethics* 4(1): 27-43.

Griswold, Charles. 1999. *Adam Smith and the Virtues of Enlightenment*. Cambridge: Cambridge University Press.

Gruhl, Werner. 2007. *Imperial Japan's World War Two, 1931-1945*. New Brunswick: Transaction Publishers.

Gutmann, Amy. 1995. "Justice across the Spheres." In *Pluralism, Justice, and Equality*, eds. David Miller and Michael Walzer. Oxford: Oxford University Press, 99-119.

Haakonssen, Knud. 1985. "Hugo Grotius and the History of Political Thought." *Political Theory* 13: 239-265.

Haakonssen, Knud. 1996. *Natural Law and Moral Philosophy*. Cambridge: Cambridge University Press.

Habermas, Jürgen. 2001. *The Postnational Constellation: Political Essays*, trans. and ed. Max Pensky. Cambridge: Polity.

Haksar, Vnit. 1986. *Civil Disobedience, Threats and Offers: Gandhi and Rawls*. New Delhi: Oxford University Press.

Haksar, Vnit. 2001. *Rights, Communities and Disobedience: Liberalism and Gandhi*. New Delhi: Oxford University Press.

Hampshire, Stuart. 2000. *Justice is Conflict*. Princeton: Princeton University Press.

Hampton, Jean. 1989. "Should Political Philosophy be Done without Metaphysics?" *Ethics* 99(4): 791-814.

Hampton, Jean. 1993. "The Moral Commitments of Liberalism." In *The Idea of Democracy*, eds. David Copp, Jean Hampton and John E. Roemer. Cambridge: Cambridge University Press, 292-313.

Harootunian, Harry. 2000. *Overcome by Modernity: History, Culture, and Community in Interwar Japan*. Princeton: Princeton University Press.

Harootunian, Harry. 2004. *The Empire's New Clothes: Paradigm Lost, and Regained*. Chicago: Prickly Paradigm Press.

Hart, Herbert. 1963. *Law, Liberty and Morality*. Stanford: Stanford University Press.

Hasegawa, Tsuyoshi. 2005. *Racing the Enemy: Stalin, Truman, and the Surrender of Japan*. Cambridge: Harvard University Press.

Hasegawa, Tsuyoshi. (ed.) 2007. *The End of the Pacific War: Reappraisals*. Stanford: Stanford University Press.

Hata, Ikuhiko. 1988. "Continental Expansion, 1905-1941." In *The Cambridge History of Japan, Vol.6, The Twentieth Century*, ed. Peter Duss. Cambridge: Cambridge University Press, 271-314.

Haworth, Alan. 1998. *Free Speech*. London and New York: Routledge.

Hawthorn, Geoffrey. 1991. *Plausible Worlds: Possibility and Understanding in History and the Social Sciences*. Cambridge: Cambridge University Press.

Hayek, Friedrich. (ed.) 1935. *Collectivist Economic Planning: Critical Studies on the Possibilities of Socialism*. London: Routledge.

Hayek, Friedrich. 1944. *The Road to Serfdom*. London: Routledge.

Hayek, Friedrich. 1960. *The Constitution of Liberty*. Chicago: University of Chicago Press.

Hayek, Friedrich. 1967. *Studies in Philosophy, Politics and Economics*. London: Routledge & Kegan Paul.

Hayek, Friedrich. 1973. *Law, Legislation and Liberty, Vol.1*. Chicago: University of Chicago Press.

Hayek, Friedrich. 1976. *Law, Legislation and Liberty, Vol.2*. Chicago: University of Chicago Press.

Hayek, Friedrich. 1978. *New Studies in Philosophy, Politics, Economics and the History of Ideas*. London: Routledge & Kegan Paul.

Hayek, Friedrich. 1979. *Law, Legislation and Liberty, Vol.3*. Chicago: University of Chicago Press.

Hayek, Friedrich. 1983. *Knowledge, Evolution, and Society*. London: Adam Smith Institute.

Heater, Derek. 1999. *What is Citizenship?* Cambridge: Polity Press.

Hehir, Aidan. 2010. *Humanitarian Intervention: An Introduction*. New York: Palgrave Macmillan.

Hein, Laura and Mark Selden. (eds) 2000. *Censoring History: Citizenship and Memory in Japan, Germany, and the United States*. New York: M.E. Sharpe.

Heinze, Eric. 2006. "Humanitarian Intervention and the War in Iraq." *Parameters*. In http://www.hsdl.org/?view&did=460747. Latest update 24 January 2013.

Heinze, Eric. 2009. *Waging Humanitarian War: The Ethics, Law, and Politics of Humanitarian Intervention. Albany*. NY: State University of New York Press.

Heinze, Eric. 2011. "Humanitarian Intervention, the Responsibility to Protect, and Confused Legitimacy." *Human Rights & Human Welfare* 11. In http://www.du. edu/korbel/hrhw/volumes/2011/heinze-2011.pdf. Latest update 24 January 2013.

Henderson, Errol. 2002. *Democracy and War: The End of an Illusion?* London: Lynne Rienner Publishers, Inc.

Hill, Thomas. 1994. "The Stability Problem in Political Liberalism." *Pacific Philosophical Quarterly* 75(3-4): 333-352.

Hirofumi, Hayashi. 2006. "Government, the Military and Business in Japan's Wartime Comfort Woman System," Japan Focus. In http://japanfocus.org/products/topdf/2332. Latest update 24 January 2013.

Hobbes, Thomas. 1991. *Leviathan*, ed. Richard Tuck. Cambridge: Cambridge University Press.

Hobhouse, Leonard T. 1994. *Liberalism and Other Writings*, ed. James Meadowcroft. Cambridge: Cambridge University Press.

Hogan, Michael. (ed.) 1996. *Hiroshima in History and Memory*. Cambridge: Cambridge University Press.

Holfeld, Wesley N.. 1919. *Fundamental Legal Conceptions as Applied in Juridical Reasoning*. New Haven: Yale University Press.

Hollander, Samuel. 1985. *The Economics of John Stuart Mill*. Oxford: Basil Blackwell.

Holmes, Robert. 1989. *On War and Morality*. New Jersey: Princeton University Press.

Holmes, Stephen. 2007. *The Matador's Cape: America's Reckless Response to Terror*. Cambridge: Cambridge University Press.

Hont, Istvan and Michael Ignatieff. 1983. "Needs and Justice in the *Wealth of Nations*:

An Introductory Essay." In *Wealth and Virtue: The Shaping of Political Economy in the Scottish Enlightenment*, eds. Istvan Hont and Michael Ignatieff. Cambridge: Cambridge University Press, 1-44.

Hook, Gleen and Gavan McCormack. 2001. *Japan's Contested Constitution: Documents and Analysis*. New York: Routledge.

Horne, Thomas. 1988. "Welfare Rights as Property Rights." In *Responsibility, Rights and Welfare: The Theory of the Welfare State*, ed. Donald Moon. Boulder: Westview Press, 107-132.

Horne, Thomas. 1990. *Property Rights and Poverty: Political Argument in Britain, 1605-1834*. Chapel Hill and London: University of North Carolina Press.

Howard, Michael. 1978. *War and the Liberal Conscience*. New Jersey: Rutgers University Press.

Hubbard, Phil. 1999. *Sex and the City: Geographies of Prostitution in the Urban West*. Aldershot: Ashgate.

Hunt, Lynn. （ed.） 1993. *The Invention of Pornography: Obscenity and the Origins of Modernity, 1500-1800*. New York: Zone Books.

Hurka, Thomas. 2005. "Proportionality in the Morality of War." *Philosophy & Public Affairs* 33（1）: 34-66

ICISS （International Commission on Intervention and State Sovereignty）. 2001. *The Responsibility to Protect*. Ottawa: International Development Research Centre.

Ignatieff, Michael. 2000. *Virtual War: Kosovo and Beyond*. New York: Metropolitan Books.

Ignatieff, Michael. 2001. *Human Rights as Politics and Idolatry*. Princeton and Oxford: Princeton University Press.

International Crisis Group. 2011. "Popular Protest in North Africa and the Middle East（Ⅴ）: Making Sense of Libya." 6 June. In http://reliefweb.int/sites/reliefweb.int/files/resources/Full_Report_1082.pdf. Latest update 24 January 2013.

Iriye, Akira. 1987. *The Origins of the Second World War in Asia and the Pacific*. London: Longman.

Iriye, Akira. 1999. *Pearl Harbor and the Coming of the Pacific War: A Brief History with Documents and Essays*. Boston: Bedford/St. Martin's.

Jansen, Marius. 2000. *The Making of Modern Japan*. Cambridge: Harvard University Press.

Jeans, Roger. 2005. "Victims or Victimizers? Museums, Textbooks, and the War Debate in Contemporary Japan." *The Journal of Military History* 69(1): 149-195.

Jeffreys, Sheila. 1997. *The Idea of Prostitution*. North Melbourne: Spinifex.

Jenkins, Philip. 2001. *Beyond Tolerance: Child Pornography on the Internet*. New York: New York University Press.

Johnson, Chalmers. (ed.) 1999. *Okinawa: Cold War Island*. Cardiff, CA: Japan Policy Research Institute.

Johnson, Chalmers. 2000. *Blowback: The Costs and Consequences of American Empire*. London: Little, Brown and Company.

Johnson, James. 1975. *Ideology, Reason, and the Limitation of War*. New Jersey: Princeton University Press.

Johnson, James. 1981. *Just War Tradition and the Restraint of War*. New Jersey: Princeton University Press.

Johnson, James. 1984. *Can Modern War Be Just?* New Haven and London: Yale University Press.

Johnson, James. 2006. "Humanitarian Intervention after Iraq: Just War and International Law Perspectives." *Journal of Military Ethics* 5(2): 114-127.

Jones, Charles. 1999. *Global Justice: Defending Cosmopolitanism*. Oxford: Oxford University Press.

Jones, Gareth Stedman. 1983. *Languages of Class: Studies in English Working Class History 1832-1982*. Cambridge: Cambridge University Press.

Jones, Peter. 1994. *Rights*. New York: St. Martin's Press.

Jones, Peter. 1998. "Political Theory and Cultural Diversity." *Critical Review of International Social and Political Philosophy* 1(1): 28-62.

Judt, Tony. 2005. *Postwar: A History of Europe since 1945*. London: Penguin Books.

Juffer, Jane. 1998. *At Home with Pornography*. New York: New York University Press.

Kalven, Harry. 1988. *A Worthy Tradition: Freedom of Speech in America*, ed. Jamie Kalven. New York: Harper & Row.

Keane, John. 1996. *Reflections on Violence*. London: Verso.

Keeler, Chris. 2011. "Was the Libyan Intervention Humanitarian?" In http://notesfromamedinah.com/2011/08/25/was-the-libyan-intervention-humanitarian/. Latest update 24 January 2013.

Kempadoo, Kamala. 2004. *Sexing the Caribbean: Gender, Race, and Sexual Labor*. New York: Routledge.

King, Martin Luther. 1958. *Stride Toward Freedom*. New York: Ballantine Books.

King, Martin Luther. 1963. *Why We Can't Wait*. New York: Signet Books.

Kleingeld, Pauline. (ed.) 2006. *Toward Perpetual Peace and Other Writings on Politics, Peace, and History*. New Haven: Yale University Press.

Kley, Roland. 1994. *Hayek's Social and Political Thought*. Oxford: Clarendon Press.

Kohn, Stephen. 1986. *Jailed for Peace: The History of American Draft Law Violators, 1658-1985*. Westport, Connecticut and London: Greenwood Press.

Konefsky, Samuel. 1974. *The Legacy of Holmes and Brandeis*. New York: De Capo Press.

Kort, Michael. 2007. "The Historiography of Hiroshima: The Rise and Fall of Revisionism." *The New England Journal of History* 64(1): 31-48.

Koshiro, Yukiko. 2005. "Eurasian Eclipse: Japan's End Game in World War II." *The American Historical Review* 109(2): 417-444.

Kretzmer, David and Francine Kershman Hazan. (eds.) 2000. *Freedom of Speech and Incitement Against Democracy*. Hague and Boston: Kluwer Law International.

Krisch, Nico. 2002. "Review Essay: Legality, Morality and the Dilemma of Humanitarian Intervention after Kosovo." *The European Journal of International Law* 13(1): 323-335.

Krouse, Richard and Michael McPherson. 1988. "Capitalism, Property-Owning Democracy, and the Welfare State." In *Democracy and the Welfare State*, ed. Amy Gutmann. New Jersey: Princeton University Press, 79-105.

Kukathas, Chandran. 1989. *Hayek and Modern Liberalism*. Oxford: Clarendon Press.

Kuper, Andrew. 2000. "Rawlsian Global Justice: Beyond the Law of Peoples to a Cosmopolitan Law of Persons." *Political Theory* 28(5): 640-674.

Kymlicka, Will. 1990. *Contemporary Political Philosophy: An Introduction*. Oxford: Clarendon Press.

Lacombe, Dany. 1994. *Blue Politics: Pornography and the Law in the Age of Feminism*. Toronto: University of Toronto Press.

Landesman, Charles. 2003. "Rawls on Hiroshima: An Inquiry into the Morality of the Use of Atomic Weapons in August 1945." *The Philosophical Forum* 34(1): 21-38.

Lane III, Frederick. 2001. *Obscene Profits: The Entrepreneurs of Pornography in the Cyber Age*. New York: Routledge.

Langton, Rae. 1990. "Whose Right? Ronald Dworkin, Women, and Pornographers." *Philosophy & Public Affairs* 19(4): 311-359.

Langton, Rae. 1993. "Speech Acts and Unspeakable Acts." *Philosophy & Public Affairs* 22(4): 293-330.

Latham, Robert. 1997. *The Liberal Moment: Modernity, Security, and the Making of Postwar International Order*. New York: Columbia University Press.

Lee, Won-deog. 2001. "A Normal State without Remorse: The Textbook Controversy and Korea-Japan Relations." *East Asian Review* 13(3): 21-40.

Lehning, Peracy. 1998. "The Coherence of Rawls's Plea for Democratic Equality." *Critical Review of International Social and Political Philosophy* 1(4):1-41.

Levi, Margaret. 1997. *Consent, Dissent, and Patriotism*. Cambridge: Cambridge University Press.

Levy, Jacob. 2000. *The Multiculturalism of Fear*. Oxford: Oxford University Press.

Lifton, Robert and Greg Mitchell. 1995. *Hiroshima in America: Fifty Years of Denial*. New York: GP Putnam's Sons.

Lillich, Richard. (ed.) 1973. *Humanitarian Intervention and the United Nations*. Charlottesville: University of Virginia Press.

Lobel, Jules and Michael Ratner. 2000. "Humanitarian Military Intervention." *Foreign Policy in Focus* 5(1): 1-3.

Locke, John. 1960. *Two Treatises of Government*, ed. Peter Laslett. Cambridge: Cambridge University Press.

Locke, John. 1997. *Political Essays*, ed. Mark Goldie. Cambridge: Cambridge University Press.

Loftus, David. 2002. *Watching Sex: How Men Really Respond to Pornography*. New

York: Thunder's Mouth Press.

McCormack, Gavan. 1997. "Holocaust Denial à la Japonaise." Japan Policy Research Institute. In http://www.jpri.org/publications/workingpapers/wp38.html. Latest update 22 January 2013.

McCormack, Gavan. 2001. *The Emptiness of Japanese Affluence.* New York: M.E. Sharp.

McCormack, Gavan. 2004. "Community and Identity in Northeast Asia: 1930s and Today." Japan Focus. In http://japanfocus.org/article.asp?id=200. Latest update 24 January 2013.

McCormack, Gavan. (ed.) 2005. "Peace and Regional Security in the Asia-Pacific: A Japanese Proposal," by Shichi Koseki, Tetsuo Maeda, Yji Suzuki, Susumu Takahashi, Sakio Takayanagi, Yoshiharu Tsuboi, Haruki Wada, Jir Yamaguchi and Sadamu Yamaguchi. In https://digitalcollections.anu.edu.au/handle/1885/41902. Latest update 22 January 2013.

McCullough, David. 1992. *Truman.* New York: Simon and Schuster.

McElroy, Wendy. 1995. *XXX: A Woman's Right to Pornography.* New York: St. Martin Press.

McElroy, Wendy. 1996. *Sexual Correctness: The Gender-Feminist Attack on Women.* Jefferson, N.C.: McFarland.

McIntosh, Mary. 1978. "Who Needs Prostitutes? The Ideology of Male Sexual Needs." In *Women, Sexuality and Social Control*, eds. Carol Smart and Barry Smart. Boston: Routledge and K. Paul, 53-64.

McIntosh, Mary and Lynne Segal. (eds.) 1992. *Sex Exposed: Sexuality and the Pornography Debate.* London: Virago Press.

MacIntyre, Alasdair. 1981. *After Virtue: A Study in Moral Theory.* Notre Dame: University of Notre Dame Press.

MacKinnon, Catharine. 1982. "Feminism, Marxism, Method and the State: An Agenda for Theory." *Signs* 7(3): 515-544.

MacKinnon, Catharine. 1987. *Feminism Unmodified: Discourses on Life and Law.* Cambridge: Harvard University Press.

MacKinnon, Catharine. 1989. *Toward a Feminist Theory of the State.* Cambridge:

Harvard University Press.

MacKinnon, Catharine. 1993. *Only Words*. Cambridge: Harvard University Press.

MacKinnon, Catharine. 2005. *Women's Lives, Men's Laws*. Cambridge: Harvard University Press.

MacKinnon, Catharine. 2006. *Are Women Human?* Cambridge: The Belknap Press of Harvard University Press.

McMahan, Jeff. 2005. "Just Cause for War." *Ethics & International Affairs* 19(3): 1-21.

Macpherson, Crawford. 1985. *The Rise and Fall of Economic Justice*. Oxford: Oxford University Press.

Mack, Eric. 1986. *Positive and Negative Duties*. New Orleans: Tulane University.

Madden, Edward. 1968. *Civil Disobedience and Moral Law in Nineteenth-Century American Philosophy*. Seattle and London: University of Washington Press.

Maddox, Robert. 1995. *Weapons for Victory: The Hiroshima Decision*. Columbia: University of Missouri Press.

Maddox, Robert. (ed.) 2007. *Hiroshima in History: The Myths of Revisionism*. Columbia: University of Missouri Press.

Maier, Charles. 2006. *Among Empires: American Ascendancy and Its Predecessors*. Cambridge: Harvard University Press.

Mann, Michael. 2003. *Incoherent Empire*. London: Verso.

Marshall, Thomas H. 1950. *Citizenship and Social Class*. Cambridge: Cambridge University Press.

Maruyama, Masao. 1963. *Thought and Behaviour in Modern Japanese Politics*. London and New York: Oxford University Press.

May, Larry. 1998. *Masculinity & Morality*. Ithaca and London: Cornell University Press.

May, Larry. 2005. *Crimes Against Humanity: A Normative Account*. Cambridge: Cambridge University Press.

May, Larry. 2007. *War Crimes and Just War*. Cambridge: Cambridge University Press.

Mehta, Pratap. 1997. "Pluralism after Liberalism?" *Critical Review* 11(4): 503-518.

Meiklejohn, Alexander. 1948. *Free Speech and Its Relation to Self-Government*. New York: Harper & Brothers.

Mendl, Wolf. 1995. *Japan's Asia Policy*. London and New York: Routledge.

Michelman, Frank. 1989. "Constitutional Welfare Rights and *A Theory of Justice*." In *Reading Rawls: Critical Studies on Rawls' A Theory of Justice*, ed. Norman Daniels. Stanford: Stanford University Press, 319-347.

Miles, Rufus. 1985. "Hiroshima: The Strange Myth of Half a Million American Lives Saved." *International Security* 10: 121-140.

Mill, John Stuart. 1973. "A Few Words on Non-Intervention." In *Essays on Politics and Culture*, ed. Gertrude Himmelfarb. Gloucester: Peter Smith, 368-384.

Mill, John Stuart. 1989. *On Liberty and Other Writings*, ed. Stefan Collini. Cambridge: Cambridge University Press.

Mill, John Stuart. 1993. *Utilitarianism*, ed. Geraint Williams. London: Everyman.

Mill, John Stuart. 1994. *Principles of Political Economy*, ed. Jonathan Riley. Oxford: Oxford University Press.

Miller, David. 1981. *Philosophy and Ideology in Hume's Political Thought*. Oxford: Clarendon Press.

Miller, David. 1999. *Principles of Social Justice*. Cambridge: Harvard University Press.

Miller, David and Michael Walzer.（eds.）1995. *Pluralism, Justice, and Equality*. Oxford: Oxford University Press.

Miller, Fred. 1995. *Nature, Justice, and Rights in Aristotle's Politics*. Oxford: Clarendon Press.

Miller, Richard. 1991. *Interpretations of Conflict: Ethics, Pacifism and the Just-War Tradition*. Chicago: The Chicago University Press.

Millett, Kate. 1977. *Sexual Politics*. London: Virago.

Minear, Richard H.. 1995. "Atomic Holocaust, Nazi Holocaust: Some Reflections." *Diplomatic History* 19: 347-365.

Minear, Richard H.. 2001. *Victors' Justice: The Tokyo War Crimes Trial*. Ann Michigan: Center for Japanese Studies, the University of Michigan.

Ministry of Justice and the Police. 2004. "Purchasing Sexual Services in Sweden and the Netherlands: Legal Regulation and Experiences." In http://www.regjeringen. no/upload/kilde/jd/rap/2004/0034/ddd/pdfv/232216 urchasing_sexual_services_ in_sweden_and_the_nederlands.pdf. Latest update 13 January 2013.

Morreall, John. 1991. "The Justifiability of Violent Civil Disobedience." In *Civil Disobedience in Focus*, ed. Hugo Bedau. London and New York: Routledge, 130-143.

Moseley, Alexander and Richard Norman. (eds.) 2002. *Human Rights and Military Intervention*. Aldershot: Ashgate.

Moskos, Charles and John Chambers II. (eds.) 1993. *The New Conscientious Objection: From Sacred to Secular Resistance*. New York: Oxford University Press.

Mudge, Bradford. 2000. *The Whore's Story: Women, Pornography, and the British Novel, 1684-1830*. Oxford: Oxford University Press.

Nagel, Thomas. 1991. *Equality and Partiality*. Oxford: Oxford University Press.

Nagel, Thomas. 1995. "Personal Rights and Public Space." *Philosophy & Public Affairs* 24(2): 83-107.

Nagle, Jill. (ed.) 1997. *Whores and Other Feminists*. New York: Routledge.

Najita, Tetsuo and Harry Harootnunian. 1988. "Japanese Revolt Against the West." In *The Cambridge History of Japan, Vol.6, The Twentieth Century*, ed. Peter Duss. Cambridge: Cambridge University Press, 711-774.

Newman, Robert P. 1995. *Truman and the Hiroshima Cult*. Michigan: Michigan State University Press.

Nino, Carlos. 1991. *The Ethics of Human Rights*. Oxford: Clarendon Press.

Norman, Richard. 1995. *Ethics, Killing and War*. Cambridge: Cambridge University Press.

Norris, Robert. 2002. *Racing for the Bomb: General Leslie R. Groves, the Manhattan Project's Indispensable Man*. Vermont: Steerforth Press.

Nowlin, Christopher. 2003. *Judging Obscenity: A Critical History of Expert Evidence*. Montreal & Kingston: McGill-Queen's University Press.

Nozick, Robert. 1974. *Anarchy, State, and Utopia*. New York: Basic Books.

Nussbaum, Martha. 1998. "Aristotelian Social Democracy." In *Necessary Goods: Our Responsibilities to Meet Others' Needs*, ed. Gillian Brock. Oxford: Rowman & Littlefield, 135-156.

Nussbaum, Martha. 1999. *Sex and Social Justice*. Oxford: Oxford University Press.

Obama, Barack, David Cameron and Nicolas Sarkozy. 2011. "Libya's Pathway to

Peace." *The New York Times*. 14 April.

O'Brien, Emily and Andrew Sinclair. 2011. "The Libyan War: A Diplomatic History, February–August 2011." Center for International Cooperation, New York University. In http://www.cic.nyu.edu/mgo/docs/libya_diplomatic_history.pdf. Lastest update 24 January 2013.

Okin, Susan. 1993. "Book Review." *American Political Science Review* 87(4): 1010-1011.

Okin, Susan. 1994. "Political Liberalism, Justice, and Gender" *Ethics* 105(1): 23-43.

O'Neill, Onora. 1996. *Towards Justice and Virtue*. Cambridge: Cambridge University Press.

O'Neill, Onora. 1998. "Rights, Obligations, and Needs." In *Necessary Goods: Our Responsibilities to Meet Others' Needs*, ed. Gillian Brock, Oxford: Rowman & Littlefield, 95-112.

O'Neill, Onora. 2006. "A Right to Offend?" *The Guardian*. In http://www. theguardian. com/-media/2006/feb/13/mondaymediasection7. Latest update 13 January 2013.

Opel, Andy and Donnalyn Pompper. 2003. *Representing Resistance, Media, Civil Disobedience, and the Global Justice Movement*. Westport, Connecticut and London: Praeger.

Orend, Brian. 2000. *Michael Walzer on War and Justice*. Montreal & Kingston & London & Ithaca: McGill-Queen's University Press.

Overall, Christine. 1992. "What's Wrong with Prostitution? Evaluating Sex Work." *Signs* 17(4): 705-724.

Paine, Thomas. 1967. *The Writings of Thomas Paine*, ed. Moncure Daniel Conway. New York: AMS Press.

Parekh, Bhikhu. 1989. *Gandhi's Political Philosophy*. London: Macmillan Press.

Parekh, Bhikhu. 2000. *Rethinking Multiculturalism*. London: Macmillan.

Pateman, Carole. 1979. *The Problem of Political Obligation*. Berkeley and Los Angeles: University of California Press.

Pateman, Carole. 1983. "Defending Prostitution: Charges against Ericsson." *Ethics* 93(3): 561-565.

Pateman, Carole. 1988. *The Sex Contract*. Stanford: Stanford University Press.

Pattison, James. 2010. *Humanitarian Intervention and the Responsibility to Protect: Who Should Intervene?* Oxford: Oxford University Press.

Pendas, Devin. 2006. *The Frankfurt Auschwitz Trial, 1963-1965: Genocide, History, and the Limits of the Law.* Cambridge: Cambridge University Press.

Pereira-Menault, Antonio. 1988. "Against Positive Rights." *Valparaiso Law Review* 22(1): 359-383.

Phillips, Anne. 1999. *Which Equalities Matter?* Cambridge: Polity Press.

Pinto, Susan, Anita Scandia and Paul Wilson. 1990. "Prostitution Laws in Australia." Australian Institute of Criminology. In http://www.aic.gov.au/publications/current%-20series/tandi/21-40/tandi22.html. Latest update 21 January 2013.

Plant, Raymond. 1991. *Modern Political Thought.* Oxford: Basil Blackwell.

Plant, Raymond. 1998. "Citizenship, Rights, Welfare." In *Social Policy and Social Justice*, ed. Jane Franklin. Cambridge: Polity, 57-72.

Plant, Raymond, Harry Lesser and Peter Taylor-Gooby. 1980. *Political Philosophy and Social Welfare.* London: Routledge & Kegan Paul.

Pogge, Thomas. 1989. *Realizing Rawls.* Ithaca: Cornell University Press.

Pogge, Thomas. 1994. "An Egalitarian Law of Peoples." *Philosophy & Public Affairs* 23(3): 195-224.

Pogge, Thomas. 2001. "Priorities of Global Justice." In *Global Justice*, ed. Thomas Pogge. Oxford: Blackwell, 6-23.

Pogge, Thomas. (ed.) 2001. *Global Justice.* Oxford: Blackwell.

Posner, Richard. 1992. *Sex and Reason.* Cambridge: Harvard University Press.

Power, Samantha. 2002. *A Problem from Hell: America and the Age of Genocide.* New York: Basic Books.

Power, Samantha and Graham Allison. (eds.) 2000. *Realizing Human Rights: Moving from Inspiration to Impact.* New York: Palgrave Macmillan.

Powers, Thomas. 2000. *Heisenberg's War: The Secret History of the German Bomb.* Cambridge: Da Capo Press.

Putnam, Hilary. 1990. *Realism with a Human Face.* Cambridge: Harvard University Press.

Rachels, James. 1993. *The Elements of Moral Philosophy.* 2nd edition. New York:

McGraw-Hill.

Rawls, John. 1971. *A Theory of Justice*. Cambridge: Harvard University Press.

Rawls, John. 1975. "The Independence of Moral Theory." Reprinted in John Rawls, 1999b. *Collected Papers*, ed. Samuel Freeman. Cambridge: Harvard University Press, 286-302.

Rawls, John. 1980. "Kantian Constructivism in Moral Theory." Reprinted in John Rawls, 1999b. *Collected Papers*, ed. Samuel Freeman. Cambridge: Harvard University Press, 303-358.

Rawls, John. 1981. "The Basic Liberties and Their Priority." Revised and reprinted in John Rawls, 1993a. *Political Liberalism*. New York: Columbia University Press, 289-371.

Rawls, John. 1982. "Social Unity and Primary Goods." Reprinted in John Rawls, 1999b. *Collected Papers*, ed. Samuel Freeman. Cambridge: Harvard University Press, 359-387.

Rawls, John. 1985. "Justice as Fairness: Political not Metaphysical." Reprinted in John Rawls, 1999b. *Collected Papers*, ed. Samuel Freeman. Cambridge: Harvard University Press, 388-414.

Rawls, John. 1987a. "The Idea of an Overlapping Consensus." Reprinted in John Rawls, 1999b. *Collected Papers*, ed. Samuel Freeman. Cambridge: Harvard University Press, 421-448.

Rawls, John. 1987b. "Preface for the French Edition of *A Theory of Justice*." Reprinted in John Rawls, 1999b. *Collected Papers*, ed. Samuel Freeman. Cambridge: Harvard University Press, 415-420.

Rawls, John. 1988. "The Priority of Right and Ideas of the Good." Reprinted in John Rawls, 1999b. *Collected Papers*, ed. Samuel Freeman. Cambridge: Harvard University Press, 449-472.

Rawls, John. 1989. "The Domain of the Political and Overlapping Consensus." Reprinted in John Rawls, 1999b. *Collected Papers*, ed. Samuel Freeman. Cambridge: Harvard University Press, 473-496.

Rawls, John. 1993a. *Political Liberalism*. New York: Columbia University Press.

Rawls, John. 1993b. "The Law of Peoples." Reprinted in *Collected Papers*, ed. Samuel

Freeman. Cambridge: Harvard University Press, 529-564.

Rawls, John. 1995. "Fifty Years after Hiroshima." Reprinted in John Rawls, 1999b. *Collected Papers*, ed. Samuel Freeman. Cambridge: Harvard University Press, 565-572.

Rawls, John. 1996. *Political Liberalism*. New York: Columbia University Press.

Rawls, John. 1997. "The Idea of Public Reason Revisited." Reprinted in John Rawls, 1999b. *Collected Papers*, ed. Samuel Freeman. Cambridge: Harvard University Press, 573-615.

Rawls, John. 1999a. *The Law of Peoples*. Cambridge: Harvard University Press.

Rawls, John. 1999b. *Collected Papers*, ed. Samuel Freeman. Cambridge: Harvard University Press.

Raz, Joseph. 1986. *The Morality of Freedom*. Oxford: Clarendon Press.

Raz, Joseph. 1990. "Facing Diversity: The Case of Epistemic Abstinence." *Philosophy & Public Affairs* 19(1): 3-46.

Raz, Joseph. 1991. "Civil Disobedience." In *Civil Disobedience in Focus*, ed. Hugo Bedau. London and New York: Routledge, 159-169.

Regan, Richard. 1996. *Just War: Principles and Cases*. Washington, D.C.: The Catholic University of America Press.

Renwick, Neil. 1995. *Japan's Alliance Politics and Defence Production*. Basingstoke and London: Macmillan.

Rich, Adrienne. 1980 "Compulsory Heterosexuality and Lesbian Existence." *Signs* 5(4): 631-660.

Richards, David. 1999. *Free Speech and the Politics of Identity*. Oxford: Oxford University Press.

Roche, Maurice. 1992. *Rethinking Citizenship*. Cambridge: Polity.

Rodin, David. 2002. *War and Self-Defense*. Oxford: Clarendon Press.

Rosen, Allen. 1993. *Kant's Theory of Justice*. Ithaca: Cornell University Press.

Rosenfeld, Michel. 2003. "Hate Speech in Constitutional Jurisprudence: A Comparative Analysis." *Cardozo Law Review* 24: 1523-1567.

Roth, John. (ed.) 2005. *Genocide and Human Rights: A Philosophical Guide*. New York: Palgrave Macmillan.

Roth, Ken. 2004. "War in Iraq: Not a Humanitarian Intervention." In http://www.hrw. org/news/2004/01/25/war-iraq-not-humanitarian-intervention. Latest update 24 January 2013.

Rousseau, Jean-Jacques. 1997. *The Social Contract and Other Later Political Writings*, trans. and ed. Victor Gourevitch. Cambridge: Cambridge University Press.

Sabl, Andrew. 2001. "Looking Forward to Justice: Rawlsian Civil Disobedience and Its Non-Rawlsian Lessons." *Journal of Political Philosophy* 9(3): 301-330.

Said, Edward. 1978. *Orientalism: Western Representations of the Orient*. Harmondsworth: Penguin.

Sandel, Michael. 1996. *Democracy's Discontent: America in Search of a Public Philosophy*. Cambridge: Harvard University Press.

Satz, Debra. 2006. "Markets in Women's Sexual Labor." In *Prostitution and Pornography: Philosophical Debate About the Sex Industry*, ed. Jessica Spector. Stanford: Stanford University Press, 394-418.

Saunders, Kate and Peter Stanford. 1992. *Catholics and Sex: From Purity to Purgatory*. London: Heinemann.

Scanlon, Thomas. 1972. "A Theory of Freedom of Expression." In *Freedom of Speech Volume I: Foundations*, ed. Larry Alexander. Dartmouth: Ashgate, 13-35.

Scanlon, Thomas. 1979. "Freedom of Expression and Categories of Expression." *University of Pittsburgh Law Review* 40: 519-550.

Schauer, Frederick. 1982. *Free Speech: A Philosophical Enquiry*. Cambridge: Cambridge University Press.

Schauer, Frederick. 1987. "Causation Theory and the Causes of Sexual Violence." *American Bar Foundation Research Journal* 12(4): 737-770.

Schauer, Frederick. 1993. "The Phenomenology of Speech and Harm." *Ethics* 103(4): 635-653.

Scheffler, Samuel. 1994. "The Appeal of Political Liberalism." *Ethics* 105(1): 4-22.

Schnabel, Albrecht and Ramesh Thakur. (eds.) 2000. *Kosovo and the Challenge of Humanitarian Intervention*. Tokyo: United Nations University Press.

Schneewind, Jerome. 1987. "Pufendorf's Place in the History of Ethics." *Synthese* 72(1): 123-155.

Schneewind, Jerome. 1993. "Kant and Natural Law Ethics." *Ethics* 104(1): 53-74.

Schwarzenbach, Sibyl. 2006. "Contractarians and Feminists Debate Prostitution." In *Prostitution and Pornography: Philosophical Debate About the Sex Industry*, ed. Jessica Spector. Stanford: Stanford University Press, 209-239.

Segal, Lynne. 1987. *Is the Future Female? Troubled Thoughts on Contemporary Feminism*. London: Virago Press.

Segal, Lynne. 1990. *Slow Motion: Changing Masculinities, Changing Men*. New Brunswick, New Jersey: Rutgers University Press.

Segal, Lynne. 1994. *Straight Sex: The Politics of Pleasure*. London: Virago Press.

Segal, Lynne. 1999. *Why Feminism? Gender, Psychology, Politics*. New York: Columbia University Press.

Selden, Kyoko and Mark Selden. (eds.) 1989. *The Atomic Bomb: Voices from Hiroshima and Nagasaki*. New York and London: M.E. Sharpe, Inc.

Selden, Mark. 2006. "Nationalism, Historical Memory and Contemporary Conflicts." Japan Focus. In http://japanfocus.org/-Mark-Selden/2204. Latest update 23 January 2013.

Selden, Mark. 2007. "A Forgotten Holocaust: US Bombing Strategy, the Destruction of Japanese Cities and the American Way of War from the Pacific War to Iraq." Japan Focus. In http://japanfocus.org/-Mark-Selden/2414. Latest update 23 January 2013.

Selden, Mark and Alvin So. (eds.) 2004. *War and State Terrorism: The United States, Japan, and the Asia-Pacific in the Long Twentieth Century*. Oxford: Rowman & Littlefield Publishers, Inc.

Sen, Amartya. 1984. *Resources, Values, and Development*. Cambridge: Harvard University Press.

Sen, Amartya. 1991. "Poor, Relatively Speaking." In *Contemporary Political Theory*, ed. Philip Pettit. New York: Macmillan, 101-115.

Sen, Amartya. 1993. "Capability and Well-Being." In *The Quality of Life*, eds. Martha Nussbaum and Amartya Sen. Oxford: Clarendon Press, 30-53.

Sen, Amartya. 1997. *Human Rights and Asian Values*. New York: Carnegie Council on Ethics and International Affairs.

Sen, Amartya. 1999. *Reason Before Identity*. Oxford: Oxford University Press.

Seraphim, Franziska. 2006. *War Memory and Social Politics in Japan, 1945-2005*. Cambridge: Cambridge University Press.

Sereny, Gitta. 2001. *The Healing Wound: Experiences and Reflections on Germany, 1938-2001*. New York: W.W. Norton & Company.

Sharp, Gene. 1973. *The Politics of Nonviolent Action, Part II: The Methods of Nonviolent Action*, ed. Marina Finkelstein. Boston: Porter Sargent Publishers.

Sharp, Gene. 1979. *Gandhi as a Political Strategist: With Essays on Ethics and Politics*. Boston: Porter Sargent Publishers.

Shklar, Judith. 1990. *The Faces of Injustice*. New Haven: Yale University Press.

Shrage, Laurie. 1989. "Should Feminists Oppose Prostitution?" *Ethics* 99(2): 347-361.

Shrage, Laurie. 1994. *Moral Dilemma of Feminism: Prostitution, Adultery, and Abortion*. New York: Routledge.

Shrage, Laurie. 1996. "Prostitution and the Case for Decriminalization." *Dissent: A Quarterly of Politics and Culture* (Spring): 41-45.

Shrage, Laurie. 2007. "Feminist Perspectives on Sex Markets." *Stanford Encyclopedia of Philosophy*. In http://plato.stanford.edu/entries/-feminist-sex-markets/. Latest update 13 January 2013.

Shue, Henry. 1980. *Basic Rights*. New Jersey: Princeton University Press.

Sigel, Lisa. (ed.) 2005. *International Exposure: Perspectives on Modern European Pornography, 1800-2000*. London: Rutgers University Press.

Singer, Peter. 1973. *Democracy and Disobedience*. New York: Oxford University Press.

Singer, Peter. 2002. *One World: The Ethics of Globalization*. New Haven: Yale University Press.

Skates, John. 1994. *The Invasion of Japan: Alternatives to the Bomb*. Columbia: University of South Carolina Press.

Smart, Carol. 1989. *Feminism and the Power of Law*. New York: Routledge.

Smith, Adam. 1976. *The Wealth of Nations*, eds. R.H. Campbell and A.S. Skinner. Oxford: Clarendon Press.

Smith, Bradley. 2001. *Unfree Speech: The Folly of Campaign Finance Reform*. Princeton and Oxford: Princeton University Press.

Spector, Jessica. 2006. "Obscene Division: Feminist Liberal Assessments of Prostitution Versus Feminist Liberal Defenses of Pornography." In *Prostitution and Pornography: Philosophical Debate About the Sex Industry*, ed. Jessica Spector. Stanford: Stanford University Press, 419-444.

Spector, Jessica. (ed.) 2006. *Prostitution and Pornography: Philosophical Debate About the Sex Industry*. Stanford: Stanford University Press.

Stahn, Carsten. 2007. "Responsibility to Protect: Political Rhetoric or Emerging Legal Norm?" *American Journal of International Law* 101(1): 99-120.

Steiner, Hillel. 1977. "The Structure of a Set of Compossible Rights." *Journal of Philosophy* 74(12): 767-775.

Strossen, Nadine. 2000. *Defending Pornography: Free Speech, Sex, and the Fight for Women's Rights*. New York: New York University Press.

Sumner, Leonard. 1987. *The Moral Foundation of Rights*. Oxford: Clarendon Press.

Sunstein, Cass. 1993. *Democracy and the Problem of Free Speech*. New York: Free Press.

Swedish Government. 1999. "1999 Swedish Law on Prostitution." In http://www.bayswan.org/swed/swedishprost1999.html. Latest update 21 January 2013.

Takaki, Ronald. 1995. *Hiroshima: Why America Dropped the Atomic Bomb*. Boston: Little, Brown and Company.

Talisse, Robert. 2000. "Two-Faced Liberalism." *Critical Review* 14(4): 441-458.

Tan, Kok Chor. 1998. "Liberal Toleration in Rawls's Law of Peoples." *Ethics* 108(2): 276-295.

Taylor, Charles. 1994. "The Politics of Recognition." In *Multiculturalism*, ed. Amy Gutmann. Princeton: Princeton University Press, 25-73.

Taylor, Max and Ethel Quayle. 2003. *Child Pornography: An Internet Crime*. Hove and New York: Brunner-Routledge.

Tella, Maria. 2004. *Civil Disobedience*. Leiden-Boston: Martinus Nijhoff Publishers.

Teson, Fernando. 1995. "The Rawlsian Theory of International Law." In *John Rawls: Critical Assessments of Leading Political Philosophers*, ed. Chandran Kukathas, 2003. London: Routledge, 295-315.

The Economist. 2006. "Mutual Incomprehension, Mutual Outrage." In http://www.

economist.com/opinion/displaystory.cfm?story_id=5494646. Latest update 21 January 2013.

Thoreau, Henry David. 1978. "Slavery in Massachusetts." In *Civil Disobedience in America: A Documentary History*, ed. David Weber. Ithaca and London: Cornell University Press, 163-168.

Thoreau, Henry David. 1991. "Civil Disobedience." In *Civil Disobedience in Focus*, ed. Hugo Bedau. London and New York: Routledge, 28-48.

Thornburgh, Dick and Herbert Lin. (eds.) 2002. *Youth, Pornography, and the Internet*. Washington, D.C.: National Academy Press.

Tilly, Charles. (ed.) 1975. *The Formation of National States in Western Europe*. New Jersey: Princeton University Press.

Tilly, Charles. 1990. *Coercion, Capital, and European States, AD 990-1990*. Oxford: Basil Blackwell.

Tolstoy, Leo. 1987. *Writings on Civil Disobedience and Nonviolence*. Philadelphia, PA: New Society Publishers.

Tsurumi, Shunsuke. 1986. *An Intellectual History of Wartime Japan, 1931-1945*. New York: KPI.

Tsurumi, Shunsuke. 1987. *A Cultural History of Postwar Japan, 1945-1980*. New York: KPI.

Tuck, Richard. 1979. *Natural Rights Theories*. Cambridge: Cambridge University Press.

Tuck, Richard. 1989. *Hobbes*. Oxford: Oxford University Press.

Tuck, Richard. 1999. *The Rights of War and Peace: Political Thought and the International Order from Grotius to Kant*. Oxford: Oxford University Press.

Tucker, David. 1985. *Law, Liberalism and Free Speech*. New Jersey: Rowman & Allanheld.

Tully, James. 1993. *An Approach to Political Philosophy: Locke in Contexts*. Cambridge: Cambridge University Press.

Tushnet, Mark. 1984. "Symposium: A Critique of Rights: An Essay on Rights." *Texas Law Review* 62: 1363-1394.

Vanwesenbeeck, Ine. 2001. "Another Decade of Social Scientific Work on Prostitution." *Annual Review of Sex Research* 12: 242-289.

Viner, Jacob. 1991. *Essays on the Intellectual History of Economics*, ed. D.A. Irwin. New Jersey: Princeton University Press.

Viroli, Maurizio. 1995. *For Love of Country: An Essay on Patriotism and Nationalism*. Oxford: Clarendon Press.

Walby, Sylvia. 1990. *Theorizing Patriarchy*. Oxford: Basil Blackwell.

Walby, Sylvia. 1997. *Gender Transformations*. New York: Routledge.

Waldron, Jeremy. (ed.) 1987. *Nonsense upon Stilts: Bentham, Burke and Marx on the Rights of Man*. New York: Methuen.

Waldron, Jeremy. 1988. *The Right to Private Property*. Oxford: Clarendon Press.

Waldron, Jeremy. 1993. *Liberal Rights*. Cambridge: Cambridge University Press.

Waldron, Jeremy. 1994. "Disagreements about Justice." *Pacific Philosophical Quarterly* 75: 372-387.

Waldron, Jeremy. 2000. "The Role of Rights in Practical Reasoning: 'Rights' versus 'Needs'." *The Journal of Ethics* 4(1): 115-135.

Walker, Samuel. 1997. *Prompt and Utter Destruction: Truman and the Use of Atomic Bombs against Japan*. Chapel Hill: University of Carolina Press.

Walker, Samuel. 2005. "Recent Literature on Truman's Atomic Bomb Decision: A Search for Middle Ground." *Diplomatic History* 29(2): 311-334.

Walzer, Michael. 1970. *Obligations: Essays on Disobedience, War, and Citizenship*. Cambridge: Harvard University Press.

Walzer, Michael. 1981. "Philosophy and Democracy." *Political Theory* 9(3): 379-400.

Walzer, Michael. 1983. *Spheres of Justice: A Defense of Pluralism and Equality*. Oxford: Martin Robertson.

Walzer, Michael. 1987. *Interpretation and Social Criticism*. Cambridge: Harvard University Press.

Walzer, Michael. 1989. "Nation and Universe." In *The Tanner Lectures on Human Values xi*, ed. G.B. Pertersen. Salt Lake City: University of Utah Press, 509-556.

Walzer, Michael. 1992. *Just and Unjust Wars*. 2nd edition. New York: Basic Books.

Walzer, Michael. 1994. *Thick and Thin*. Notre Dame: University of Notre Dame Press.

Walzer, Michael. 1995a. "The Politics of Rescue." *Dissent: A Quarterly of Politics and Culture* (winter): 35-41.

Walzer, Michael. 1995b. "Response." In *Pluralism, Justice, and Equality*, eds. David Miller and Michael Walzer. Oxford: Oxford University Press, 281-297.

Walzer, Michael. 1997. *On Toleration*. New Haven & London: Yale University Press.

Walzer, Michael. 2004. *Arguing About War*. New Haven: Yale University Press.

Walzer, Michael. 2011. "The Case Against Our Attack on Libya." *The New Republic*. 20 March. In http://www.tnr.com/print/article/world/85509/the-case-against-our-attack-libya. Latest update 23 January 2013.

Weber, David. (ed.) 1978. *Civil Disobedience in America: A Documentary History*. Ithaca and London: Cornell University Press.

Weber, Max. 1958. "Politics as a Vocation." In *From Max Weber: Essays in Sociology*, eds. H.H. Gerth and C.W. Mills. Oxford University Press, 77-128.

Weber, Thomas. 2004. *Gandhi as Disciple and Mentor*. Cambridge: Cambridge University Press.

Weeks, Jeffrey. 1981. *Sex, Politics, and Society: The Regulation of Sexuality since 1800*. London: Longman.

Weeks, Jeffrey. 1985. *Sexuality and Its Discontents*. London: Routledge & Kegan Paul.

Weinstock, Daniel. 1997. "The Graying of Berlin." *Critical Review* 11(4): 481-501.

Weintraub, Stanley. 1995. *The Last Great Victory: The End of World War II, July/ August 1945*. New York: Truman Talley Books.

Weitzer, Ronald. 1999. "Prostitution Control in America: Rethinking Public Policy." *Crime, Law, and Social Change* 32(1): 83-102.

Weitzer, Ronald. 2005. "Flawed Theory and Method in Studies of Prostitution." *Violence Against Women* 11(7): 934-949.

Weitzer, Ronald. 2007a. "Prostitution as a Form of Work." *Sociology Compass* 1(1): 143-155.

Weitzer, Ronald. 2007b. "The Social Construction of Sex Trafficking: Ideology and Institutionalization of a Moral Crusade." *Politics & Society* 35(3): 447-475.

Weitzer, Ronald. (ed.) 2000. *Sex for Sale: Prostitution, Pornography, and the Sex Industry*. New York: Routledge.

Welch, Jeanie. 2002. *The Tokyo Trial: A Bibliographic Guide to English-language Sources*. Westport, CT: Greenwood Press.

Wheeler, Leigh. 2004. *Against Obscenity: Reform and the Politics of Womanhood in America, 1873-1935*. Baltimore and London: The John Hopkins University Press.

Wheeler, Nicholas. 2000. *Saving Strangers: Humanitarian Intervention in International Society*. Oxford: Oxford University Press.

Wiggins, David. 1998. "What Is the Force of the Claim that One Needs Something?" In *Necessary Goods: Our Responsibilities to Meet Others' Needs*, ed. Gillian Brock. Oxford: Rowman & Littlefield, 33-55.

Williams, Bernard. 1985. *Ethics and the Limits of Philosophy*. Cambridge: Harvard University Press.

Williams, Bernard. 1993. "A Fair State." *London Review of Books* 15(9): 7-8.

Williams, Linda. 1989. *Hard Core: Power, Pleasure, and the "Frenzy of the Visible."* Berkeley and Los Angeles: University of California Press.

Williams, Linda. (ed.) 2004. *Porn Studies*. Durham and London: Duke University Press.

Winch, Donald. 1996. *Riches and Poverty: An Intellectual History of Political Economy in Britain, 1750-1834*. Cambridge: Cambridge University Press.

Wolff, Robert. 1970. *In Defense of Anarchism*. New York: Harper and Row.

Wong, David. 1984. *Moral Relativity*. Berkeley: University of California Press.

Yoshida, Takashi. 2006. *The Making of the "Rape of Nanking": History and Memory in Japan, China, and the United States*. Oxford: Oxford University Press.

Yoshima, Irie. 1998. "The History of the Textbook Controversy." In *Education and Schooling in Japan since 1945*, ed. E.R. Beauchamp. New York: Garland Publishing, Inc., 66-70.

Zashin, Elliot. 1972. *Civil Disobedience and Democracy*. New York: The Free Press.

Zinn, Howard. 1968. *Disobedience and Democracy*. New York: Vintage Books.

索引

概念索引

二劃

二戰／74, 192, 195-196, 212, 246, 252, 255, 259, 271, 275, 277, 283, 290, 293, 301, 315, 317-318, 321

人口販運／166-168, 174, 177, 182-183, 186

人道干預／1, 2, 5, 7, 69, 74, 77-79, 81-84, 202, 219, 278-280, 283, 290, 293, 300-308, 310-314, 318, 321, 324

人道災難／5-6, 74, 79, 81, 219-220, 271, 278-280, 283, 290-297, 300-307, 310-314, 317

三劃

大東亞戰爭／242-247, 262

女性主義／4, 106, 123, 132, 143-144, 150-154, 156, 159, 162, 165, 168-169, 171-173, 175, 179-187

工具論／119-121, 126

四劃

不完整義務／18, 41, 44-45

不完整權利／17, 40-41, 44-45

仇恨言論／1, 3-4, 113-121, 123-134, 160, 232

公民不服從／1, 3-4, 89-112, 205

公共理由／2, 56-57, 60, 62-66

分配正義／12-18, 20-21, 27, 71-72, 223, 231

太平洋戰爭／241, 246, 249, 255-256, 269-270, 272, 284

比例原則／74-76, 81, 106-108, 158, 252, 280, 282-283, 285-288, 290, 294, 300, 313, 319-320, 322-324

父權／150, 153-154, 162, 171-172, 179-180, 182-186, 188-189

五劃

出戰目的／5-7, 75-76, 81-82, 211, 220, 252, 277-280, 282-283, 286, 292, 300, 303, 305, 311-314, 319, 322, 324

功效主義／20, 29, 57, 113, 119, 122-128, 131-133, 159

外在偏好／122-124, 126, 132, 157, 160

市場正義／2, 11-13, 19, 24, 226

平等主義／37, 54, 61, 63, 105, 173, 239

平等自由／4-5, 53, 95-98, 101-102, 104-106, 137

平等尊重／4-5, 113, 115, 121-129, 132-134, 157, 159-160, 162, 217, 221,

224-225, 227, 230, 234-236

正義感╱55-58, 95, 98-100

正義觀╱2, 20, 53, 54-68, 94-95, 98, 132, 225-226

民主化╱120, 162, 299-301, 312, 315-316, 319-321, 323-324

民主和平╱315-318, 324

生存權╱17-19, 33-36, 41, 49

六劃

交換正義╱13-17

交疊共識╱54-55, 61, 66-67, 95-96, 98-100, 102, 105

伊拉克戰爭（伊戰）╱5, 92, 101, 105, 191-192, 208, 311, 315-318, 320, 323-324

全面性學說╱54-56, 58, 61, 64-66, 106, 126

合宜╱13, 19, 22, 34-36, 43, 70-72, 78, 80, 83-84, 156-157

合意╱145, 165-166, 168-170, 173, 179, 181-183, 185, 187

多元主義╱129, 223, 225, 228-230, 233

多數暴虐╱120, 123, 132, 141-142

自由主義╱1-3, 5, 9, 12-13, 16, 18-20, 22, 24, 28, 30, 36-37, 41, 51, 53-54, 59-72, 79, 85, 103, 106, 118, 121, 129-130, 137, 156, 160, 164, 192, 195, 197, 199, 201, 222, 226, 228-229, 232, 239, 244-245, 266

自由民主╱3, 5, 70-72, 78, 80, 83-84, 89, 92-93, 102-107, 218-219, 221-222,

227, 230-233, 235-237, 239, 260, 266

自我保存╱4-5, 18, 192, 197-208, 210-214

自發秩序╱12, 24-27, 29-30

自衛╱5-6, 70, 73, 75-77, 80-81, 84, 110-112, 201-202, 211, 219-220, 250, 253, 255, 263, 277-279, 283, 288, 292-293, 301, 305

色情╱1, 3-4, 116, 119, 122-125, 127-128, 132, 135-164, 175, 180-181

七劃

利比亞戰爭（利戰）╱1, 7, 299-301, 308, 310-314, 318, 320-322, 324

完整義務╱18, 41, 44-45

完整權利╱17, 40-41, 44-45

私產權╱2, 16-18, 21, 35, 41-43, 46-47, 49-52, 197, 199-201

良心自由╱40, 66, 70, 74, 78, 199-201, 204, 206, 221, 305

良心拒絕╱97, 193-196, 199

良序社會╱55-57

言論自由╱4, 28, 31, 40, 42, 97, 100, 102, 104, 108, 114-122, 125-131, 133, 135, 137-138, 141, 145, 149, 153, 155, 158, 160-164, 191

邪惡╱6, 75-76, 84-85, 252, 254, 257-258, 260, 270, 284-287, 291-292, 296-297, 308, 315-316, 318

八劃

事態╱12, 20, 24, 26-31, 46

宗教自由／28, 31, 40, 42, 66, 114, 199, 235

征服／254, 261, 267, 279, 318

性犯罪／123-124, 137, 142-145, 150, 152, 156, 169, 179

性交易／1, 3-4, 163, 165-175, 177-182, 185, 187-189

性別平等／4, 132, 153, 165-169, 173-174, 182, 185, 188-189

拒戰／1, 3-4, 97, 191-197, 200-214

東京審判／6, 241-251, 254-258, 264-265

法外國家／69-71, 73, 83-85

社會主義／1, 19-20, 22, 25, 194

社會正義／1-3, 11-13, 19-24, 26-31, 36-37, 46, 51-52, 96, 133

社會權／1, 2, 11-13, 21-22, 24, 33-52

表達自由／114, 116, 118-119, 121-123, 125, 131-132, 135, 160, 199

非暴力／3, 89-96, 108-112, 212

九劃

侵略／5-6, 70-75, 77-78, 80, 83-85, 90, 193, 211-212, 219, 242-243, 246-251, 253-255, 257, 259-260, 264, 267, 271, 277-279, 283-284, 288, 291-293, 301, 305, 317-319, 321

保護責任／300, 302-303, 310

帝國主義／90, 193, 201, 221, 224-225, 230, 232, 234-236, 238, 242, 244, 250, 255, 262, 277

後果主義／31, 106-107, 115, 119-121, 123-124, 126-127, 133, 239, 307, 323

政治文化／2, 59, 61-62, 64, 67-68, 71-72, 107-108, 191

政治自由／3, 11, 22-23, 37, 53-54, 60-63, 96, 98, 101, 104, 191-192, 201, 204, 206

政治言論／3, 102-103, 116, 120, 142, 161-163

政治性自由主義／2-3, 37, 53-54, 59, 63, 65, 67

政治疏離／201, 203-206

政治道德／5, 29-30, 38, 52, 55, 57, 67-68, 70, 98, 113, 115, 117-118, 122-129, 133-134, 137, 151, 155, 159-160, 164, 173, 176, 184-185, 192, 205, 207, 212, 214, 237, 255, 303, 306

政治權／11, 22, 34-35, 40, 49-50, 52, 94, 223, 248, 276

政體改造／1, 5-7, 83-85, 218, 241-243, 245, 247, 251-254, 257, 259-264, 266-267, 285-286, 300-301, 311, 314-322, 324

流氓國家／85, 315, 317-318, 324

省思均衡／54, 57-60, 62, 68

相對主義／6, 59, 129, 217-218, 222, 226-228, 230, 233, 235, 237, 239

科索沃（科索沃戰爭）／2, 76, 80-82, 293, 304, 306-307, 311, 318

軍事占領／6, 84, 243, 247, 253-254, 257, 260-261, 263, 267, 285-286, 315-321, 323-324

軍國主義／242-244, 246-247, 249, 252, 254-255, 259-263, 265-266

十劃

個人主義／119, 125-126, 128, 197, 201

個人偏好／122-123, 137, 148, 155-160, 206

原子彈（原爆）／1, 6, 74-76, 241, 251-254, 269-277, 283-287, 289, 290-291, 294-297, 318

差異原則／23, 37, 53-54, 60-63, 96

消極自由／47, 49-51, 125, 199-200

消極義務／40, 42, 45, 48, 50

消極權利／35, 39-52

紐倫堡大審／77, 248-249, 258-259, 264

納粹／6, 75, 77, 79-80, 84, 114, 116, 118, 127, 132, 213, 219, 222, 226, 236, 243, 248-250, 252, 254-255, 257-261, 264, 270, 275, 277, 284, 286-287, 289, 291-292, 318

除罰化／1, 3-4, 163, 165-166, 168-179, 182, 185-187, 189

十一劃

區別原則／74, 252, 280-283, 287

國家理由／271, 276-277, 289

國家理性／193, 197-198, 211

國際正義／69-74, 77-78, 80, 97-98, 203, 212, 218, 221, 243, 278, 305, 317

國際法／69-70, 77, 80, 219, 242, 248-250, 254-255, 271, 277, 281, 293, 300-301, 310

國際容忍／1, 5-6, 71-72, 217-219, 221-222, 224-225, 233-234, 236-237, 239

基本自由／2-3, 5, 12, 22-24, 28-29, 51, 53, 62, 93, 221

基本需要／3, 13, 22, 24, 34, 36-39, 41, 48, 53, 62-63

基本權利／4, 11, 28, 34, 36, 43-44, 52, 62, 72, 102, 104, 115-119, 122, 125, 127-129, 135, 137, 141, 145, 155, 162, 205

婦道／150-151, 155, 163

強制徵兵／196, 201, 205-209

強制賣淫／165-166, 168, 170, 173-174, 176, 179, 182-187

責任倫理／107-108, 283, 286, 288, 294, 320, 322-323

陰謀侵略／242, 248-251, 255, 257, 259, 264

十二劃

勝利者的正義／6, 241-245, 247-248, 254-255

普遍人權／5, 11, 33, 34, 38, 43-44, 48, 69, 73-74, 239, 260

無差別轟炸／75-76, 251-254, 258, 276-277, 283-285, 287, 289, 291, 295

無條件投降／6, 241, 251-254, 259, 270-271, 273, 275-276, 285-286, 289, 318

猶太人／49, 77, 79-80, 102, 114, 132, 248, 258-259, 289, 291

猥褻／135-140, 142, 144, 150-151, 156

越戰／89, 92-93, 97, 105, 192-193, 195, 201, 204-207, 209-210, 220, 242, 250, 277

十三劃

傷害╱14, 28, 38, 95, 115, 117-118,
　123-127, 132-133, 136-137, 142-143,
　151-152, 155-156, 163-164, 174

募兵制╱194, 202, 205-209

慈善╱17-18, 41, 44-45

愛國主義╱91, 153-154, 191, 213,
　288-289

極度危急╱75-76, 81, 252, 270, 276,
　284, 287, 288-289

萬民法╱2, 5, 69-70, 71, 73, 75-76,
　79-80, 83, 221, 278, 305, 317

義戰╱2-3, 5-7, 69, 73-74, 76, 79,
　84-85, 201-202, 211, 220, 226, 242,
　245, 251, 269, 271, 276, 277-284,
　286-290, 292-297, 299-301, 303-305,
　307-308, 311, 313-314, 317-319, 322,
　324

資本主義╱18-20, 135, 154, 162,
　182-184, 237-238

道德汙染╱135-136, 142-143

道德悲劇╱7, 212-214, 295

道德進步╱226, 237-239

道德獨立╱115, 121, 126, 128-131,
　157, 161

靖國神社╱218, 241-242, 244

十四劃

對的意圖╱278-280, 282, 296, 300,
　311, 313-314, 319, 322

構成論╱115, 119-121, 126-128, 134,
　162

種族滅絕╱77, 79-80, 113, 219, 222,
　226, 237, 248, 258-260, 278, 291,
　301, 306, 311-312

種族隔離╱92-93, 103, 105, 107

十五劃

價值中立╱121, 126, 128, 131, 162

暫訂協議╱54-55, 68, 228, 230

十六劃

憲政民主╱3, 50, 61, 67, 94-95, 114-116,
　119, 121, 125, 129-130, 135, 161, 164

憲政基本要件╱37, 53, 60, 62-64, 106,
　135

機會平等╱11, 22-24, 36-37, 53-54,
　60-63, 95-96, 98, 104

歷史主義╱2, 59, 64, 67-68

積極義務╱25, 35, 40-41, 45-46, 48-50

積極權利╱35, 39-51

選擇性正義╱82-83, 239, 280

十八劃

歸正╱6, 243, 260-263, 267, 308, 319

雙重效應╱281-282

二十劃

嚴格正義╱2, 13, 16, 18-20, 41

人名索引 ————————————————————————

三劃

小布希（George W. Bush）／5, 191,
　278, 316, 323

四劃

巴瑞（Kathleen Barry）／181-184,
　186-187

五劃

甘地（Mahatma Gandhi）／90-93,
　109-111

六劃

安德莉亞・德沃金（Andrea Dworkin）
　／180-181

托爾斯泰（Leo Tolstoy）／90-91, 109,
　193

七劃

伯林（Isaiah Berlin）／125

克蘭史頓（Maurice Cranston）／44

希特勒（Adolf Hitler）／85, 249, 307,
　312

杜魯門（Harry S. Truman）／251-253,
　269-276, 280-281, 284-285, 289,
　293-294, 296

八劃

亞里斯多德（Aristotle）／13, 15-16,
　20, 23, 38

佩恩（Thomas Paine）／19, 36

佩特曼（Carole Pateman）／187-188,
　204

杭士基（Noam Chomsky）／191, 250

東條英機／241, 243-244, 246-250, 256,
　265, 366

金恩（Martin Luther King）／89, 92-93,
　101, 109-111

阿奎那（Thomas Aquinas）／16

九劃

哈珊（Saddam Hussein）／307, 309,
　316-318, 323

洛克（John Locke）／16-19, 35, 41,
　120, 192, 197, 199-201, 210

十劃

唐恩（John Dunn）／198-199

格勞秀斯（Hugo Grotius）／17-18, 35,
　40-41

格達費（Muammar Gaddafi）／299-
　300, 307-314, 321-323

海耶克（Friedrich Hayek）／12-13, 22,
　24-31, 46

馬克思（Karl Marx）／1, 20, 49-50,
　184, 239

馬歇爾（Thomas H. Marshall）／11, 34

馬爾薩斯（Thomas Malthus）／19

十一劃

密爾（John Stuart Mill）／1, 20-24,
36-37, 41, 77, 120

康德（Immanuel Kant）／18-19, 41,
44, 58-59, 257, 317

梭羅（Henry David Thoreau）／90, 92,
103, 108-110, 193

麥肯能（Catharine MacKinnon）／180-
181, 183, 186

十二劃

斯密（Adam Smith）／18-19, 35-36, 41

普芬道夫（Samuel Pufendorf）／16, 18

華瑟（Michael Walzer）／4-6, 12, 20,
23-24, 37-39, 192, 197, 200-212,
218-230, 233-239, 242-243, 245-247,
251-254, 257, 259-261, 263, 267,
270-271, 275-276, 278, 280, 282-293,
297, 301, 304, 314, 318

十三劃

葛雷（John Gray）／37-38, 129,
218-219, 221-222, 228-239

十四劃

赫姆斯（Oliver Wendell Holmes, Jr.）
／194-195, 197

十五劃

德沃金（Ronald Dworkin）／4-5, 37,
58, 106, 113-115, 117-134, 137, 148,
153, 155-162, 164, 180-181

歐妮爾（Onora O'Neill）／44, 116

十六劃

盧梭（Jean-Jacques Rousseau）／203-
204

諾齊克（Robert Nozick）／46

霍布斯（Thomas Hobbes）／16-17, 35,
54, 192, 197-203, 210

霍姆斯（Stephen Holmes）／323-324

十七劃

邁尼爾（Richard H. Minear）／242-
243, 245-251, 254-255, 257

十九劃

羅爾斯（John Rawls）／1-6, 11-12, 20,
23-24, 37-38, 53-55, 57-74, 76-85, 89,
91, 93-94, 96-106, 108-109, 126, 130,
218-219, 221-222, 239, 270-271,
275-276, 278, 280, 283-293, 297, 301,
305, 314, 317-318

藤岡信勝／243-247

當代正義論辯

2013年12月初版   定價：新臺幣550元

著　　者	陳　宜　中	
發 行 人	林　載　爵	

出　版　者	聯經出版事業股份有限公司	叢書主編	沙　淑　芬
地　　　址	台北市基隆路一段180號4樓	校　　對	吳　美　滿
編輯部地址	台北市基隆路一段180號4樓	封面設計	沈　佳　德
叢書主編電話	(02)87876242轉212		
台北聯經書房	台北市新生南路三段94號		
電　　　話	(02)23620308		
台中分公司	台中市北區健行路321號1樓		
暨門市電話	(04)22312023＆22302425		
台中電子信箱	e-mail：linking2@ms42.hinet.net		
郵政劃撥帳戶第0100559-3號			
郵撥電話	(02)23620308		
印　刷　者	世和印製企業有限公司		
總　經　銷	聯合發行股份有限公司		
發　行　所	新北市新店區寶橋路235巷6弄6號2樓		
電　　　話	(02)29178022		

行政院新聞局出版事業登記證局版臺業字第0130號

聯經網址：www.linkingbooks.com.tw
電子信箱：linking@udngroup.com

國家圖書館出版品預行編目資料

當代正義論辯/陳宜中著 . 初版 . 臺北市 . 聯經 .
　2013年12月（民102年）. 376面 . 14.8×21公分
　ISBN 978-957-08-4315-6 (精裝)

　1.政治思想　2.社會正義

570.11   102024650